약자를 위한 현실주의

어떻게 살아남을 것인가

약자를 위한 현실주의

이주희 지음   EBS MEDIA 기획

MID

들 어 가 는 말

멜로스의 비극

고대 그리스 세계에서는 세계대전이나 다름없었던 펠로폰네소스 전쟁이 한창이던 때의 일이다. 델로스 동맹의 맹주 아테네는 교착상태에 빠진 전황을 타개하기 위해 적국인 스파르타의 동맹국 중 가장 만만한 나라 하나를 공격할 계획을 세웠다. 이때 걸려든 나라가 멜로스Milos•다. 멜로스는 비록 스파르타의 동맹국이었지만 비교적 유대관계가 약한 편이었고, 또 바다 위의 섬에 자리 잡고 있어서 해양제국 아테네가 침략하기에 용이했기 때문이다. 아테네는 곧장 동맹국을 소집해서 멜로스로 쳐들어가 항복을 요구했다. 마른하늘에 날벼락을 맞은 멜로스는 자신들이 앞으로는 아테네와 스파르타 어느 쪽에도 가담하지 않고 엄정히 중립을 지키겠다며 평화적인 해결을 촉구했다. 하지만 아테네의 대답은 차가웠다.

• 멜로스는 원래 라케다이몬인들, 즉 스파르타인들이 이주하여 세운 식민도시이다. 섬의 크기는 160km²로 강화도의 절반 크기이다. 육상강국이었던 모국과 달리 섬에 자리 잡은 탓에 전형적인 해양 국가가 되었다. 더구나 위치도 아테네에서 바다로 반나절 정도 걸리는 거리에 불과했다.

"신들의 세계에서는 강력한 신이 약한 신을 지배한다. 이것은 하나의 자연 법칙이다. 이 법칙은 우리 아테네가 처음 만든 것도 아니고 처음 적용하는 것도 아니다. 강자가 약자를 지배한다는 자연의 법칙은 이전부터 있어 왔으며 현재는 물론 앞으로도 영원히 그러할 것이다. 그러므로 입장을 바꿔 당신들이 강대국이고 우리가 약소국이라면, 당신들도 우리처럼 행동할 것이다. 왜냐하면 그것이 인간의 본성이기 때문이다."•

주권 존중에 대한 요구, 약자에 대한 배려, 보편적 정의에 대한 희망과 같은 도덕적 호소는 어느 것 하나 받아들여지지 않았다. 아테네는 멜로스에게 '굴복이냐 죽음이냐'의 양자택일만을 요구했다. 결국 멜로스는 독립을 위한 저항을 선택했고 결과는 참혹했다. 순식간에 멜로스를 점령한 아테네는 멜로스의 모든 성인 남자들을 죽이고 여자와 어린아이들은 노예로 삼았다. 고대 그리스 철학의 산실이자 민주주의의 원형을 꽃피운 아테네였지만 국가의 이익 앞에서는 냉혹한 살인마에 불과했던 셈이다.

이 사건은 이후의 많은 현실주의자들에게 강렬한 영감을 주게 되었다. 멜로스의 비극을 통해 현실주의자들은 인간이란 이기적인 존재이며, 결국 이 세상을 움직이는 것은 힘일 수밖에 없다는 교훈을 이끌어 냈다. 그리고 이러한 인식은 자연스럽게 다음과 같은 결론에 다다르게 된다.

• 투키디데스의 『펠로폰네소스 전쟁사』 중에서

"강자는 자기가 하고자 하는 일을 하는 것이고, 약자는 그것을 받아들일 수밖에 없는 것이다."•

한마디로 세상에 약자를 존중하는 강자는 없다는 말이다. 쓸쓸하지만 아테네와 멜로스의 경우를 보면 이것이 너무나도 명백해서 차마 거부할 수 없는 교훈이기도 하다.

그런데 정말 그런 것일까? 이 세상에 약자를 존중하는 강자는 없는 것일까? 결론부터 말하자면 꼭 그렇지는 않다. 당연하게도 세상에는 약자에게 관대한 강자도 있다. 지난번 책인 『강자의 조건』에서는 심지어 약자에게 관용적인 강대국만이 오랜 시간 강자의 지위를 지킬 수 있었다고까지 주장하지 않았는가? 고대 로마제국에서부터 20세기 미국에 이르기까지 역사상 오랜 기간 패권을 유지했던 제국들은 그 시대를 기준으로 다른 어떤 나라보다 패자에게 관용적이었다는 공통점을 가지고 있다.•• 최소한 강자의 관점에서 이야기하자면 지나치게 옹색한 현실주의는 강자의 지위를 무너뜨리는 독이 될 가능성이 높다. 앞서 이야기한 아테네의 경우에도 약소국 멜로스에 행사했던 잔혹한 폭력은 아테네에게 결코 도움이 되지 않았다. 잠시 후일담을 이야기하자면 멜로스를 파괴한 아테네는 여세를 몰아 기세 좋게 시칠리아 원정에 나섰다. 하지만 결과는 예상과 달리 참패

• "Οι ισχυροί θα πάρουν αυτά που μπορούν και οι αδύναμοι θα υποφέρουν αυτά που πρέπει" – 투키디데스 『펠로폰네소스 전쟁사』
•• 이 말이 결코 이들 강대국이 절대적으로 관용적인 국가였다는 뜻은 아니다. 오히려 필요한 순간에는 잔혹한 면도 보였던 것이 사실에 더 가깝다. 다만 경쟁관계에 있던 동시대의 다른 국가들에 비해 이들이 관용적이었다는 뜻이다.

였다. 그런데 이렇게 아테네가 약점을 드러내자 아테네의 동맹국들
은 바로 등을 돌리기 시작했다. 당연하다. 어차피 아테네의 힘에 눌
려서 붙어있던 동맹들이 아니었던가? 아테네가 더 이상 압도적인
힘을 보여주지 못한다면 매몰차게 등을 돌리는 것이 아테네가 그토
록 강변하던 '자연의 법칙'이었다. 그리고 이렇게 동맹국들이 등을
돌리기 시작하자 곧바로 아테네의 몰락이 시작되었다. 오로지 완력
에 의지했던 아테네의 패권은 사실 모래성에 불과했던 것이다.

　그렇다면 현실주의자들의 주장은 틀린 것이고 약자는 관용적인
강자의 존재를 기대해도 좋은 것일까? 불행히도 약자의 입장에서
이야기하자면 결코 그렇지 않다. 왜 그럴까? 그것은 강자와 약자가
가진 근본적인 입장 차이 때문이다. 이 둘의 결정적인 차이는 무엇
일까? 강자는 자기가 선택한 대로 행동할 수 있지만 약자는 그렇지
못하다는 것이다. 약자는 강자의 선택에 따라 자신의 전략을 수정해

시칠리아 전투에서 참패한 아테네

야만 하는 존재이다. 한마디로 강자는 자신의 의지에 따라 상황을 만들어 낼 수 있는 존재이고 약자는 주어진 상황에 적응해야만 하는 존재이다.

'강자의 존중을 기대할 수 있는가?'의 문제도 마찬가지다. 강자는 자신이 약자를 존중할 것인가 말 것인가를 결정할 수 있다. 하지만 약자는 다르다. 약자는 강자로 하여금 자신을 존중하도록 할 것인가 말 것인가를 결정할 수 없다. 이것은 그야말로 강자의 마음먹기에 달린 일일 뿐이다. 언제든지 마음만 바꿔 먹으면 주먹을 들이댈 수 있는 것이 강자다. 약자의 입장에서 보면 존중의 대상이 될 것인지, 또는 착취의 대상이 될 것인지가 자신에게 달려 있지 않게 된다. 믿을 수 없는 상대방의 마음에 달린 일이 되는 것이다.

아테네에게 파괴당한 멜로스의 경우를 봐도 이 사실은 분명하다. 물론 아테네가 관용적인 제국이어서 패자를 포용하는 자세를 가지고 있었다면 두 국가 모두에게 좋았겠지만, 불행히도 멜로스에겐 이를 아테네에게 강제할 수단이 없었다. 도덕적으로 정당한 피해자 역할을 자처한다고 해서 노예로 끌려간 아이들이 다시 풀려나게 되는 것은 아니지 않은가?

따라서 약자야말로 권력정치의 현실을 강자보다 더 깊게 이해하고, 현실주의적으로 사고할 필요가 있다. 약자일수록 운신의 폭은 더 좁아지고, 실패로 인한 대가는 더 혹독하며, 떨어져야 할 낭떠러지의 깊이는 더 깊어지기 때문이다. 따라서 진정한 현실주의는 강자가 아닌 약자의 것이어야 한다.

고통의 보상은 경험이다

이번 책의 목적은 바로 이 '약자를 위한 현실주의'를 찾는 것이다. 『강자의 조건』의 반대 입장에서 세상을 보겠다는 말이다. "서는 위치가 바뀌면 풍경도 달라진다"는 말이 있다. 입장을 바꾸는 것만으로도 세상을 해석하는 방식이 완전히 달라진다는 뜻이다. 따라서 이 책의 분위기 역시 지난번과 사뭇 달라질 것이다. '영향력 확대'를 추구하는 강자의 입장이 아니라 '생존 그 자체'를 추구하는 약자의 입장에서 역사를 볼 것이기 때문이다. 그리고 '생존 그 자체'를 추구하기 때문에 훨씬 현실주의적인 관점에서 역사를 바라볼 것이다. 항상 약자의 입장에서 세상과 만나야 하는 보통 사람의 삶에 비추어 본다면 아마도 이 책이 훨씬 피부에 와 닿을 것이다.

그렇다면 왜 한국사일까? 세상에 존재하는 약소국이 얼마나 많은데 왜 하필 한국사를 통해 '약자를 위한 현실주의'를 찾아야 하는 것일까? 이 관점으로 볼 때 우리 민족의 역사만큼 풍부한 사례를 제공하는 경우를 찾아보기 힘들기 때문이다. 우리는 이른바 '지정학적 지옥'인 한반도 위에 살아왔음에도 수천 년 동안 독립을 유지해 온 민족이다. 이것은 세계사적으로도 쉽게 찾아보기 힘든, 매우 독특한 경험이다. 따라서 영광과 굴욕이 함께 녹아있는 우리의 역사는 약자가 살아남는 방법에 대한 훌륭한 교과서가 될 수 있다.

물론 개인에 따라서는 이렇게 '약자'라는 입장에서 우리의 역사를 바라본다는 사실이 다소 자존심 상하는 일로 느껴질지도 모르겠다. 하지만 우리가 약자의 입장에서 역사를 바라보는 것은 결코 우리 민족이 부족해서가 아니다. 현재는 물론이고 고려나 조선시대를 기준으로 보아도 우리는 절대 작은 나라가 아니다. 세계 10위권의 경제력을 지닌 현재의 우리나라만큼, 과거에도 우리는 상당한 인구 규모와 문화적 역량을 지닌 중견국middle power이었다.

다만 문제는 언제나 한반도 주변에 초강대국이 몰려 있다는 것이다. 세계 4대 강국인 '미, 중, 일, 러'가 주변을 둘러싸고 있는 지금도 그러하거니와, 북방 유목제국과 중화제국이 일진일퇴를 거듭하던 19세기 이전의 동아시아에도 언제나 초강대국들이 우리의 이웃이었다. 강자와 약자란 상대적인 개념일 수밖에 없기에 중부 유럽이나 동남아 어딘가에 위치한 국가였다면 지역 강국 대접을 받을 역량을 가지고도 우리는 약소국의 입장일 수밖에 없었다.

매우 운이 없는 경우라고도 생각할 수 있는데 반대로 생각하면 오히려 그러한 경험 덕분에 우리의 역사는 '약자의 생존전략'에 대한 매우 훌륭한 교과서가 될 수 있었다. 특히 이제부터 살펴볼 네 차례의 패권교체기는 우리 역사 중에서도 '약자를 위한 현실주의'라는 점에서 매우 풍부한 교훈을 남긴 시기들이다. 강대국들과의 관계를 성공적으로 헤쳐 나간 김춘추나 고려 현종의 예는 물론이거니와 굴욕과 좌절로 끝난 대몽항쟁, 병자호란의 경우도 우리에겐 훌륭한 반면교사가 아닐 수 없다. 우리는 이 성공과 좌절의 기억을 통해 생생히 살아있는 교훈을 찾아낼 수 있을 것이다. 고대 그리스인들의 믿음처럼 "고통의 보상은 경험"이기 때문이다.•

• 아이스킬로스의 『아가멤논』 중에서

정확한 눈과 자신만의 무기

이렇게 우리 역사의 경험으로부터 길어 올린 '약자를 위한 현실주의'는 '눈'과 '무기'라는 두 개의 단어로 요약할 수 있다.

왜 '눈'일까? 외교가의 오랜 격언 중에 '외교는 현란한 입이 아니라 정확한 눈으로 하는 것'이라는 말이 있다. 올바른 외교적 대응을 위해서는 말만 잘하는 것보다, 현재의 상황을 정확히 파악하여 냉철한 판단을 내리는 것이 중요하다는 의미이다. 약자일수록 폭력보다 외교적 해결을 추구할 수밖에 없다는 현실에 비추어 볼 때, 정확한 '눈'이야말로 약자의 입장에서 가장 필요한 덕목일 것이다.

하지만 불행히도 인간이 이런 정확한 눈을 갖추기는 매우 어려운 일이다. 카이사르의 말처럼 '모든 사람들이 현실을 직시할 수 있는 것은 아니며, 오히려 대부분의 사람들은 자기가 보고 싶은 현실만을 보기' 때문이다. 실제로 우리는 위기에 처한 국가나 집단이 냉철함을 잃어버리고 주관적 희망이나 종교적 열광 따위에 기대어 위기를 돌파하려고 하는 경우를 흔히 볼 수 있다. 상황이 어려워질수록 절망적인 현실을 있는 그대로 보기보다, 보고 싶은 현실만을 보고 헛된 희망을 품는 것이 인간이 흔히 저지르는 실수이기 때문이다.

하지만 이런 방식으로 다다를 수 있는 곳은 파멸뿐이다. 더군다나 강자에 비해 한 번의 실수로 떨어질 수 있는 낭떠러지의 깊이가 더 깊은 약자라면 한순간이라도 이 정확한 눈을 잃지 않기 위해 정신을 바짝 차려야 할 것이다.

하지만 정확한 눈만으로는 부족하다. 정확한 눈을 가지고 있더라도 스스로를 지킬 수 있는 자신만의 '무기'가 없으면 운신의 폭이 지극히 협소해지기 때문이다. 인류 역사상 존재했던 약소국들 중에서 그래도 오랜 기간 독립과 자율성을 유지할 수 있었던 국가들은 하나 같이 상대방의 심장에 상처를 입힐 수 있는 하나의 '칼'을 가지고 있었다. 섣불리 밀고 들어오는 강대국에게 뜨거운 맛을 보여주지 못한다면 어느 누구의 독립도 보장할 수 없기 때문이다.

너무나 당연한 말임에도 현실에서는 그리 쉽게 지켜지지 않는 것이 인간 세상의 한계다. 강한 적에 직접 맞서기보다는 강력한 '혈맹'과 '우방'의 힘에 기대어 문제를 해결하고 싶은 것이 인간의 약한 마음이기 때문이다. 하지만 너무 당연하게도 그 '혈맹'과 '우방'도 결국은 남일 뿐이다. 그리고 남의 마음은 어떻게 해도 내 마음대로 할 수 없다. 그러니 남의 힘에 의존하는 순간 나의 생명은 더 이상 나의 것이 아니게 된다. '혈맹'이든 '우방'이든 상대방의 마음이 바뀌는 순간 나의 생명도 그의 손아귀에 들어가게 될 것이 자명하기 때문이다. 이것이 정확한 '눈'과 함께 언제든지 칼집에서 뽑아 들 수 있는 자신만의 '무기'가 필요한 이유이다.

패권교체기의 생존전략

이 책은 EBS 다큐프라임을 통해 방송된 〈한국사 오천년 – 생존의 길〉이라는 다큐멘터리를 기반으로 하고 있다. 이 다큐멘터리가 한창 만들어지고 있던 2016년과 2017년은 사드THHAD 배치와 북한 핵실험으로 촉발된 한반도의 위기가 전쟁 직전의 상황으로 치닫던 시기였다. 이렇게 한국을 둘러싼 외교적 위기가 고조되어 갈 때 EBS 제작팀은 지금이야말로 우리의 역사를 다시 돌아봐야 할 시점이라는 생각으로 이 다큐멘터리를 제작하기 시작했다. 당장 국제분쟁이 일어날지도 모르는 상황에서 역사 공부나 하자는 것이 한가한 놀음처럼 느껴질지도 모르겠지만 그 시점에서는 오히려 역사를 돌아보는 것이 가장 중요한 문제라고 생각되었기 때문이다.

생각해 보면 한반도를 둘러싼 이 위기는 단지 어느 강대국의 대통령이 바뀌었거나 어느 독재 국가 지도자의 정신 상태가 변했기 때문에 일어나는 것이 아니었다. 누구나 인정하는 것처럼 이 위기의 배후에는 한반도가 가지고 있는 지정학적 특성이 숨어있다. 지금의 위기가 별 탈 없이 지나간다 하더라도 유사한 위기상황은 항상 우리 주변을 맴돌 수밖에 없을 것이다. 이 지정학적 불안정성이 우리가 살고 있는 한반도라는 땅의 숙명이라면, 우리의 역사를 돌아보는 것만큼 그 숙명의 원인과 해결책을 찾는 데 더 중요한 일은 없을 것이다.

특히 많은 이들이 주장하는 것처럼 지금이 일종의 패권교체기라면, 무수한 패권교체기를 거쳐 온 우리의 역사야말로 현재의 상황을 올바로 이해하고 대처할 수 있게 해 줄 경험의 보고가 아니겠는가? '지나온 패권교체기의 경험을 통해 이미 우리에게 닥친, 그리고 앞으로 우리에게 닥칠 위기에 대한 교훈을 얻는 것', 이것이 바로 EBS가 이 다큐멘터리를 만들게 된 또 다른 문제의식이었다. 우리가 살고 있는 땅이 한반도라는 사실이 변하지 않는 한, 아마도 이 문제의식은 앞으로도 오랜 기간 동안 유효할 것이다.

"외교정책을 수립하는 데 있어 국가의 지리적 위치에 대한 올바른 이해를 가지는 것은 매우 중요합니다. 그리고 그것은 대부분 과거의 역사에 대한 이해와 관련이 있습니다. 과거는 현재를 이해하는 데 있어서 핵심적인 요소이며 미래의 방향에도 영향을 끼칩니다."•

• 앤드류 램버트(영국 킹스컬리지 전쟁사학 교수) 인터뷰 중에서

거란전쟁, 동북아 균형자의 조건

몽골제국과의 이상한 전쟁

Ⅳ

병자호란, 궁지에 몰린 중립외교

I

신라는
어떻게
살아남았나?

7세기의 동북아시아

최후의 승자

서기 676년 11월. 지금의 금강 하구인 기벌포 앞바다는 부서진 당나라 배의 잔해로 가득했다. 신라 수군의 배만이 파편들과 시체로 가득한 이 죽음의 바다 위를 움직이고 있었다. 이미 시체가 되어버린 당나라 병사들의 머리를 베어 내기 위해서였다. 잔인해 보일 수 있지만 고대의 해전에서는 전투가 끝난 후 반드시 이렇게 수급을 베는 행위가 이어졌다. 정확한 전과를 보고하기 위해서이다. 이날 신라군이 베어 낸 당나라 병사들의 수급은 4,000여 개였다. 해전의 양상이 달라 직접 비교하기는 어렵지만 임진왜란 당시 이순신 장군이 명나라 수군 장수 진린에게 전과를 양보하기 위해 나누어 준 왜군의 수급이 45개였고, 이 정도의 수급을 받고 진린이 크게 기뻐했다는 기록이 있는 것을 보면 신라군이 이날 거둔 전과가 얼마나 엄청난 것이었는지 알 수 있다.

이 전투를 끝으로 길고 길었던 삼국 통일 전쟁도 끝이 났다. 도망치듯 베트남을 떠난 20세기의 미군처럼 당시 세계 최강을 자랑하던 당군도 부리나케 한반도를 떠났다. 기벌포 전투가 벌어지기 9개월 전인 676년 2월에는 옛 백제 지역에 있던 웅진도독부를 만주 지역으로 후퇴시켰으며, 같은 해 7월에는 평양성에 있던 안동도호부도 이미 요동성으로 철수시킨 상태였다. 그나마 남아 있던 당군이 기벌포에서 소멸한 것이다. 이제 한반도에서 당군은 흔적도 없이 사라졌다. 20세기 베트남 전쟁에 비견할 만한 초강대국과 약소국의 전쟁에서 약소국인 신라가 초강대국인 당나라를 이긴 것이다.

돌이켜 보면 642년을 기점으로 총력전으로 들어선 삼국 간의 전쟁에서 신라는 가장 불리한 입장에 있었다. 고구려는 수나라나 당나라와도 대등하게 맞서던 강국이었고 백제는 그런 고구려와 손잡고 신라를 거세게 몰아붙이고 있었다. 당나라나 왜 역시 신라에겐 전혀 믿을 만한 동료가 아니었다. 왜는 전통적인 백제의 우방이었고 당나라는 신라의 애타는 동맹 요청에 별다른 관심조차 보이지 않았다.

하지만 마지막까지 살아남은 것은 신라였다. 고구려와 백제는 물론 당시 세계제국이라 불릴 만 했던 초강대국 당나라까지 몰아내며 믿을 만한 동맹국도 하나 없이 혼자만의 힘으로 살아남은 것이다. 도대체 신라는 어떻게 이 막강한 강적들을 물리치고 끝까지 살아남을 수 있었을까? 무엇이 가장 위태로운 위치에 있던 신라를 최후의 승자로 만들어 준 것일까? 신라가 마지막까지 살아남을 수 있었던 힘의 원천이 무엇인지 알 수 있다면, 우리는 '약자는 어떻게 강자와의 대결에서 살아남을 수 있는가?'라는 질문에 대한 해답 역시 찾을 수 있을 것이다.

신라의 위기

642년 8월, 낙동강 방어선의 요충지인 대야성에 백제 대군들이 몰려들기 시작했다. 한반도 남단의 8월인 만큼 날씨는 찌는 듯 했지만 백제 장군 윤충*이 이끄는 백제군의 사기는 그야말로 하늘을 찌를 듯했다. 7월부터 이어진 대공세를 통해 불과 한 달 사이 신라의 40여 개 성을 함락시킨 상태였기 때문이다.

　한 달 사이에 성이 40여 개나 함락된 것은 아무래도 너무 많은 숫자다. 성을 하나 함락시키는 데 평균 하루도 걸리지 않은 셈이니 말이다. 성 40여 개는 아마도 우리가 역사책에서 흔히 접하는 안시성이나 요동성 같은 큰 성이 아니라 마을 뒷산의 작은 요새 같은 것들을 다 합친 숫자일 것이다. 백제군은 여러 방향으로 나뉘어 크고 작은 성들을 동시다발적으로 함락시키면서 신라의 영토를 밀고 들어온 모양이다.

---

* 의자왕 대에 활약한 백제의 장군. 왕족인 부여씨로 정식 이름은 부여윤충(扶餘允忠)이다. 백제 3대 충신인 성충의 동생이기도 하다.

　　그렇다 하더라도 40여 개의 성이 함락되었다면 옛 가야 지역인 낙동강 서부 지역 대부분이 백제의 손에 넘어갔다고 생각해야 할 것이다. 이렇게 옛 가야 지역 전체를 장악한 백제군은 신라군의 마지막 숨통을 조이기 위해 대야성으로 몰려들었다. 만약 대야성까지 잃게 된다면 신라의 영토는 낙동강 동쪽으로까지 줄어들게 되고 수도인 서라벌(금성, 지금의 경주)은 백제의 직접적인 공격 범위에 들게 될 것이 자명했다.

　　"대야성은 지금의 경상남도 합천입니다. 합천에서 동쪽으로 낙동강을 건너면 대구가 바로 나옵니다. 지금으로 보면 50km 내외 정도 됩니다. 그런데 대구를 지나면 영천이고 영천을 경유하면 바로 경주가 나옵니다. 수도 서라

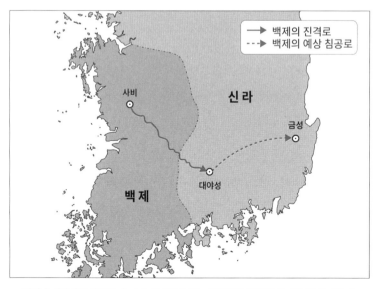

백제가 대야성을 확보함에 따라 신라의 수도는 직접적인 침공의 위기를 맞게 되었다.

벌이 바로 백제의 위협에 노출된 상황이 되는 것이죠. 게다가 대야성은 서

부의 군사 요충지였습니다. 그런데 40여 개 성이 한꺼번에 함락되면서 경남

지역 전체가, 옛 가야 지역 대부분이 백제의 수중으로 떨어진 것입니다."●

신라로서는 옆구리에 치명상을 입을 위기가 닥친 것이다. 하지만
대야성만이라도 버텨 준다면 잃어버린 성들은 조만간 되찾을 수도
있었다. 대야성은 낙동강 서부에서 가장 강력한 요새였고 동시에 서
라벌 쪽의 신라군이 낙동강 서부 지역으로 진출할 수 있는 통로 상
에 위치하고 있었기 때문이다. 또 최악의 경우 대야성만 확보하고
있어도 백제군에 의해 서라벌이 직접 공격당할 위험은 피할 수 있었
다. 신라 조정은 대야성을 방어하기 위한 대책 마련에 들어갔다. 그
런데 서라벌의 신라 조정이 대책을 세울 틈도 없이 대야성은 순식간
에 함락당하고 만다. 치정문제가 얽힌 내부의 반란 때문이었다.

당시 대야성의 성주(城主)는 김품석이라는 인물이었다. 가야 왕족
출신이라고 하는데, 그는 아마도 같은 가야계인 김유신과는 인척관
계일 것으로 추측된다. 훗날 태종무열왕이 되는 김춘추의 딸 고타소
를 아내로 맞아 김춘추의 사위가 되었다. 그런데 고타소는 김유신의
여동생인 문희(문명왕후)의 딸이기도 하므로, 김품석은 아마 아내와
도 친족 관계였을 것으로 보인다. 다만 이 정도의 근친혼은 신라시
대의 기준으로는 매우 정상적인 것이었다.

이렇게 김품석은 김춘추와 김유신이라는 신라의 실세와 가까웠

● 이상훈(육군사관학교 군사사학과 교수) 인터뷰 중에서

던 인물인데, 다른 능력은 모르겠지만 여자문제에 관해서는 매우 자제력이 떨어지는 인물이었던 모양이다. 대야성주로 부임하자마자 뛰어난 미인이었던 부하장수 검일의 아내를 빼앗아 소실로 삼았기 때문이다. 이런 경우 다음 순서는 '다윗과 우리아'*의 경우처럼 남편이 위험한 곳으로 보내져 죽임을 당하는 것이다.

그런데 김품석은 그 정도의 조심성도 없었다. 아내를 빼앗긴 검일을 태연하게 성 안에 두었기 때문이다. 아무래도 김품석은 여자문제에 대한 자제력만 부족했던 것이 아니라 인간에 대한 통찰도 부족했던 것 같다. 사랑하는 아내를 두 눈 멀쩡히 뜨고 빼앗긴 남자가 과연 어떤 선택을 했겠는가? 검일은 백제군이 가까이 오자 냅다 신라군의 창고에 불을 지르고 백제군에 투항하고 말았다. 대야성은 승승장구하는 백제군에게 포위된 것도 모자라 농성을 할 무기나 식량까지 모두 잃어버리게 되었다. 군수물자를 상실하고 공황상태에 빠진 김품석은 여기서 더 큰 실수를 하고 만다. 목숨만은 살려주겠다는 적장 윤충의 감언이설에 넘어가 성문을 열고 항복해 버린 것이다.

이런 어처구니없는 사건 때문에 신라군의 핵심 요새였던 대야성이 한 달도 버티지 못하고 백제군의 손에 넘어갔다. 김품석은 목숨마저도 건지지 못했다. 백제군 사령관 윤충이 약속을 지킬 생각이 전혀 없었기 때문이다. 김품석은 자신의 아내이자 김춘추의 딸이었던 고타소를 죽이고 자신도 자살하는 것으로 생을 마감한다.

대야성 함락의 급보가 서라벌에 전달되었을 때 가장 충격을 받은

---

* 구약성경에 따르면, 이스라엘의 왕 다윗은 절세미인이었던 우리아의 아내 밧세바를 빼앗기 위해 우리아를 전쟁터의 선봉에 내세우고 군대를 후퇴시켜 그를 적군의 손에 죽게 만들었다.

인물은 김춘추였다. 죽은 딸 고타소는 김춘추가 가장 사랑하는 딸이었기 때문이다. 소식을 전해들은 김춘추는 하루 종일 정신이 나간 사람처럼 기둥에 선 채로 있었으며 앞에 누군가가 지나가도 알아채지 못했다고 한다. 하지만 이 충격이 단지 육친을 잃은 슬픔 때문만은 아니었을 것이다. 대야성에서 엄청난 실패를 야기한 성주 김품석이 자신의 사위였을 뿐만 아니라 정치적 동맹자였던 김유신의 인척이었기 때문이다. 아마도 김춘추와 김유신은 이 사건으로 인해 정치적으로도 궁지에 몰렸을 것이다.

여담이지만 훗날 백제를 멸망시킨 김춘추는 딸의 복수를 잊지 않은 것으로 보인다. 백제를 멸망시킨 660년, 승자의 자격으로 백제의 수도 사비성에 입성한 김춘추는 그동안 백제에 망명해 있던 대야성 함락의 원흉인 검일을 찾아내고 끝내 사지를 찢어 죽였기 때문이다. 하지만 이것은 그야말로 먼 훗날의 일이고, 당시 대야성 함락의 충격은 신라 조정 전체를 강타했다. 대야성까지 백제군의 손에 넘어감으로써 서라벌이 그야말로 하루 거리가 되고 말았기 때문이다.

앞서 말한 것처럼 대야성은 대구, 경산을 거쳐 경주로 통하는 통로 상의 성이다. 이곳이 교통로 역할을 했다는 것은 지금도 이 선상으로 광주-대구 간 고속도로가 뚫려 있다는 사실만 봐도 알 수 있다. 이때로부터 300년 후인 후삼국시대에 신라는 바로 이 대구, 경산 루트를 거쳐 서라벌을 급습한 후백제의 견훤에 의해 수도가 함락 당하고 경애왕이 포석정에서 살해되었다.

300년 후에 가능한 일이라면 300년 전인 642년에도 가능한 일이었다. 아마 서라벌의 귀족들은 대야성 함락의 급보가 도착했을 때

지평선 너머로 백제군의 그림자가 어른거리는 것만 같은 두려움을
느꼈을 것이다. 그렇다고 한강유역의 군대를 빼어 낙동강 전선으로
돌릴 수도 없었다. 그랬다가는 신라가 국운을 걸고 확보한 한강 하
류지역이 백제나 고구려에게 넘어갈 것이 분명했기 때문이다.

　신라가 대야성 함락의 충격에서 채 빠져나오지 못하는 사이 또 다
른 위협이 신라에 다가오고 있었다. 신라를 거세게 몰아붙이고 있던
의자왕이 신라의 또 다른 급소를 강타하기 위해 움직이기 시작했기
때문이다. 이번 목표는 당항성(黨項城)이었다.°

　당항성은 현재 당성이라고 불리는데 경기도 화성시의 해안에서
육지 쪽으로 조금 떨어진 구봉산이라는 곳에 자리 잡고 있다. 지금
도 성벽 위에 올라가 보면 서해 바다를 오가는 배들이 손에 잡힐 듯
보인다. 삼국시대에는 지금의 시화호 간척지가 없었기 때문에 바다
가 훨씬 가까이 다가와 있었을 것이다. 중국의 산동 반도에서 직접
바다를 건너올 수 있는 최적의 위치에 자리 잡고 있어서 삼국시대
초기부터 전략적 요충지로 주목 받았다.

　훗날 통일신라 시대에도 당성진이라는 군사기지가 설치되어 장
보고의 청해진과 함께 신라 해군의 양대 근거지로 활용되었을 정도
이니 그 가치를 미루어 짐작할 수 있다. 더구나 삼국시대의 신라로
서는 이곳이 중국으로 갈 수 있는 유일한 통로였기 때문에 전략적
중요성은 더욱 컸다. 이런 곳이 대야성에 이어 백제의 두 번째 목표

● 백제가 당항성 공격을 시도한 시기는 기록에 따라 차이를 보인다. 『구당서』 백제전이나 『삼국
　유사』 신라본기에는 642년으로 기록되어 있지만 백제본기에는 643년으로 되어 있다. 여기서
　는 신라본기의 기록을 따랐다.

지로 선정된 것이다. 만약 이곳마저 잃게 된다면 신라는 중국과의 연결로를 잃고 진흥왕 이전의 경상도 지방정권으로 돌아가야 했다.

『삼국사기』를 비롯한 각종 기록에서 의자왕에 대해 설명할 때 빠지지 않는 설명이 있다. 바로 '과단성(果斷性)'*인데, 642년을 전후한 시기 의자왕의 전략을 보면 확실히 과단성이 있고 대담한 면이 있다. 신라는 계속되는 의자왕의 도발 앞에 정신을 차리지 못할 지경이었다. 더구나 이번 공격은 백제만의 단독 공격도 아니었다. 의자왕이 고구려까지 끌어들이는 공동작전을 구상했기 때문이다. 백제의 의자왕과 고구려의 영류왕 사이에 사신들이 부지런히 오가기 시작했다. 그리고 아마도 대야성이 함락될 즈음 고구려로부터 공동작전에 동의한다는 답변이 도착한 모양이다. 신라는 남쪽의 방어망에 이어 북쪽의 방어망도 돌파 당할 위험에 처하게 되었다.

하지만 신라에게 닥친 진짜 위기는 이 정도의 군사적 위기뿐만이 아니었다. 신라의 진짜 위기는 고구려가 백제의 당항성 공격에 동참하기로 결정했다는 사실 그 자체였다. 이것은 드디어 고구려와 백제 사이에 여제동맹(麗齊同盟)이 결성되었다는 것을 의미했기 때문이다. 이로써 백제의 오랜 우방인 왜를 포함하여 의자왕이 계획한 대신라 포위망이 완성되었다. 북쪽으로는 고구려, 서쪽으로는 백제, 그리고 남쪽과 동쪽으로는 왜가 신라를 완전히 포위해버린 형세가 조성된 것이다.

• 『삼국사기』는 의자왕의 성격을 "용감하고 담대하며 결단력이 있었다"고 묘사하고 있다. 또 중국 낙양의 북망산에서 출토된 의자왕의 아들인 부여융의 묘비에도 의자왕을 일컬어 "과단성 있고 침착하고 사려 깊어서 그 명성이 홀로 높았다"고 설명하고 있다.

"백제의 대야성 공략은 백제가 고구려와 동맹을 맺은 후에 이루어진 것으로 추정됩니다. 따라서 신라는 한반도에서 백제와 고구려로부터 동시에 압박을 받고 있던 상황이었다고 볼 수 있습니다.

중국의 당나라는 너무 멀리 있었고, 신라의 후방에 있는 왜는 백제와 강력한 군사동맹 관계였습니다. 642년 대야성 함락 당시의 신라는 주변 모든 국가로부터 포위된, 상당히 위험한 상황에 처했다고 볼 수 있습니다."•

• 이성시(와세다대학교 역사학과 교수) 인터뷰 중에서

김춘추,
외교에 목숨을 걸다

　　대야성 함락의 충격이 채 가시지 않은 642년 겨울, 한 무리의 사람들이 혹독한 북풍을 뚫고 한강을 건너고 있었다. 고구려를 향해 북으로 올라가는 김춘추 일행이었다.

　　숨가쁘게 돌아가던 642년의 한반도 정세도 겨울이 시작되면서 소강상태에 접어들고 있었다. 고구려에서 연개소문이 주도한 정변이 일어났기 때문이다. 대야성 함락 이후 두 달이 지난 642년 10월, 연개소문은 당시 고구려의 왕이었던 영류왕을 토막 쳐 죽이고 실권을 장악했다.

　　쿠데타로 실권을 잡은 만큼 피의 숙청은 불가피했다. 연개소문은 쿠데타 직후 평양성 내의 반대파를 싹쓸이 했다. 하지만 일거에 제거할 수 있었던 평양성 내부의 정적들과 달리 지방에 뿌리 깊게 자리 잡은 반대 세력들은 쉽게 제거할 수 없었다. 이들을 마저 제거하려면 연개소문에겐 시간이 필요했다. 자연스럽게 모든 대외정책은 일시적인 중단 상태에 들어갔다. 그리고 이렇게 고구려가 움직일 생각이 없으면 백제의 의자왕 역시 단독으로 움직이는 것이 부담스러웠다. 신라에게 가까스로 숨을 돌릴 시간이 생긴 것이다.

하지만 이렇게 위기의 시간이 지나고 소강상태가 왔을 때가 오히려 정신을 바짝 차려야 할 때다. 특히 약자의 입장에 섰을 때는 더욱 그러하다. 이런 소강상태는 일종의 태풍의 눈과 같은 것이어서, 지금 상태에서 벗어나면 더 큰 태풍이 몰아닥치기 십상이기 때문이다. 따라서 약자일수록 더 적극적인 움직임이 필요하다. 다행이었던 점은 당시 신라의 신진세력을 대표하고 있던 김춘추와 김유신이 상대의 움직임을 보고 판단한다는 식의 소극적 대응과는 거리가 먼 인물들이었다는 점이다. 폭풍우가 지나가고 움직일 수 있는 여유가 생기자마자 김춘추는 당장 행동에 나섰다.

그 첫 번째 행동이 고구려를 전격 방문한 것이다. 우리는 역사를 살펴볼 때 항상 모든 일이 끝난 다음에 사건을 돌아보기 때문에 그 일들을 매우 당연한 것처럼 인식하게 되는 경향이 있다. 김춘추의 고구려 방문 역시 그렇다. 고구려와의 외교 교섭에 김춘추가 직접 나선 것을 우리는 매우 당연하게 생각하는 것이다. 하지만 642년 겨울에 김춘추가 고구려에 당도했다는 소식을 들었을 때, 연개소문은 깜짝 놀랐을 것이다. 아무리 딸의 죽음으로 복수심이 불타오른다 해도 이 정도 고위급 인사가 적국을 직접 찾아오는 일은 거의 없기 때문이다.

무엇보다 전근대 사회에서 적국에 사신으로 파견되는 것은 매우 위험한 일이었다. 지금이야 외교관에게 위해를 가하는 것이 국제법으로도 금지되어 있고 실제로도 그런 일이 거의 일어나지 않지만, 19세기 이전엔 협상이 뒤틀어지면 사신을 죽이는 일이 드물지 않았다.

오히려 자국의 강경한 자세를 보여 주기 위해 일상적으로 사신을 잡아 죽이기도 했다. 죽음을 다행히 면하더라도 김춘추 정도의 고위급 인사가 사신으로 온다면 붙잡아서 인질로 써먹을 가치가 충분했다. 그러니 김춘추로서는 제 발로 호랑이 입안으로 들어가는 셈이었다.

그런데 더 흥미로운 사실은 김춘추가 이렇게 위험한 사신 역할을 한 것이 이번 한 번만이 아니라는 것이다. 김춘추는 고구려에서 돌아온 후에도 일본으로 건너가 직접 외교 협상을 담당했으며 그 다음에는 당나라를 방문하여 당태종과 직접 협상도 벌였다. 동아시아 역사상 일국의 왕으로서 주변 국가의 지도자들을 모두 직접 만나본 사람은 김춘추가 아마 유일할 것이다.

"김춘추를 주목할 수밖에 없는 점은 왕족이면서도 고구려, 당나라, 일본을 직접 방문했다는 점입니다. 외교를 위해 해외의 여러 국가를 몸소 방문하는 왕족은 어떤 인물일까요? 과연 흥미로운 인물입니다. 당시 신라는 백제의 공격을 받는 중이었고, 한반도의 세 나라와 중국은 모두 전쟁 중이었습니다. 그런 상황에도 불구하고 해외를 방문한다는 건, 대단한 인물인겁니다. 김춘추는 매우 냉철한 인물이기도 했지만 자신이 죽은 후의 신라의 존속에 대한 장기적인 전망을 세울 수 있었던 인물입니다. 이는 역사상 흔한 일이 아닙니다. 7세기뿐 아니라 인류 역사 전체를 돌아보아도 제국의 왕족 중 이런 인물이 있었다는 것은 기적처럼 느껴집니다. 요즘 세상에도 과연 김춘추처럼 행동할 만한 정치가가 있을까요? 저는 매우 회의적입니다."•

• 나카무라 슈야(도쿄 분쿄대학 교수) 인터뷰 중에서

'자신의 발로 직접 가서, 자신의 눈으로 직접 보고, 직접 협상에 임한다.' 이것이 김춘추가 일관되게 보여 준 행동의 원칙이다. 외교에서 가장 중요한 능력이 '정확한 눈'이라는 외교가의 격언에 비추어 볼 때 김춘추는 최고의 외교관이었던 셈이다. 혹자는 김춘추가 고구려 방문 당시에는 왕이 아니라 그냥 고위급 대신 정도에 불과하지 않았냐고 반문할지도 모르겠다. 또 실제로도 김춘추가 왕이 된 이후에는 사신으로 외국을 방문한 적이 없기도 하다.

그렇다 하더라도 김춘추의 적극적인 자세가 훼손되는 것은 아니다. 고구려를 방문할 당시 김춘추는 그저 대신들 중 하나에 불과한 사람이 아니었다. 선덕여왕의 후사가 없는 상황에서 그는 왕위에 가장 가까이 있는 인물이었다. 특히 647년 보수파의 반란 사건인 '비담의 난'*을 진압한 이후에는 그야말로 명실상부한 실권자로 올라섰다. 고구려의 연개소문이나 마찬가지인 상황이었다. 그런 실권자 신분으로도 김춘추는 왜와 당나라를 방문해 직접 교섭에 나섰다.

그런데 한 가지 이해하기 어려운 점이 있다. 직접 행동에 나서는 것이 대단한 일이라 하더라도 그 상대가 고구려라면 너무 위험한 시도이지 않은가? 당시 신라와 고구려는 전쟁 중이었다. 백제처럼 고구려도 진흥왕에게 빼앗긴 한강유역을 되찾기 위해 빈번하게 신라로 밀고 내려왔으며 신라의 숙적이자 위협인 백제와도 동맹을 맺은 상태였다. 아무리 외교적 교섭에 자신이 있더라도 이런 상황에서 고

• 647년(선덕여왕 16) 1월 상대등 비담이 염종(廉宗) 등과 더불어 선덕여왕에게 반란을 일으켰다가 진압된 사건. 반란 도중 선덕여왕이 사망하고 사촌 여동생이었던 진덕여왕이 즉위한다. 통상적으로 김춘추, 김유신 등 신진세력의 성장에 위협을 느낀 구세력의 저항으로 일어났다고 해석된다. 이 사건 이후 김춘추와 김유신은 신라의 실질적인 지도자가 된다.

구려를 방문하는 것은 실패가 너무나도 분명한 도박이 아닐까?

하지만 김춘추도 나름대로 계산이 있었다. 나름대로 승산이 있다고 판단했기에 고구려 행이라는 도박을 한 것이다. 김춘추의 계산이란 간단히 말해 당시 고구려의 상황이 100년 전인 6세기 중엽과 비슷하므로 신라도 그때와 비슷한 해결책을 찾을 수 있을 것이라는 기대였다. 그렇다면 642년의 고구려와 100년 전의 고구려는 어떤 점이 비슷한 것일까? 우선 김춘추가 방문한 642년 당시 고구려의 상황을 그들의 입장에서 요약해 보자.

"국내에서는 내란이 일어나 정국이 혼란스럽고 북으로는 당나라의 압력이 가중되고 있으며 남으로는 적대적인 신라와 대치하고 있다."

이것이 당시 고구려가 당면한 상황이었다. 해결이 쉽지 않은 세 가지 문제가 중첩된 상황인 것이다. 그런데 흥미롭게도 이런 상황은 100년 전에도 마찬가지였다.

우선 내란이다. 100년 전인 545년의 고구려도 내란으로 혼란스러운 상황이었다. 당시 고구려의 왕은 양원왕이었는데 그의 나이는 불과 8살이었다. 왕의 나이가 8살인데 정국이 안정되어 있으면 그게 오히려 이상한 일이다. 양원왕을 지지하는 측과 반대하는 측 사이에 결국 사단이 났다. 평양성 안에서 내전에 준하는 전투가 벌어진 것이다. 양원왕 측의 승리로 반대파 2,000여 명이 처형되는 것으로 사태가 마무리되었지만 수도 한복판에서 전투가 벌어질 정도였으니 후유증이 없을 리 없었다. 더구나 2,000명이라면 연개소문이 영

류왕을 죽이는 과정에서 살해된 숫자보다 훨씬 많았다. 훨씬 대규모
의 숙청이 있었다는 뜻이다. 일본 측 기록에 따르면 이 무렵 고구려
귀족 장배왕(長背王)이 무리를 이끌고 귀순해 왔다는 기록이 있는데
아마도 이 사건의 여파일 것이다.

두 번째는 북쪽의 위협이다. 6세기 중엽 북방의 강자는 돌궐이었
다. 돌궐은 몽골초원의 지배자였던 유연을 몰아내더니 548년에는
여세를 몰아 고구려로 밀고 내려왔다. 고구려는 이들을 막기 위해
전력을 북방에 기울여야 했다.

그런데 이때 세 번째 문제가 터졌다. 고구려가 내우외환(內憂外患)
으로 흔들리자 눌려 지내던 백제와 신라가 북으로 밀고 올라온 것이
다. 551년의 일이다. 그 전에는 속국 취급하던 두 나라였지만 내전과
돌궐의 침입이 겹쳐 힘겨워하던 고구려는 결국 이들을 당해내지 못
했다. 한강유역은 두 나라의 손에 넘어갔다. 그런데 당시 전황은 한
강유역 상실로만 끝날 정도가 아니었던 모양이다. 무엇보다 백제가
강경하게 나왔다. 호기를 잡은 백제는 이번 기회에 아예 북진을 계
속해서 평양성을 공격할 태세를 보였다. 그동안의 설움을 한 번에
날릴 기회라고 생각한 듯하다.

이러한 위기 상황에서 고구려에게 손을 내민 것이 신라였다. 백제
가 차지한 한강 하류 지역을 빼앗고 싶었던 신라는 자신들이 대고구
려 전선에서 이탈할 터이니 현재의 영토를 인정해 달라고 제안했다.
고구려는 당장 이 제안을 받아들였고 신라는 백제 쪽으로 화살을 돌
려 한강유역 전체를 차지할 수 있었다. 물론 고구려 역시 이러한 신
라의 선택 덕분에 남쪽에 배치된 병력을 북방으로 이동하여 돌궐을

물리치고 정국의 안정을 되찾을 수 있었다.

　김춘추가 생각하기에 이런 전개는 7세기에도 되풀이될 가능성이 있었다. 아무래도 고구려와 남쪽 국경선을 직접 맞대고 있는 나라는 신라이므로 고구려가 신라와 동맹을 맺으면 고구려는 남쪽 국경에 대해 안심하고 당나라와의 대결에 집중할 수 있기 때문이다. 여기에 더해 연개소문이 영류왕을 제거한 인물이라는 점도 고려되었을 것이다. 백제와의 동맹을 추진하던 영류왕을 죽이고 집권한 이상 영류왕과 다른 선택을 할 수도 있다고 판단한 것이다. 만약 김춘추의 구상이 현실화된다면, 전세는 역전되고 신라는 단숨에 지금의 위기를 탈출할 수 있을 것이다.

　평양성에 도착한 김춘추는 곧장 연개소문과 그에 의해 옹립된 보장왕을 만나 자신의 구상을 설명했다. 하지만 연개소문도 그리 호락호락한 인물은 아니었다. 연개소문은 김춘추에게 신라가 죽령 이북의 땅을 고구려에게 도로 내놓아야만 동맹을 맺고 신라를 도울 수 있다고 역제안을 했다. 하지만 이런 제안은 신라가 도저히 받아들일 수 없는 제안이었다. 죽령은 지금의 경상도와 충청도의 경계선이다. 따라서 죽령 이북을 포기하라는 것은 신라에게 경상도 지역의 지방정권으로 돌아가라는 의미였다. 이런 제안을 받아들여 고구려와 동맹을 맺는다면 진흥왕 이전처럼 고구려의 속국 신세를 감수해야 할 것이다. 연개소문도 이런 사정을 몰라서 김춘추에게 이런 제안을 한 것은 아니었을 것이다. 일종의 거절 선언이었다. 연개소문은 동맹의 대상을 바꿀 생각이 없었다.

"기본적으로 연개소문은 대당 강경파였고, 대신라 강경책을 바탕으로 집권을 했습니다. 그런데 이제 와서 신라에 대한 유화책을 쓴다고 하면 명분 자체가 약화될 가능성이 높았습니다. 또한 고구려는 임진강을 따라 형성되어 있던 전선을 좀 더 남쪽으로 내리고 싶어했습니다. 6세기 이전의 영광을 되찾고 싶었기 때문이죠. 한강유역을 되찾지 못한 상황에서 신라와 협력하게 된다면 오히려 연개소문 자신의 입지가 좁아질 뿐더러 더 나아가서는 서북쪽 변경의 대중국 전선이 상당히 약화될 우려가 있다고 생각했을 겁니다. 고구려로서는 전선이 분산될 가능성이 높기 때문에 오히려 남쪽의 신라와 백제가 서로 다퉈서 이 둘의 힘이 서로 약화되는 걸 오히려 기대했을 가능성이 높습니다."•

더불어 연개소문이 김춘추의 제안을 거절한 데는 아마도 국내의 정치적 요소도 중요하게 고려되었을 것이다. 김춘추가 방문했던 시점은 연개소문의 쿠데타가 발생한 지 불과 한두 달 정도밖에 안 된 시점이었다. 수도인 평양은 장악하고 있었겠지만 아직 지방에 뿌리 내린 반대 세력에게는 손을 대지 못하고 있었다. 당시 연개소문의 배후지는 고구려 남부 지역이었을 것으로 추정되는데, 이 근거지를 벗어나 요동 지역으로 올라가면 상당수 지역은 연개소문에게 적대적인 세력이 차지하고 있었다.

특히 요동방어선의 핵심 중 하나인 안시성은 끝까지 연개소문에게 저항했고 이를 굴복시키는 데 실패한 연개소문은 안시성에 상당

• 이상훈(육군사관학교 군사사학과 교수) 인터뷰 중에서

한 자치권을 부여하는 일종의 정치적 타협을 해야만 했다. 이런 상태에서는 가능한 한 대외관계의 긴장을 유지하는 것이 연개소문에게 유리했다. 외부의 긴장 때문에 내부가 결속될 가능성이 높아지기 때문이다. 고구려와 국경을 마주하고 있는 당나라와 신라가 적대적인 상태로 있는 것이 더 좋았다는 말이다. 또 백제와의 동맹을 유지하는 한, 설혹 신라가 고구려에 대해 군사행동에 나서더라도 백제가 신라를 견제하면 충분할 것이라는 판단도 작용했을 것이다. 결국 김춘추의 첫 번째 외교적 노력은 실패로 끝날 운명이었던 셈이다.

그 다음에 일어난 일은 너무 널리 알려져서 구태여 설명할 필요가 없을 정도이다. 요약하자면 김춘추의 제안을 거절한 연개소문은 김춘추의 또 다른 가치, 즉 인질로서의 가치를 이용해 보기로 했다. 김춘추를 가두고 신라에게 죽령 이북의 영토를 넘기라고 요구한 것이다. 하지만 신라는 생각보다 세게 나왔다. 김춘추의 정치적 동지인 김유신이 결사대를 조직해서 고구려 쪽으로 북상하기 시작했다. 인질의 가치는 상대방이 협상에 나올 마음이 있을 때나 의미가 있는 것이다. 협상 따위는 없다는 자세로 나오면 인질로서의 가치는 사라진다. 연개소문으로서는 김춘추를 죽이거나 풀어주거나 양자택일을 해야만 했다. 아무래도 김춘추는 정말로 목숨을 걸었던 모양이다. 결국 실익이 없다고 판단한 연개소문은 김춘추를 풀어준다.

뛰어난 스포츠 선수들 중에 오히려 데뷔전을 망치는 경우가 종종 있다. 김춘추도 말하자면 그런 케이스였다. 그의 첫 번째 구상은 실패했다. 하지만 자신의 구상이 흐트러졌다고 해서 좌절하고 있을 수만은 없었다. 무엇보다 신라의 상황이 너무 다급했고 김춘추도 실패

앞에 넋을 놓고 있을 성격은 아니었다. 다만 연개소문의 거절로 한 반도 안에서 해결책을 찾을 수 없게 된 이상, 새로운 전략이 필요했다. 이번에 김춘추가 주목한 나라는 당나라였다.

642년의 동아시아

이즈음에서 이후 전개될 김춘추의 외교 전략을 이해하기 위해 한반
도가 통일전쟁의 기운으로 달아오르고 있던 642년 무렵의 동아시아
를 좀 넓게 살펴보도록 하자.

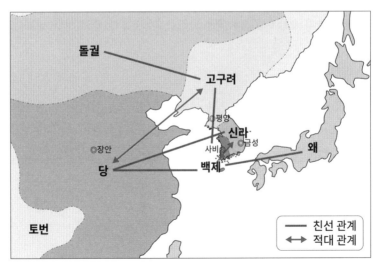

7세기 동북아시아의 국가 관계

우선 중원에는 건국한 지 20년을 조금 넘긴 당나라가 자리 잡고 있었다. 우리나라에서 군대를 갔다 온 남자들에게 당나라라고 하면 아마 '당나라 군대'라는 단어를 먼저 떠올릴 것이다. 보통 군기가 엉망인 것은 물론, 싸울 때마다 질 것만 같은 오합지졸을 일컫는 말이다. 그래서 실제로도 당나라가 약한 나라가 아니었을까 하는 오해를 불러일으키곤 하는데 실제 당나라는 약한 나라가 아니었으며 당나라 군대 역시 결코 약한 군대가 아니었다. 약하기는커녕 중국 역사를 통틀어 가장 강한 군대 중 하나였다. 중국 역사상 북방 유목민족과 남방의 한족을 동시에 지배한 왕조는 단 3개뿐인데* 그중 하나가 바로 당나라다. 더군다나 다른 두 나라인 몽골제국이나 청나라는 애초에 유목지역에서 출발한 나라지만 당나라는 중원에서 출발한 왕조임에도 유목민족을 동시에 지배했다. 2000년대 이후 중국이 강대국의 면모를 되찾으면서 부르짖은 구호 중 하나가 '한나라와 당나라로 돌아가자(重回漢唐)'인 것만 봐도 당나라가 중국 역사상 얼마나 강력한 국가였는지를 알 수 있을 것이다.

618년에 건국된 당나라는 건국 초기에 그야말로 무섭게 뻗어 나가고 있었다. 특히 중국 최고의 정복 군주 중 한 사람인 당태종이 등장한 이후로는 어떤 것도 거칠 것이 없어 보였다.

당시 당나라에게 위협적이었던 국가를 꼽으면 티베트고원에 자리 잡은 토욕혼과 몽골초원에 자리 잡은 돌궐, 그리고 만주의 고구

---

* 다른 두 나라는 몽골제국과 청나라이다. 피터 퍼듀 등에 따르면 전통적인 중국왕조는 순수한 한족의 왕조인 한, 송, 명 등 소중국(小中國)과 한족과 유목민족을 아우르는 다민족 국가였던 당, 몽골, 청의 대중국(大中國)으로 나뉠 수 있다고 한다. 당나라는 초원지대에서 실질적인 지배력을 행사한 대중국 중 하나였다.

려가 있었다. 지도를 펼쳐 놓고 보면 서쪽에는 토욕혼이, 북쪽에는 돌궐이, 동쪽에는 고구려가 있는 형국이다. 아마 다른 중원국가였다면 장성을 쌓아서 이 강적들을 방어하려고 했겠지만 힘에 자신이 있었던 당나라는 달랐다. 일종의 예방전쟁을 벌여서 이들을 굴복시키려고 한 것이다. 가까운 나라를 먼저 공략하고 고립된 먼 나라를 마지막에 공략한다는 원교근공(遠交近攻)의 전략에 따라 돌궐이 첫 번째 표적이 되었다.

돌궐을 먼저 굴복시킬 경우 고구려나 토욕혼은 분리되기 때문에 후일 고구려나 토욕혼을 공격할 때 이들 사이에 연합전선이 이루어지는 것을 방지하는 효과도 고려했을 것이다. 630년, 전격적으로 돌궐을 공격한 당은 돌궐의 칸인 힐리가한을 사로잡음으로써 돌궐에 대한 공세를 성공적으로 마무리 지었다. 돌궐이 무릎을 꿇자 이번엔 티베트고원이 표적이 되었다. 634년에 시작된 토욕혼과의 전쟁도 이듬해인 635년에는 결말이 나기 시작했다. 전투에서 패하고 도주하던 토욕혼의 왕 모용복윤이 목을 매어 자살했기 때문이다.

따라서 김춘추가 고구려에서 돌아와 새로운 활로를 고민하고 있던 642년과 643년 무렵에는 오직 고구려만이 당나라에 대적할 만한 군사력을 가진 나라였다. 당연히 당나라는 마지막 남은 고구려와의 전쟁 준비에 박차를 가하고 있었다. 김춘추는 어차피 고구려와 잘 지낼 수 없다면 당나라 쪽으로 배를 갈아타기로 했다. 현대적으로 표현하자면 강대국 편승전략을 구사하기로 한 것이다. 하지만 이 시점에서 신라가 당나라에 구원을 요청하는 것에는 몇 가지 심각한 문제가 도사리고 있었다.

우선 신라와 당의 전략적 목표가 서로 너무 다르다는 것이 큰 문제였다. 신라의 입장에서 가장 중요한 목표는 백제였다. 642년과 643년의 한반도 상황에서 신라를 궁지로 몰아넣고 있는 주적이 백제였기 때문이다. 또 전쟁이 성공적으로 마무리되어서 상대방을 멸망시키는 데 성공할 경우에도 고구려보다는 백제를 멸망시키는 것이 훨씬 이득이 컸다.

우선 점령지를 유지하기 위해 군대를 주둔시킬 경우를 생각해 보자. 백제는 신라 중심부와 매우 가까운 지역이다. 삼국시대까지는 중앙의 권력이 영토 전반에 골고루 미치는 상태가 아직 아니었다. 통치력의 밀도가 달랐다는 뜻이다. 때문에 신라의 경우에도 확실히 믿을 만한 지역은 원래의 근거지인 경상도 지역뿐이었다. 따라서 점령군의 주력도 경상도에서 파견해야 하는데 아무래도 지리적으로 가까운 백제는 점령군을 파견하기에도, 유지하기에도 유리한 지역이었다. 또 국경선 밖의 외적을 상대하는 데 있어서도 백제는 매우 유리한 지역이었다. 백제를 병합하고 나면 신라의 국경선은 한반도를 횡단하는 짧은 선이 되기 때문이다. 영토는 넓어지는데 지켜야 하는 국경선은 오히려 짧아지는 것이다.

반대로 고구려는 본국으로부터의 거리가 너무 멀어서 점령군을 파견하기도 어렵고 유지하기도 어려웠다. 더구나 요동 쪽은 국경선도 길었다. 점령지를 유지하면서 동시에 길고 긴 고구려의 북방 방어선을 지키는 것은 당시 신라의 국력으로는 벅찬 일이었다. 이뿐만이 아니다. 고구려는 강력한 적이기는 하지만 동시에 대륙 쪽에서 밀고 내려오는 강력한 제국의 침략을 막아주는 방파제이기도 했다.

만약 고구려가 사라진다면 신라는 돌궐이나 당나라 같은 무시무시한 적을 직접 상대해야 했다. 순망치한(脣亡齒寒)의 신세가 되는 것이다. 따라서 신라에게 있어 고구려를 멸망시키는 것은 희생은 크고 별다른 이득은 없는 사업이었다.

하지만 당나라의 입장은 달랐다. 당나라의 목표는 어디까지나 고구려였다. 이건 수나라가 이기지 못한 고구려를 우리가 이기겠다는 호승심이나 자존심 때문이 아니었다. 고구려가 장악하고 있는 지역이 만주였기 때문이다. 만주야말로 동아시아의 패권을 결정하는 전략적 요충지였다. 예를 들어 북방 유목민족이 만주를 장악하면 이들은 효과적으로 중원 진출을 노릴 수 있게 된다. 반대로 중원국가가 만주를 장악하면 이 지역을 근거지로 하여 몽골초원까지도 효과적인 통제가 가능해진다. 당연히 동아시아의 패권국가는 어떤 경우에도 만주를 포기할 수 없었다. 한반도가 지정학적 지옥이 된 이유도 따지고 보면 만주와 바로 붙어있기 때문이다. 따라서 7세기에 동아시아의 패권국가로 떠오른 당나라도 반드시 만주 지역, 특히 요동을 확보하기 위해 노력했고 이를 위해서는 고구려를 굴복시키는 것이 필수적이었다.

반면 백제는 당나라의 관심 밖이었다. 패권에 위협적인 나라도 아니었고 백제 스스로도 당나라에 대해서는 매우 우호적으로 나왔기 때문이다. 640년대에 백제는 신라만큼이나 자주 당나라에 사신을 보내서 우호를 표했다. 당나라로서는 백제가 신라에 비해 딱히 미울 이유도 없었던 셈이다.

이런 이유 때문에 신라가 당나라에 사신을 보내 구원을 요청해도 당나라의 반응은 그야말로 미지근했다. 겨우 백제에 편지 한 통 보내서 '서로 싸우지 말라'고 립서비스나 해 주는 것이 고작이었다. 당연히 백제는 '알겠습니다'라며 역시 립서비스를 하고는 수시로 신라에 쳐들어왔다. 신라의 입장에서는 답답하기 그지없는 상황이었다.

그런데 신라에게 문제는 이것만이 아니었다. 사실은 더 큰 위험이 도사리고 있었다.

호랑이를 불러들이다

신라에게 있어 더 큰 위험이란 목적을 달성한 후 당나라가 한반도에서 호락호락 물러나 줄 것인가 하는 점이었다. 이 점은 약소국이 문제 해결을 위해 주변 강대국을 끌어들이는 강대국 편승전략을 펼칠때 늘 감수해야 하는 위험이기도 하다. 늑대를 피하려다 호랑이를 끌어들이는 꼴이 될 수도 있기 때문이다. 역사적으로 이러한 예가 무수히 많지만 대표적으로는 금나라를 끌어들인 송나라의 경우가 있다.

송나라는 당나라와 달리 중국의 통일 국가 중에서 가장 군사력이 약한 나라였다. 건국 이래 단 한 번도 주변 민족에 대해 제대로 된 공세를 해 본 적이 없을 정도다. 그래도 건국 초인 태종 재위 시에는 신흥 국가의 기상이 남아 있어서 당시 북방을 지배하고 있던 거란에 대해 공세를 나선 적이 있었다. 이때 송나라가 목표로 삼은 지역이 이른바 연운(燕雲) 16주다. 지금의 북경 주변 지역인데 만리장성 남쪽에 위치한 이 지역이 거란에게 넘어간 것은 송나라 직전의 혼란기였던 5대 10국 시절이었다. 당시에 후진(後晉)의 황제 석경당이 거란에게 원군을 청하는 과정에서 이 지역을 바쳤기 때문이다. 5대 10국의 혼란을 수습한 송나라는 중원 통일의 마무리 작업으로 연운 16주를 되찾기 위한 공세에 나섰다. 하지만 결과는 비참했다. 황제인 태종이 화살에 맞아 부상당하는 등 수모를 당한 끝에 패배하고 만 것이다. 그나마 군사력에 자신이 있던 건국 초에 이런 일이 있었으니 송나라가 연운 16주를 되찾는 일은 요원한 일이 되고 말았다.

　그런데 12세기 초 송나라에게 기회가 찾아왔다. 거란의 후방인 만주 지역에서 여진족이 들고 일어난 것이다. 여진은 국호를 금으로 정하고 거란에 대해 공세를 퍼붓기 시작했다. 북방의 변화를 감지한 송은 금나라에게 즉각 군사 동맹을 요청했다. 송나라가 동맹을 맺으면서 금나라에게 제시한 계획은 다음과 같았다.

　첫째, 금나라는 만리장성 이북의 내몽골 지역을 공략하고 송나라는 지금의 북경 부근인 연경을 공략한다.

　둘째, 요를 멸망시킨 후 금나라와 송나라는 만리장성을 경계선으로 국경을 정하고 연운 16주는 송나라에 반환한다.

　셋째, 송나라는 지금까지 요나라(거란)에 보냈던 세폐(歲幣)*를 고스란히 그대로 금나라에 보내기로 한다.

　이를 '해상의 맹약'이라고 부른다. 송나라는 비록 200년 동안 거란

─────────────

●　중국 역대 왕조가 북방의 유목국가에 금, 비단 등의 물자를 지급하고 평화 관계를 유지하는 일종의 외교적 화친정책.

에게 눌려 지냈지만 거란 본국을 금나라가 공격해 준다면 연운 16주쯤은 자기 힘으로도 충분히 되찾을 수 있다고 생각한 것이다.

1121년, 드디어 거란에 대한 최후의 공세가 시작되었다. 그런데 금나라 쪽에서 맡은 초원지역의 작전은 예정대로 진행되었지만 송나라 쪽이 맡은 연운 16주의 상황은 뜻대로 되지 않았다. 송나라의 군사력으로는 멸망 직전의 거란조차 대적하기 힘들었던 것이다. 결국 송나라는 금나라에 또다시 출병을 요청해서 금나라 군대의 힘으로 목적을 이룰 수 있었다. 이렇게 가까스로 연운 16주를 회복하고도 송나라는 200년간의 숙원을 이뤘다는 사실에 감격해 마지않았다. 하지만 자신들이 늑대를 쫓으려고 호랑이를 불러들였다는 사실을 깨닫는 데까지는 그리 오랜 시간이 걸리지 않았다.

송나라의 허약함을 목도한 금나라는 툭하면 쳐들어와서 엄청난 양의 세폐를 요구했다. 애초에는 거란에게 보내던 양만큼을 요구했지만 송나라의 외교적 실수까지 겹치면서 요구액은 기하급수적으로 증가하기 시작했다. 결국 견디다 못한 송나라가 강경책으로 나오자 금나라는 송나라를 침략해 수도인 개봉을 함락하고 송나라 황제였던 휘종과 흠종을 포로로 잡았다. 이를 '정강의 변'이라고 한다. 늑대를 막으려고 불러들인 호랑이에게 잡아먹힌 셈이다.

르네상스 시대의 이탈리아에도 유사한 사례가 있다. 미켈란젤로와 라파엘로의 후원자로 유명한 율리우스 2세Iulius PP. II의 사례이다.

1503년에 즉위한 율리우스 2세는 자신의 권위에 도전하는 자들을 용납하지 않는 강골의 교황이었다. 이런 그에게 눈엣가시 같은 존재가 하나 있었는데 감히 교황령 안에서 야금야금 영향력을 확대하고 있던 베네치아였다. 수차례의 경고에도 베네치아가 이를 무시하자 율리우스 2세는 베네치아를 응징하기 위해 직접 군사행동에 나섰다. 성직자인 교황이 직접 칼을 들고 전쟁터에 나서는 초강수를 둔 것이다. 하지만 율리우스 2세는 율리우스 카이사르가 아니었다. 이름만 빌려왔을 뿐 군사적 재능은 근처에도 가지 못했다는 뜻이다. 군사작전은 실패를 거듭했고 베네치아에게서 한 치의 땅도 빼앗을 수 없었다.

베네치아에게 연달아 패배하고 자존심이 상한 율리우스 2세는 혼자 힘으로 할 수 없다면 막강한 동맹자를 끌어들여서라도 문제를 해결하기로 결심했다. 힘센 동맹자라면 역시 유럽의 양대 강국이었던 프랑스와 스페인이 제격이었다. 과단성이라면 누구에게도 지지 않았던 율리우스 2세는 어차피 동맹을 맺을 것이라면 아예 두 나라를 동시에 끌어들이기로 했다.

이것이 1508년에 결성된 캉브레 동맹이다. 세속의 군주도 아닌 교황이 세속의 국가인 베네치아를 응징하기 위해 세속의 군주들과 맺은 특이한 동맹이었다. 결과는 성공적이었다. 아무리 이탈리아 반도의 최강자였던 베네치아라지만 프랑스와 스페인을 동시에 상대할 수는 없었다. 결국 베네치아는 패배했고 이탈리아 안에서 쌓아올린 세력권을 상실했다.

문제는 그 다음이었다. 프랑스나 스페인 모두 교황에게 좋은 일만 시켜주고 이탈리아에서 물러날 생각이 추호도 없었기 때문이다. 특히 지난 세기부터 이탈리아를 호시탐탐 노리던 프랑스가 적극적으로 움직이기 시작했다. 율리우스 2세는 베네치아보다 더 버거운 프랑스의 도전에 직면해야 했다. 어차피 뾰족한 수가 없던 교황은 이번에도 강대국의 힘에 의존해서 문제를 해결하려고 했다. 스페인, 베네치아와 손잡고 프랑스를 축출하려고 한 것이다. 다행히 이번에도 결과는 좋았다. 프랑스가 이탈리아 반도에서 완전히 축출된 것이다.

하지만 누구나 예상할 수 있듯이 이것으로 사태가 끝나는 일은 없었다. 당연하게도 이번엔 스페인이 이탈리아에 눌러앉았다. 사태가 이 지경이 되면 무언가 배우는 게 있을 것도 같은데 율리우스 2세는 실패로부터 아무것도 배우지 못했다. 이번엔 지금의 독일인 신성로마제국을 끌어들여 문제를 해결하려고 한 것이다.

하지만 이 세 번째 시도는 불행히 실패하고 말았다. 신성 로마제국의 황제인 막시밀리안 1세Maximilian I와 스페인의 국왕 페르난도 2세 Fernando II는 사돈지간이었고 둘 사이에는 공동의 후계자인 카를 5세 Karl V가 있었기 때문이다.* 어차피 두 사람이 죽고 나면 카를 5세가 스페인과 신성로마제국의 모든 영토를 물려받을 것인데 굳이 이 둘이 목숨을 걸고 싸울 이유가 없지 않은가?

여기에 이르러서는 율리우스 2세 교황도 더 이상 써먹을 카드가 없었다. 교황은 실의에 빠진 채 죽고 이탈리아의 독립은 먼 옛날의 추억이 되고 말았다. 애초에 베네치아를 그대로 두었더라면 베네치아가 이탈리아의 방패막이 역할이라도 해 주었을 텐데 강대국을 끌어들여 베네치아를 무력화시킴으로써 결국 이탈리아를 강대국들의

---

* 페르난도 2세의 딸인 후아나와 막시밀리안 1세의 아들인 필리프는 양쪽 가문의 유일한 후계자였는데 이 둘 사이에서 태어난 상속자가 카를 5세이다. 따라서 카를 5세는 오로지 정략결혼의 혜택으로 유럽에서 가장 넓은 영토를 물려받을 예정이었다.

놀이터로 만들고 만 것이다.

신라가 당나라를 끌어들이는 전략도 위의 두 사례처럼 될 가능성
이 매우 높았다. 당나라를 끌어들여 고구려를 멸망시키고 나면 한반
도의 방패막이도 사라져 버릴 것이기 때문이다. 그 다음에 마땅한 동
맹국이 없는 신라가 과연 당나라를 감당해 낼 수 있을지는 매우 의문
스러운 일이었다. 그렇다고 해서 후일 당나라가 한반도에 직접 눌러
앉을 상황이 두렵다고 가만히 있을 수도 없는 상황이었다. 지금 당장
고구려와 백제의 공세를 막지 못한다면 신라에게 내일은 없기 때문
이었다.

"절박하게 되면 모험을 하게 됩니다. 속된 말로, 이래도 죽고 저래도 죽는다
면 일말의 가능성에라도 도전하지 않겠습니까. 당시 신라가 그랬습니다. 절
박했기 때문에 당나라를 이용한 통일이라는 모험을 하게 된 것이죠. 더 이
상 백제나 고구려의 공세를 버틸 재간이 없고, 나아가 고구려와 당나라 사
이의 전쟁이 끝나고 국제적인 평화 무드가 형성되면 신라는 정말 망할 수밖
에 없다는 절박함이 있었을 겁니다.
당시 삼국은 통일을 향해 가고 있었고 이것이 역사의 대세라는 것을 서로
알고 있었습니다. 결국 문제는 누가 통일의 주인공이 되느냐는 것이었죠.
고구려나 백제에 의해 멸망할 것인가, 아니면 우선 우리가 통일을 하고 그
다음 단계에서 당나라를 어떤 방식으로든 상대하겠는가를 선택해야 하는
순간이 신라에게 남은 것이죠."•

• 임용한(한국역사고전연구소장) 인터뷰 중에서

"신라와 김춘추가 당나라의 손을 잡은 것은 당나라가 강대국이기 때문만은 아니었습니다. 정확히 말하자면 관계된 모든 국가를 저울질했을 때, 당시 신라의 상황을 타개할 수 있는 변수는 당나라뿐이었다고 할 수 있겠습니다. 물론 강대국의 힘을 이용하는 것은 그 위력만큼이나 위험성과 문제점도 커집니다. 실제로 당나라로 인해 여러 문제가 발생했습니다. 김춘추의 외교적 선택은 여러 위험 요소를 포함하고 있었습니다.

하지만 존망의 위기 속에서 신라가 자국 보존을 위해 결정한 최후의 선택이 강대국 당나라였다는 점을 우리는 생각해 보아야 합니다. 대국과 동맹을 맺는다는 것은, 그만한 위험을 감수해야 할 만큼 그 성과가 중대하다고 보아야 하지 않을까요?"•

• 이성시(와세다대학교 역사학과 교수) 인터뷰 중에서

김춘추,
당태종을 설득하다

하지만 당나라를 견제하는 것은 먼 훗날의 일이고 당장은 백제의 공세를 막는 것이 급선무였다. 앞에서도 한 번 이야기했지만 당나라는 백제에 별 관심이 없었기에 '서로 사이좋게 지내라'는 식의 립서비스 외에는 아무런 개입도 하지 않고 있었다. 신라는 당나라로 하여금 무언가를 통해 백제 공격에 나서도록 설득할 방법이 필요했다.

신라가 이런 고민에 빠져 있을 때 당태종은 신라의 사정 따위는 아랑곳하지 않고 자신의 원대한 구상을 실현할 마지막 정복사업을 시작했다. 고구려 전쟁이었다. 645년 당나라의 대군이 고구려를 향해 출발했다. 그리고 약소국의 사정 따위는 고려하지 않는 강대국답게 백제를 막아내기도 바쁜 신라에게 고구려 공격을 명령했다. 신라로서는 도와주지는 못할망정 오히려 부담이나 지우려는 당나라가 야속했지만 참전하는 방법 외에는 별 뾰족한 수가 없었다. 645년 5월, 신라도 당나라의 요청에 호응하여 김유신이 이끄는 3만 대군을 북진시켰다. 제1차 고당전쟁이 시작된 것이다. 요동성과 안시성 전투, 주필

산 전투 등 흥미진진하고 피를 끓게 하는 전투들로 가득한 전쟁이었지만 이 전쟁의 진행을 따라가는 것은 우리의 주제를 넘어선다. 따라서 신라의 생존전략과 관련된 부분만을 짚어보도록 하자.

김유신은 당군에 호응해서 임진강을 건넌 후 곧장 고구려의 영토인 수구성을 공략했다. 그런데 이 1차 고당전쟁에서 신라군의 움직임을 보면 신라군의 역할은 조연도 되지 못했다는 것을 알 수 있다. 당태종은 고구려를 침략하면서 주공(主攻)과 조공(助攻)으로 침공군을 나누었다. 이때 조공은 주공격 방향으로 적 병력이 투입되는 것을 막아 주공의 부담을 덜어주는 역할을 한다. 당시 주공은 당연히 당태종이 직접 거느린 요동방어선 공격군이었다. 그렇다면 신라는 조공의 역할을 맡은 것일까? 사실은 조공도 아니었다. 당시 고구려의 병력 분산을 노린 조공은 발해만을 건너 요동 반도의 비사성을 노리는 장량의 수군이었다. 그럼 신라군의 역할은 무엇이었을까? 그것은 신라군에 대한 지휘권이 누구에게 있었는지를 보면 유추할 수 있다.

당시 신라군에 대한 지휘권은 비사성을 공격하던 장량에게 있었다. 결국 신라군은 조공인 장량의 수군을 보조하는, 그야말로 조공의 조공 역할을 하고 있었던 셈이다. 이 시점에서 당태종은 신라군에게 큰 기대를 걸지 않은 것이 분명하다. 그런데 신라군은 그 정도의 역할도 제대로 수행할 수 없었다. 신라군이 북상하는 허점을 노린 백제가 신라로 쳐들어와 7개 성을 빼앗았기 때문이다. 신라는 김유신의 군대를 되돌려 백제와의 전선에 투입할 수밖에 없었다. 그리고 이후의 고당전쟁은 이런 신라군과 무관하게 진행되었다. 신라가 전선을 이탈했는데도 당태종은 별다른 추궁조차 하지 않았다. 아직까지 신라는 조연의 역할조차 할 수 없었던 것이다.

물론 당나라 쪽의 사정도 좋지 않았다. 당태종이 직접 거느린 주력군이 안시성에서 패배함으로써 고구려 원정이 실패로 돌아간 것이다. 이 패배는 당태종에겐 충격이었다. 당태종은 수양제 같은 무모한 군주가 아니었다. 그는 중국사 전체를 통틀어도 문무 양쪽에서 탁월한 성과를 낸 A급의 군주였다. 그리고 그의 휘하에는 무경칠서(武經七書)* 중 하나로 꼽히는 『이위공문대(李衛公問對)』의 주인공 이정이 있었다. 손자나 오자 급의 참모가 있었다는 소리다.

이번에도 당태종과 이정은 수나라와 고구려 간의 전쟁을 충분히 검토한 후 나름의 전략을 수립했다. 그리고 자신들의 장기인 기동전으로 고구려의 방어선을 돌파하는 것이 충분히 가능하다는 판단으로 전쟁을 시작한 것이다. 그런데 그렇게 준비한 필승의 전략이 실패했다. 당태종으로서는 대고구려 전략을 처음부터 새로 짜야만 했다.

이렇게 새로운 대 고구려 전략 수립이 한창 진행되고 있을 때 신라에서 사신이 도착했다. 아마 통상적인 사신이었다면 당태종도 신라가 늘 보내오는 의례적인 구원요청이라고 생각했을 것이다. 그런데 이번에는 사신의 격이 달랐다. 신라의 실권자이자 사실상의 왕위 계승권자인 김춘추가 직접 당나라를 찾아온 것이다. 당태종도 무언가 감을 잡은 모양이다. 김춘추를 위한 파격적인 환영 행사를 지시했기 때문이다. 우선 궁중행사를 총괄하는 광록경(光祿卿) 유형을 장

• 중국 병법의 대표적 고전으로 여겨지는 7가지 병법서. 『손자병법(孫子兵法)』, 『오자병법(吳子兵法)』, 『사마법(司馬法)』, 『육도(六韜)』, 『삼략(三略)』, 『울요자(尉繚子)』, 『이위공문대(李衛公問對)』가 꼽힌다.

안성 밖으로까지 보내어 김춘추를 직접 영접하도록 했으며 김춘추를 위해 3품 이상의 모든 관리가 참석하는 잔치를 베풀었다. 지금으로 치자면 국가원수도 아닌 사람에게 국빈 만찬을 베푼 셈이다. 이렇게 김춘추의 두 번째 외교적 도전이 시작되었다.

강대국과 달리 약소국의 외교적 자산은 얼마 되지 않는다. '한 번 실패하면 두 번, 두 번 실패하면 세 번'이라는 식으로 접근할 수 없다는 말이다. 김춘추로서는 두 번째라기보다는 마지막이라는 심정이었을 것이다. 따라서 사신단의 인선부터 신경을 썼다. 신라의 왕위 계승권자인 자신이 포함된 것은 물론이거니와 자신의 셋째 아들인 김문왕까지 사신단에 포함시켰다. 이후 김문왕은 김춘추의 귀국 후 인질이자 연락책으로서 당태종의 곁을 지키게 된다. 김문왕은 이후 6차례나 당나라에 파견되었고 마지막에는 신라를 위해 당나라에서 죽음을 맞이한 김양도가 당나라에 파견되었다.

김춘추는 당나라를 위한 뇌물 역시 넉넉히 준비했고 안타깝지만 미녀들도 뽑아서 공녀로 준비했다. 당나라에 도착해 당태종을 만난 후에도 그야말로 지극정성을 보였다. 조금 더 노골적으로 표현해 아부를 한 셈인데, 다만 김춘추의 아부는 결코 품위를 잃지 않았을 뿐더러 신라에게도 실질적인 도움이 되는 행동이었다. 김춘추는 어떤 일을 추진할 때 단지 한 가지 목적만을 위해 하는 사람이 아니었다.

우선 김춘추는 당태종에게 국학(國學)에서 강론을 참관할 수 있게 해 달라고 요청했다. 국립대학에서 청강을 할 수 있게 해 달라고 한 것이다. 당시 일찍부터 선진 문물을 받아들였던 고구려와 백제에는 국립대학 격인 국학이 이미 설치되어 있었지만 신라에는 아직 국학이 설치되어 있지 않았다. 김춘추는 이러한 요청을 통해 당나라의 앞선 문물을 배우고 싶다는 품위 있는 아부를 함과 동시에 신라의 국학 설립을 위한 노하우도 배우고자 한 것이다.

이뿐만이 아니었다. 김춘추는 당나라의 복식을 신라에도 적용하고 싶다고 요청했다. 이것도 상당한 이유가 있는 노림수였다. 학문이나 종교 혹은 제도 같은 문물은 받아들여도 정착하는 데 시간이 오래 걸린다. 또 그 적용한 것이 그리 눈에 띄지도 않는다. 하지만 복식은 다르다. 옷은 바로 눈에 띄기 때문이다. 신라의 친당정책을 바로 보여줄 수 있는 것이었다. 여기에 더해 어차피 통일 이후 중국식의 중앙집권국가를 건설하려면 복식체계는 받아들일 수밖에 없는 제도이기도 했다.

김춘추의 노력은 보답을 받았다. 김춘추의 행동을 눈여겨 본 당태종이 김춘추와의 독대를 허락한 것이다. 김춘추는 아마도 독대를 허락받는 순간 전율했을 것이다. 드디어 직접 당태종을 설득할 수 있는 기회가 온 것이다.

앞서 여러 차례 언급한 것처럼 당시 신라의 목표는 매우 난해한 고차방정식이었다. 우선 고구려밖에 관심이 없는 당나라로 하여금 먼저 백제를 공격하게 하고 그 후에는 다시 당나라를 한반도 밖으로 밀어내는 것이기 때문이다. 일을 할 줄 아는 사람들은 다 아는 비밀이 하나 있는데, 바로 '목표는 단순해야 달성 가능성이 높다'는 것이다. 신라의 목표처럼 곳곳에 변수가 숨어 있는 복잡한 목표는 입으로 말할 때는 그럴듯해 보여도 실제 실천해 보면 달성하기가 어렵다. 하지만 신라 입장에서는 이 방법 외에 뾰족한 수가 없었다.

　이때 당태종과 김춘추 사이에 구체적으로 어떤 대화가 오갔는지
는 알 수 없다. 『삼국사기』에 대강의 이야기가 전해오기는 하지만 이
건 거의 당위적인 이야기뿐이기 때문에 김춘추가 대체 어떤 방법으
로 당태종을 설득했는지는 여전히 미지수이다. 일단 『삼국사기』의
기록은 다음과 같다.

　어느 날 김춘추를 불러 사사로이 만나서 금과 비단을 매우 후하게 주고 묻
　기를 "경은 무슨 생각을 마음에 가지고 있는가?"라고 하였다. 김춘추가 무
　릎을 꿇고 아뢰기를 "신의 나라는 바다 모퉁이에 치우쳐 있으면서도 천자
　의 조정을 섬긴 지 여러 해가 되었습니다. 그런데 백제는 강하고 교활하여
　여러 차례 함부로 침략해 왔습니다. 더욱이 지난해에는 군사를 크게 일으
　켜서 깊숙이 쳐들어와 수십 개의 성을 쳐서 함락시켜 조회할 길을 막았습니
　다. 만약 폐하께서 당나라의 군사를 빌려주어 흉악한 것을 잘라 없애지 않
　는다면 저희 나라 백성은 모두 포로가 될 것이며, 다시는 멀리 찾아와 조회
　하고 아뢰지 못할 것입니다"라고 하였다. 태종이 매우 옳다고 여겨서 군사
　의 출동을 허락하였다.•

　그런데 정말로 이 정도 이야기에 당태종이 설득될 것이었다면 김
춘추가 직접 올 필요도 없었을 것이다. 김춘추는 당태종에게 무언가
전략적인 대안을 제시한 것이 분명하다. 이후의 상황 전개에 비추어
볼 때 김춘추가 제시한 전략은 아마도 다음과 같았을 것이다.

• 『삼국사기』권5, 신라본기 5, 진덕왕 2년

　지금까지 수나라와 당나라의 대고구려 전략은 큰 틀에서 동일했다. 우선 주력군은 압도적인 군사력으로 요동방어선에서부터 고구려를 밀어 붙인다. 이때 수군을 조공으로 활용해서 요동의 비사성을 공격하거나 평양성을 직접 공격해 고구려군이 전력을 요동방어선에 투입하는 것을 막는다. 다만 차이가 있다면 수양제는 그야말로 압도적인 병력수로 이 일을 해내려고 했고 당태종은 보다 정예한 병력의 기동성 있는 움직임으로 이 일을 해내려고 했다는 점이다.

　하지만 어느 쪽이든 이 전략에는 문제가 있었다. 바로 병참선(兵站線) 문제다. 육로로 오는 병참선은 너무 길고 수로로 오는 병참선은 너무 불안정했다. 이렇게 해서는 전쟁을 길게 끌 수가 없었다. 무리해서 병참을 유지하며 전쟁을 끌다가는 수양제처럼 내부 반란에 직면할 수도 있었다. 가능한 한 단기전으로 전쟁을 끝내야 했다. 봄에 전쟁을 시작하면 겨울이 오기 전에는 끝장을 봐야하는 것이다. 하지만 이런 방식으로는 견고한 요동방어선을 돌파하는 것이 난망하다는 사실이 지난 수차례의 고구려 원정 실패로 증명되었다.

　수양제와 달리 어리석지 않았던 당태종도 이 사실은 알고 있었다. 때문에 645년의 패전 이후로는 대규모 원정을 중단하고 소규모 부대를 지속적으로 파병해서 요동방어선의 힘을 빼놓으려고 시도하던 중이었다. 하지만 이것만으로는 부족했다. 결정타를 먹일 방법이 없었던 것이다. 그런데 신라군이 본격적으로 전선에 투입되면 사정이 완전히 달라진다.

　당군이 예전처럼 요동방어선과 수군을 통해 고구려를 공격할 때 신라가 남쪽 전선에서 치고 올라오면 일단 전선이 삼분되어서 요동

방어선의 힘이 빠질 수밖에 없다. 이것만이 아니다. 신라군이 병참을 담당한다면 안정적인 병참 지원을 기반으로 장기전도 가능해진다. 겨울이 되기 전에 철수하는 것이 아니라 이듬해에도 전쟁을 계속하는 것이 가능해지는 것이다. 조금 더 모험적으로 움직이면 수군만을 동원해서 직접 평양을 공격해도 신라의 병참 지원을 바탕으로 장기전을 할 수 있다.

이렇게 되면 고구려의 입장에서는 어디가 주전선인지 알 수 없는 상황에 빠지고 만다. 그 전처럼 요동방어선에 집중할 수가 없는 것이다. 그야말로 게임의 규칙을 바꿀 수 있는 전략이었다. 다만 이 전략에는 대전제가 있다. 신라군이 본격적으로 고구려 전선에 투입될 수 있도록 백제를 먼저 공격해야 한다는 것이다. 지난번 1차 고당전쟁의 경우처럼 백제가 신라의 옆구리를 공격한다면 신라는 결코 고구려 전선을 담당할 수 없을 것이기 때문이다.

타고난 전략가인 당태종은 즉각 신라와의 동맹이 가져다 줄 이점을 파악했다. 일사천리로 당태종과 김춘추 사이에 백제 침공을 매개로 한 비밀협약이 맺어졌다. 다만 김춘추와 당태종은 둘 사이의 협약을 철저히 비밀에 부쳤다. 기습공격이 효과를 보려면 백제는 이 사실을 절대로 몰라야만 했기 때문이다. 때문에 현재 이 둘 사이에 구체적으로 어떤 약속이 오갔는지는 이후 당나라와 신라 사이에 오간 외교문서에 단편적으로 남아 있는 기록을 통해 추측할 수밖에 없다. 이 추측을 통해 둘 사이의 약속을 복원해 보면 대체로 다음과 같은 약속이 있었을 것으로 보인다.

첫째, 먼저 당나라가 대군을 동원하여 백제를 공격한다. 이때 신라는 병참과 측면 공격을 담당한다.

둘째, 백제가 멸망한 후 고구려를 공격한다. 물론 이때도 평양을 공격하는 당나라 군대에 대한 병참과 측면 공격은 신라가 담당한다.

셋째, 고구려까지 멸망하면 신라와 당의 영토를 대동강을 경계로 확정한다.

이 중 첫 번째와 두 번째는 당연히 양자의 이해관계가 일치했으므로 그대로 지켜지게 된다. 하지만 세 번째 약속도 그대로 지켜질지는 의문이었다. 공동의 적이 소멸한 뒤에는 양자의 이해관계가 충돌할 가능성이 높았기 때문이다. 아마 약속을 맺은 당사자인 당태종과 김춘추도 세 번째 약속은 그저 약속에 불과하다고 생각하지 않았을까?

10년간의 소강상태, 답습에 그친 두 나라

하지만 김춘추와 당태종의 밀약은 즉각 실현되지 못했다. 밀약을 맺은 다음해인 649년에 당태종이 갑자기 사망했기 때문이다. 더구나 당태종은 자신의 후계자인 고종이 미덥지 못했는지 임종하는 자리에서 고구려 원정을 중지하라고 유언했다. 고구려 원정이 취소되면 당연히 백제 원정도 취소된다. 당나라 입장에서 백제를 공략하는 이유는 오로지 고구려 공략을 위한 사전 작업일 뿐이기 때문이다. 당나라에서 귀국한 이후 즉위하여 태종무열왕이 된 김춘추로서는 애가 닳을 일이었지만 당나라가 다시 고구려 원정에 나설 마음을 먹기까지 신라에게는 기다리는 방법밖에 없었다.

반대로 고구려나 백제의 입장에서는 당태종의 갑작스러운 죽음이 천만다행이었던 셈이다. 하지만 그렇다고 해서 안심할 만한 일은 아니었다. 앞서 설명한 지정학적인 이유 때문에 동아시아의 패권국가인 당나라가 만주, 특히 요동 지역을 그대로 둘 리 없기 때문이었다. 그저 운명의 시간이 다소 미뤄진 것에 불과했다. 따라서 고구려나 백제는 이 시간을 헛되이 보내서는 곤란했다. 김춘추처럼 새로운 상상력을 발휘해서 석극석으로 상황을 개척할 필요가 있었다. 하지만 당시 고구려와 백제의 대응 전략은 구태의연한 것이었다.

우선 고구려의 연개소문은 김춘추의 제안을 거절함으로써 갈 곳이 없어진 신라로 하여금 더욱 적극적으로 당나라에 매달리게 만들었다. 이후에도 당나라와의 전쟁에 대비해 후방인 신라를 중립화 하려는 시도조차 하지 않았다. 물론 고구려의 연개소문도 별다른 전략 없이 그런 선택을 한 것은 아니었다. 아마 연개소문은 먼저 당나라 문제를 해결하고 그 다음 장수왕처럼 남진정책을 통해 한강유역을 되찾을 계획이었을 것이다. 문제는 그때까지 신라를 억제해야 하는 것인데 그 정도는 동맹국인 백제가 충분히 해낼 수 있다고 생각했다. 실제로 645년의 1차 고당전쟁 때는 백제가 신라를 견제하는 역할을 충실히 해 주기도 했다. 하지만 신라가 당나라를 설득해 평소 관심도 없었던 백제를 먼저 공격하리라고는 꿈에도 생각하지 못했다.

더 큰 문제는 백제였다. 김춘추의 외교적 상상력이 아시아 전체를 눈에 담고 있었던 것에 비해 의자왕의 상상력은 한반도를 벗어나지 못했다. 그렇다고 의자왕이 무능한 군주였던 것은 아니다. 대야성과 당항성 공략의 경우를 보면 알 수 있듯이 의자왕은 군사적인 재능도 있는 편이었고 최소한 한반도라는 지도 위에서는 판을 넓게 볼 수 있는 대국적 안목도 가지고 있었다.

다만 문제는 상대방이 김춘추라는 것이었다. 한반도 내에서의 전략만을 고려한 의자왕에 비해 아시아 전체를 고려한 김춘추의 전략은 의자왕의 상상력을 뛰어넘는 것이었다. 의자왕은 정말 당나라가 쳐들어오리라고는 꿈에도 생각하지 못했다.

"의자왕은 당나라의 공격을 예상할 수 있었을까요? 의자왕의 백제는 북쪽의 고구려와 군사동맹을 맺었고, 남의 왜와도 동맹을 맺어 신라에 대항하고 있었습니다. 이런 상황에서 당나라가 혼자서 직접 백제를 치러 오진 않을 것이라고 안일하게 판단했을 겁니다. 특히 고구려와 맺은 군사동맹은 일종의 보험이라고 할까, 백제를 방심하게 만들었습니다. 최소한 육로를 통한 침공은 이뤄지지 않을테니까요. 결국은 산동 반도로부터 당나라가 수군을 이끌고 바다를 건너야 하는데, 이건 아무래도 어렵지요. 더군다나 신라와 당나라가 양면공격을 할 것이라고까지는 전혀 예상하지 못했을 것입니다."●

"백제는 당나라의 대군이 공격해 올 것이라고 생각하지 못 했을 가능성이 훨씬 높습니다. 지리적인 측면에서 살펴보죠. 고대 전쟁의 경우, 중국의 군대가 한반도로 들어올 때 수군을 주로 이용을 합니다. 그런데 연안 항로, 즉 육지가 보이는 거리에서 항해를 하게 됩니다. 항해 중에 기착(寄着)을 하고 식수를 재공급을 받아야하니까요. 하지만 산동 반도에서 우리나라의 황해도까지 가는 직항노선이 당시엔 본격적으로 개발되지 않았습니다. 당의 수군이 출발하게 된다면 고구려를 경유해야만 했습니다. 백제는 당나라가 적국인 고구려를 쉽게 통과하리라고 생각하지 못 했을 것입니다. 그래서 먼 당나라보다 가까이에 있는 신라의 침입에만 대비한 것 같습니다."●●

●　이성시(와세다대학교 역사학과 교수) 인터뷰 중에서
●●　이상훈(육군사관학교 군사사학과 교수) 인터뷰 중에서

이 때문에 고구려와 백제는 당태종이 사망한 649년부터 10년간 당과 신라에 대해 기존의 노선을 답습하는 구태의연한 대응으로 일관했다. 둘 다 신라와 당나라의 동맹이 몰고 올 잠재력을 과소평가했던 것이다. 물론 당시까지의 한반도 역사를 돌이켜 볼 때 연개소문과 의자왕의 대응이 크게 잘못된 것도 아니었다. 오히려 매우 상식적이고 합리적이라고 볼 수도 있다. 그러니 이 두 사람이 결코 어리석었다고 할 수는 없을 것이다. 하지만 격변기의 역사는 종종 평범한 인간의 상상력을 뛰어넘는 법이다.

700년을 이어온 백제,
열흘 만에 멸망하다

658년이 되자 당태종의 죽음으로 중단되었던 고구려 원정 계획이
다시 가동되기 시작했다. 고구려의 요동방어선에 당나라의 군대가
다시 모습을 보이기 시작한 것이다. 하지만 그 해와 이듬해인 659년
에 출동한 당나라 군대는 그야말로 소규모 군단이었다. 백제에 대한
전쟁을 시작하기에 앞서 고구려의 주력군을 요동방어선에 묶어두
기 위한 양동작전(陽動作戰)이었기 때문이다.

　당나라와 신라는 백제 공략에 앞서 양동작전만 실시한 것이 아니
었다. 기밀이 누설되는 것을 막기 위해 외교적인 조치도 병행했다.
고구려나 백제뿐 아니라 백제와 가까운 왜에 대해서조차 세심한 보
안조치가 취해졌다. 657년 신라를 거쳐 당나라로 가려던 왜의 사신
일행은 입국이 거절되고 왜로 돌려보내졌으며 659년에 왜로 귀국하
려던 왜의 견당사(遣唐使) 일행 역시 기밀 누설을 우려한 당에 의해
장안에 억류되었다. 한반도로 몰려오는 전쟁의 먹구름을 백제만이
까맣게 모르고 있었던 셈이다.

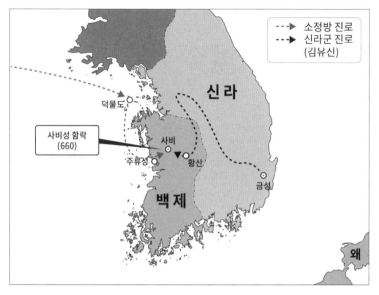

백제의 멸망 과정

이렇게 전혀 예상하지 못한 전쟁이었기에 660년 당나라 대군이 서해안에 나타났을 때 백제의 반응은 당황 그 자체였다. 당나라 군대는 6월 21일 신라 영토인 덕물도*에 상륙해 신라 측 대표로 나온 법민(훗날의 문무왕)을 만나 향후 백제 공격에 대한 공동작전 계획을 수립했다. 아무래도 백제는 이 시점에서야 당나라의 공격을 눈치챈 듯 하다. 제대로 된 방어 전략을 수립하기에는 시간이 너무 부족했다. 격론 끝에 우선 군의 일부를 파견해 백강(현재의 금강)으로 진입하는 당군을 막고 계백 장군이 5천의 결사대를 이끌고 신라군을 저지하는 것으로 결론이 났다. 계백과 5천 결사대에게 나라의 운명이 맡겨진 셈이다.

─────────

• 현재 인천광역시 옹진군 덕적면에 속해 있는 덕적도이다.

그런데 나라의 운명이 걸린 전투에 투입된 병력이 겨우 5천이라
면 너무 적다. 소정방 휘하의 당나라 군대는 13만이었고 김유신이
거느린 신라군도 5만이라고 기록되어 있는데 왜 백제의 병력은 이
정도 밖에 되지 않았을까? 불과 1년 전 까지도 백제가 신라에 대해
공세를 취하고 있었다는 점을 고려할 때 이 숫자는 너무 적다. 상대
방이 5만 병력을 움직일 수 있는데 겨우 5천 병력으로 공세를 취할
리는 없기 때문이다. 때문에 이 숫자는 계백이 거느린 숫자만을 가리
키는 것이고 별도의 병력이 있었을 것이라 추측하는 사람들도 많다.

하지만 필자는 이 숫자가 계백이 황산벌에 데리고 간 전체 병력이
맞을 것이라고 생각한다. 왜냐하면 신라와 당나라의 백제 공격이 그
야말로 전격적인 기습이었기 때문이다. 백제는 정말 아무 준비도 하
지 않고 있다가 당했다. 그렇다면 병력이 5천 정도인 것이 오히려 정
상이다. 고대 국가는 아직 중앙집권화가 덜 진척된 상황이었기 때문
에 병력의 대부분이 각자 자신의 고향에 주둔하고 있었고, 전쟁이
있을 때마다 집결해 전투를 치렀다. 따라서 미리 전쟁이 예상되지
않는 상황에서는 왕실 직속의 근위군 정도만이 수도 주변에 있었을
것이다. 그렇다면 5천의 병력은 오히려 타당한 숫자가 아닐까? 따라
서 계백 휘하의 백제군이 불과 5천이었다는 것은 신라와 당의 공격
이 얼마나 기습적이었는지를 증명하는 셈이다.

기습이 성공적이었던 만큼 전쟁은 허무하게 끝났다. 황산벌에서
벌어진 계백과 5천 결사대의 분투는 장렬했지만 상황을 되돌리기에
는 역부족이었다. 그나마 이 전투를 끝으로 유의미한 저항은 이것으
로 끝이 났다. 당나라 군대가 백제 땅에 상륙한 것이 7월 9일이었는

데 열흘 만인 7월 18일에 의자왕이 항복하며 전쟁이 끝나 버린 것이
다. 결국 백제가 멸망한 진짜 이유는 의자왕의 향락 때문이 아니었
다. 김춘추가 만들어 낸 새로운 상황의 변화를 이해하지 못하고 과
거의 타성에 따라 대외관계에 대응한 안일함 때문이었던 것이다.

마지막 전쟁을 준비하다

백제가 망하자 이번엔 당연히 고구려가 목표가 되었다. 사실 어떤 의미에서 백제 침공은 고구려 침공의 예행연습이기도 했다. 백제 침공처럼 신라가 병참을 담당하면 병참에 대한 우려가 없어진 당나라는 서해를 건너 직접 평양을 공격하는 것이 가능해지기 때문이다. 여기에 기존의 방식대로 요동방어선을 통한 공격이 더해지면 고구려는 전 국토가 전쟁터가 되고 말 것이다. 더불어 백제 멸망은 고구려에 외교적 고립이라는 상황까지 야기했다. 기존에는 한반도 안에서 신라가 고구려와 백제, 왜의 연합에 의해 둘러싸인 상태였지만 연결고리 역할을 하던 백제가 멸망하자 백제와 긴밀하게 연결된 왜역시 동맹에서 탈락했기 때문이다. 고구려만이 홀로 남은 것이다.

백제가 멸망한 다음해인 661년, 백제 정복으로 사기가 오른 당나라 대군은 소정방을 총사령관으로 삼아 고구려로 향했다. 물론 신라에도 참전을 요구했다. 언제나처럼 김유신을 총사령관으로 삼은 신라군은 661년 7월 북상을 시작했다.

그런데 기록을 살펴보면 이번 전쟁은 지금까지 고구려가 치른 전쟁과 진혀 다른 방식으로 전개되었다는 것을 알 수 있다. 무엇보다 주전선이 없어졌다. 그 전까지는 항상 요동방어선이 주전선이었고 수와 당 모두 이 전선을 돌파하느냐 마느냐에 승부를 걸었다. 따라서 전쟁의 전개과정도 일목요연해서 중국 측 군대의 이동과 고구려 측의 대응을 선명하게 파악할 수 있었다.

그런데 661년의 고당전쟁에서는 이것이 불가능했다. 고구려 국토 전체에서 중구난방으로 전투가 벌어졌기 때문이다. 우선 총사령관 소정방에 의해 첫 전투가 벌어진 곳은 요동성이나 신성, 혹은 안시성 같은 요동방어선의 요충지가 아닌 패수(浿水)였다. 패수가 어디인가에 대해서는 주장이 분분하지만 최소한 이 기록에서는 대동강이 분명하다. 패수 전투 이후 곧장 평양을 포위했다는 기록이 나오기 때문이다. 그런데 이상하게도 이보다 늦은 9월에는 계필하력이 이끄는 당나라 군대가 압록강에서 연남생*의 고구려군과 싸우고 있다. 만약 당나라 군대가 예전처럼 요동방어선을 돌파해서 평양으로 가는 전략을 선택한 것이라면 이러한 전개를 도저히 설명할 길이 없다. 아마도 이 전쟁에서의 주력군은 서해를 건너 평양을 직접 공격한 모양이다.

그렇다면 요동 지역으로 침투한 계필하력의 군대는 조공인 것이 된다. 기존의 수당전쟁과는 반대가 된 셈이다. 물론 이렇게 된 데에는 신라가 병참을 담당할 수 있게 된 점이 가장 큰 영향을 미쳤다. 신

---

* 연개소문의 맏아들. 아버지 연개소문이 죽은 후에 그의 뒤를 이어 2대 대막리지가 된다.

라라는 동맹군의 지원을 기대할 수 있으니 평양을 직접 공격하는 작전이 가능했던 것이다. 따라서 고구려가 자랑하는 요동방어선은 무용지물이 되고 말았다. 실제 이 전쟁 이후로는 안시성이니 요동성, 백암성이니 하는 요동 방면의 주요 성들은 전쟁에서 별다른 역할을 하지 못했다.

신라군이 병참을 담당하는 이점은 이 정도에서 끝나지 않았다. 전쟁이 한창이던 661년 가을, 몽골초원의 철륵*이 당나라에 반란을 일으켰다. 고구려 원정의 배후를 찌른 것인데 예전 같았다면 당나라는 전쟁을 서둘러 마무리하고 군대를 돌렸을 것이다. 하지만 이번에는 요동 방면을 담당하던 계필하력 휘하의 병력만을 돌려서 진압군을 편성하고 주력군인 소정방의 군단은 평양성 포위작전을 그대로 계속했다. 만약 예전이었다면 소정방의 군대는 적지에 고립되어 몰살당했겠지만 신라군이 배후에서 병참을 지원하고 있기 때문에 이런 모험적인 작전도 구사할 수 있었던 것이다. 더구나 신라의 병참 지원을 기반으로 소정방은 겨울을 넘기고 이듬해 봄까지 버틸 수 있었다.

그래도 고구려는 쉽게 무너지지 않았다. 만신창이가 된 상태에서도 고구려는 자신이 아직 호랑이라는 것을 보여준 것이다. 다만 이제 상처 입은 호랑이가 되었다는 것만은 숨길 수 없었다. 이번에는 신라와 당나라의 공격을 막아냈지만 다음 번에도 막아낼 수 있을지가 미지수였다. 철벽을 자랑하던 요동방어선은 무용지물이 되었고, 전후방을 가리지 않고 전쟁터가 되면서 전 국토가 황폐해졌다. 더구

---

* 고대 중앙아시아에서 활동하던 돌궐을 제외한 다른 투르크 계열의 부족들을 통칭하는 말. 대표적인 부족으로 설연타가 있다.

나 신라군의 병참 지원이 가능해진 상태에서의 당군은 이제 해를 넘겨 장기전을 하는 것이 가능해졌다. 동북아시아를 호령하던 고구려의 운명도 바람 앞의 등불이 되고 만 것이다.

이렇게 고구려의 멸망이 눈앞에 다가오자 신라도 바쁘게 움직이기 시작했다. 통일전쟁의 마지막 단계가 다가오고 있었기 때문이다.

당시 신라의 지도층은 김유신을 제외하고는 모두 세대가 교체된 상태였다. 특히 대외 전략의 총 책임자 태종무열왕 김춘추는 백제가 멸망한 직후인 661년 6월, 57세로 생을 마감했다. 백제 멸망 이후에도 신라 앞에는 무수한 난제가 남아 있었지만 눈을 감는 태종무열왕은 그리 불안하지 않았을 것이다. 그에게는 믿음직한 후계자인 문무왕과 평생의 동지 김유신이 있었기 때문이다.

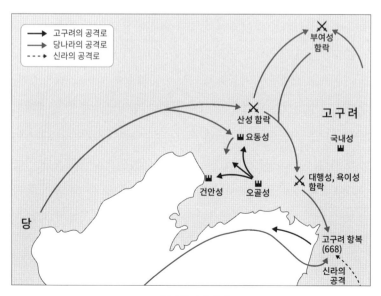

고구려의 멸망 과정

특히 어린 시절부터 아버지의 외교활동에 동행*하며 전략적 안목을 키운 문무왕은 아버지 태종무열왕이 세운 대외 전략을 충실히 수행하게 된다. 태종무열왕 김춘추는 외교사절로 나갈 때마다 반드시 자신의 아들들인 문무왕 법민, 인문, 문왕을 대동해서 현장을 직접 보고 외교 활동을 책임지게 했는데 덕분에 태종무열왕이 사망한 이후에도 신라는 정책적인 단절 없이 통일 사업을 추진할 수 있었다.

그리고 이렇게 정책적 단절 없이 통일 사업을 수행하지 않았더라면 신라의 전략은 분명 실패했을 것이다. 통일 전쟁이 시작되던 642년 무렵에 김춘추가 삼국 통일이라는 목표에 도달하기 위해 수립한 전략은 그야말로 고차방정식이었기 때문이다. 우선 백제에 별다른 관심이 없는 당나라를 끌어들여 고구려보다 백제를 먼저 멸망시켜야 했고, 그 다음엔 고구려를 멸망시킨 후, 한반도에서 당나라의 세력을 몰아내야 했다. 어느 하나 쉬운 일이 없었고 어디에서 좌절할지 알 수 없었다. 하지만 신라는 김춘추 이래 일관된 전략 아래 결국 마지막 단계까지 왔다. 이제 고구려가 바람 앞의 등불이 된 이상, 신라는 고구려가 망하기 전 마지막 단계인 대당 전쟁을 준비해야 했다.

이때 신라의 전쟁 준비는 그야말로 세심하면서도 철저했다. 세계 최강대국을 상대하는 일이었기 때문이다. 상대적으로 자원이 빈약한 약소국의 전략적 실수는 단 한 번에도 치명상이 될 수 있다. 신라는 사력을 다했다.

신라는 전쟁을 시작하기에 앞서 우선 왜와의 외교관계를 정상화

---

* 진덕여왕 4년(650년)에 아버지 김춘추와 함께 당에 사신으로 파견되어 당고종으로부터 태부경(太府卿)이라는 벼슬을 받았다.

하기 위해 노력했다. 당시 신라는 백제와의 전쟁에 앞서 657년에 신라로 찾아온 왜의 사신을 추방함으로써 왜와의 외교를 단절한 상태였다. 당시로서는 백제로 쳐들어가는 마당에 왜를 통해 백제로 정보가 흘러들어 가는 것을 막아야 했기 때문이다. 더구나 왜가 백제부흥군과 한편이 되어 싸운 663년의 백강 전투에서는 적군으로 싸웠기 때문에 완전히 척을 진 상태이기도 했다. 따라서 이 상태를 그대로 두고 당나라와 전쟁을 벌일 수는 없었다. 당나라만 상대하기도 벅찬데, 배후에서 왜까지 쳐들어온다면 견뎌낼 방법이 없었기 때문이다. 다행이었던 점은 왜 역시 당의 침공 가능성에 대해 공포를 가지고 있었다는 사실이다.

"고구려가 668년 10월에 멸망을 하게 됩니다. 그런데 바로 한 달 전인 9월에 신라가 김동암이라는 사신을 전격적으로 왜에 파견을 합니다. 그 사신이 가서 어떤 역할을 했는지 구체적으로 알 수는 없지만 기본적으로 왜의 동향도 살필 겸 그리고 신라가 당과의 전쟁을 하게 되면 후방의 안전이 필요합니다. 그렇기 때문에 왜로 하여금 최소한 중립을 지켜주길 당부하는, 중립 우호화의 전략을 펴고 온 것으로 보입니다. 이런 면에서 보면 고구려 멸망 이전에 신라는 당과의 전쟁을 염두에 뒀다고 볼 수 있겠습니다."[•]

그런데 왜가 반당 노선을 취하게 된 계기인 백강 전투도 김춘추에 의해 의도된 것이라는 흥미로운 주장도 있다.

• 이상훈(육군사관학교 군사사학과 교수) 인터뷰 중에서

"태종무열왕은 왜가 백제부흥군의 편이 되어 한반도의 전쟁에 참가하도록 유도합니다. 백제가 망하고 고구려가 망한 다음에 그대로 두면 당이 한반도를 유린한 뒤 왜를 공격해 올 가능성이 있다고 오히려 정보를 흘립니다. 이 정보에 놀란 왜가 백제부흥군과 함께 당과 싸우도록 한 것이지요.

태종무열왕은 왜가 나중에 당의 편에 붙어 배후에서 신라를 공격해 오지 않도록 하기 위해서 이런 일을 한 것입니다. 왜가 백제의 편을 들어 당에게 패배하는 상황이 필요했던 것입니다. 이런 작전은 왜를 당나라의 적이자 신라의 적으로 만드는 것이 됩니다. 하지만 장차 고구려가 멸망했을 때, 왜가 당나라와 동맹을 맺고 신라를 공격하는 일을 막기 위해서는 어쩔 수 없는 작전이었다고 생각합니다. 왜가 당나라의 적이 되면 나중에 신라가 당나라와 싸울 때 왜가 신라를 위협할 일이 없어지기 때문입니다."•

결국 왜는 반당노선을 매개로 신라와 우호적인 관계를 회복하는 데 동의한다. 그런데 왜와의 우호관계를 회복하는 것도 중요했지만 신라에겐 더 중요한 일이 있었다. 바로 자기 자신의 '무기'로 무장하는 일이었다. 당나라로부터의 독립은 결국 힘으로 얻어낼 수밖에 없으므로 스스로의 힘을 키우는 것이 가장 중요했기 때문이다. 이를 위해 신라는 전쟁이 끝나가고 있음에도 오히려 군사력을 강화하기 시작했다.

다만 신라 혼자만의 힘으로는 군사력을 강화하는 데 한계가 있었다. 통일전쟁이 시작되는 시점에도 신라는 자신이 가진 최대한의 힘

• 나카무라 슈야(도쿄 분쿄대학 교수) 인터뷰 중에서

을 짜내어 전쟁을 치르고 있었다. 이제 더욱 큰 적인 당나라와 싸워야 한다고 해서 갑자기 신라의 국력이 덩달아 커질 리는 없지 않은가? 따라서 당나라를 상대하기 위해서는 새로운 피의 수혈이 불가피했다. 이때 신라는 백제와 고구려 유민에게 주목하기 시작했다. 백제와 고구려의 유민세력을 적극적으로 흡수함으로써 더 큰 적인 당나라에 대항하는 전력으로 삼은 것이다.

"이것 또한 김춘추의 대단한 면모라 생각하는데요. 660년에 백제가 멸망합니다만 멸망한 것은 왕족들이 있는 성뿐이었어요. 그 후 백제 부흥운동을 보면 백제의 힘은 그대로 남아 있었습니다. 즉 왕족만 당나라에 끌려갔지 백제의 군대나 국민은 남아 있었던 것입니다. 김춘추는 백제의 귀족들을 등용합니다. 그리고 차별하지 않도록 신라 귀족들에게 요구합니다. 백제 자체를 신라 세력에 넣으려고 했던 거죠. 고구려가 멸망했을 때도 고구려 백성을 수용하고 새로운 고구려의 왕을 인정해줍니다. 즉, 한반도의 삼국이 일체가 되지 않으면 당나라의 동북정책, 즉 동북을 지배하려는 계획에 대항할 수 없다고 생각했던 것입니다. 각자의 왕이 있으면 서로 싸워서 합치기가 어렵겠지만 일단 왕들만 없어지면 남은 건 국민들뿐이므로 신라의 왕이 삼국 통일의 리더가 되어 당나라에 대항할 수 있다고 생각한 것입니다."•

• 나카무라 슈야(도쿄 분쿄대학 교수) 인터뷰 중에서

전시작전권

신라의 노력은 여기서 그치지 않았다. 당나라와의 일전을 위해서는 중요한 것이 또 하나 있었다. 바로 독자적인 전시작전권을 확보하는 것이었다.

　잠시 시간을 거슬러 백제 멸망 직전의 사비성으로 돌아가 보자. 황산벌에서 계백과의 일전을 치른 김유신과 신라군은 7월 11일 사비성에 도착해서 당군 총사령관인 소정방과 합류했다. 그런데 양군이 합류하자마자 사단이 났다. 총사령관인 소정방이 신라군 선봉장이었던 김문영을 참수하겠다고 나선 것이다.

"660년 6월에 당군 13만 명이 1,900척의 배에 승선해서 서해안의 덕물도 (지금의 덕적도)에 도착하게 됩니다. 이때 신라의 태자이자 나중에 문무왕이 되는 법민이 신라 범선 100척을 이끌고 덕물도에서 소정방과 만났습니다. 이때 백제 공격 계획을 수립하게 되는데요. 신라군과 당군이 각각 행군을 해서 사비성 남쪽에서 만나기로 하고 그 날짜를 7월 10일로 잡았습니다. 그런데 신라군이 황산벌에서 전투를 치르고 나서 도착한 날짜가 7월 11일이 었습니다. 약속한 날보다 하루 늦은 것입니다. 이에 소정방은 행군 속도와 군기를 단속하는 직책인 독군(督軍)을 맡았던 신라의 김문영을 참형에 처해 야 한다고 강하게 나왔습니다."•

소정방은 총사령관의 자격으로 군율을 어긴 책임을 물어 김문영 을 참수해야 한다고 주장한 것이다. 물론 전시이니만큼 어떠한 군사 적 약속이라도 중요한 것은 사실이다. 하지만 신라군은 계백의 결사 대를 만나 그야말로 악전고투를 치르고 왔다. 그런데도 겨우 하루를 가지고 선봉장을 참수형에 처한다는 것은 너무 지나친 감이 있다. 사실 이런 조치에는 당나라의 정치적 의도가 숨어 있었다.

당시 군편제상 총사령관은 소정방이고 따라서 당군뿐 아니라 신 라군도 그의 휘하에 소속되어 있었다. 하지만 이건 어디까지나 협력 작전의 효율성을 위한 것이었지 당군이 실질적으로 신라군에 대한 전시작전권을 가진 것은 아니었다. 그런데 만약 김문영이 소정방의 명령으로 참수형에 처해지면 신라군에 대한 생사여탈권을 당군 총 사령관인 소정방이 가지고 있다는 것이 된다. 자연스럽게 신라군에 대한 전면적인 통제권을 당군 총사령관인 소정방이 가지는 것이다. 신라군 사령관 김유신으로서는 소정방의 요구를 받아들일 경우 전 시작전권까지 상실하게 되는 위험에 처하는 것이다.

김유신은 강하게 반발하고 나섰다. 만약 소정방이 김문영의 처벌

• 이상훈(육군사관학교 군사사학과 교수) 인터뷰 중에서

을 강행한다면 백제군과 싸우기 전에 당군과 먼저 싸우겠다고 강경한 자세를 보인 것이다. 신라군과 당군 사이에 일촉즉발의 위기감이 돌기 시작했다.

"이때 보검이 스스로 칼집에서 튀어나왔다는 기록이 있습니다. 아마 스스로 튀어 나오지는 않았을 테고요, 신라군이 전투 준비를 하느라고 칼집을 잡고 칼을 어느 정도 뽑았을 가능성은 있습니다. 이걸 미화해서 칼집에서 칼이 스스로 튀어나왔다고 표현을 한 것 같습니다.

김유신이 이렇게 강력하게 반발한 이유는 우선 신라군의 사기 문제가 걸려 있었습니다. 김문영이 만약에 참살당하고 난다면 그 이후에 김유신의 권위는 땅으로 떨어질 수밖에 없고 신라군의 입지도 더 좁아질 수밖에 없습니다. 그리고 더 큰 문제가 있습니다. 당군과 신라의 주력이 사비성에서 만난 것은 이번이 처음이었습니다. 신라군의 주력과 당군의 주력이 처음 만난 상황이었기 때문에 앞으로 양국 관계가 어떻게 정리될지가 이 자리에서 정해지게 되는 것입니다. 지금으로 보면 한미동맹의 미군과 한국군의 군사 지휘권 혹은 작전권 문제 같은, 동맹국 간의 문제가 제기되었을 가능성이 높습니다. 그래서 만약에 이때 독군인 김문영이 당군에 의해서 참살을 당했다면 군사지휘권 자체가 전적으로 당군에 종속될 수밖에 없었을 것입니다. 그래서 김유신은 강하게 반발을 하고 신라군의 사기를 진작시키는 데 주력했던 것으로 보입니다."•

● 이상훈(육군사관학교 군사사학과 교수) 인터뷰 중에서

　말하자면 전시작전권이 완전히 당군에게 종속되는 것을 막기 위해 당군과의 전투도 불사하겠다는 강수를 들고 나온 것이다. 아마 이 부분을 양보하면 지금까지의 모든 노력이 수포로 돌아갈지도 모른다고 생각한 듯하다. 결국 소정방은 김유신의 서슬에 굴복했다. 김문영을 처벌하겠다는 주장을 철회한 것이다. 이 조치는 물론 신라의 독자적인 작전권을 인정하겠다는 의미이기도 했다.

사죄사

이렇게 신라가 당나라와의 전쟁을 준비하고 있는 동안 당나라 역시 자신의 야욕을 드러내기 시작했다. 그런데 상대방을 최대한 자극하지 않고 비밀리에 전쟁을 준비한 신라와 달리 당나라는 자신의 발톱을 애써 감추려 하지도 않았다. 뭐든 내키는 대로 할 수 있는 강대국이었기 때문이다.

당나라의 도발은 우선 백제 영토에 대한 전후처리 문제에서 시작되었다. 백제가 멸망하고 백제부흥군의 저항도 완전히 진압된 664년, 서라벌에 심상치 않은 정보가 연이어 들어오기 시작했다. 첫 번째 소식은 멸망한 백제의 왕자 부여융에 대한 것이었다. 당나라는 전쟁 포로로 잡아갔던 부여융을 귀국시켜 당나라가 백제 땅에 설치한 웅진도독부의 도독으로 삼았다.

이것만으로도 신라로서는 불쾌한 일이었는데 당나라는 여기서 한술 더 떴다. 신라 문무왕에게 부여융과 동맹을 맺으라는 당 황제의 지시가 내려온 것이다. 당시 문무왕은 당으로부터 계림주대도독에 임명된 상태였으므로 양 도독부의 도독이 대등하게 동맹을 맺는 형태로 의식을 치르라는 것이었다. 문무왕은 아마 피가 거꾸로 솟는 기분이었을 것이다. 이것은 명백하게 '옛 백제 영토는 너희들과 상관없는 땅이며 이제부터는 당나라가 영구히 차지하겠다'는 의사표시이기 때문이다. 당나라는 한번 발을 들여놓은 한반도에서 순순히 발을 뺄 생각이 없다는 사실을 명확히 한 셈이다.

그런데 이렇게 되면 신라는 애써 백제를 멸망시킨 의미가 없어진다. 오히려 백제가 그대로 있는 것보다 상황이 더 나빠지게 된다. 그 자리에 세계 최강대국 당나라의 군대가 주둔하는 것이기 때문이다. 하지만 아직은 저항할 만한 상황이 아니었다. 결국 이듬해인 665년 백제의 옛 땅인 취리산에서 당나라 장수인 유인궤의 주재 하에 신라 문무왕과 웅진도독부 도독 부여융의 회맹식이 개최되었다.

하지만 바짝 엎드려 발톱을 숨긴 채 기회를 엿보고 있던 신라에게도 드디어 기회가 왔다. 668년 10월 평양성이 함락되고 고구려가 멸망했기 때문이다. 이 시점에서는 바다 건너의 왜에 대해서도 우호적인 중립을 약속받은 상태였으므로 신라가 당나라와 싸워도 더 이상 배후를 걱정할 필요가 없었다. 모든 준비를 마친 신라는 마침내 발톱을 드러냈다. 당나라가 고구려 정복으로 인한 환호에 휩싸여 있는 틈을 타 기습공격을 감행한 것이다. 670년 3월, 2만의 신라군 결사대와 고구려 부흥군 연합부대가 압록강을 건너 요동 지역으로 진격하기 시작했다. 나당전쟁이 시작된 것이다.

이후 전쟁은 7년 동안이나 계속된다. 방심한 당나라의 허를 찌르는 기습으로 전쟁을 시작했고 또 오랜 시간 준비한 전쟁이었지만, 신라에게는 결코 쉽지 않은 전쟁이었다. 상대가 너무 강했기 때문이다. 당나라는 20세기 미국에 비견할 만한 초강대국이었다. 전쟁이 신라의 뜻대로 순조롭게 진행되었다면 오히려 이상한 일이었을 것이다.

전쟁 초기에는 그래도 기습작전의 성공 덕분에 그럭저럭 신라의 의도대로 전쟁이 진행되었지만 신라의 체력은 곧 바닥을 드러냈다. 전쟁이 시작되던 670년에는 압록강 너머에서 전투가 벌어졌지만 1년도 채 지나지 않아 대동강 방어선이 무너졌고 672년에는 예성강 방어선도 무너졌다. 또 675년에는 임진강 방어선까지 내줘야 했다. 672년 석문전투의 패배로 예성강 방어선이 무너졌을 때는 계속되는 패전소식에 절망한 문무왕이 병석에 누워 죽음을 기다리는 김유신에게 달려가 하소연을 했을 정도였다.

그런데 흥미로운 것은 이렇게 주 방어선이 차례차례 무너지는 데도 전선 전체가 붕괴하는 일은 결코 일어나지 않았다는 것이다. 주력군이 대패하고 주 방어선이 무너져도 신라는 곧 다음 방어선에서 전열을 수습하고 버텨냈다. 대동강선이 무너졌을 때도 그랬고 임진강선이 무너졌을 때도 마찬가지였다. 덕분에 곧 끝날 것 같은 전쟁은 쉽게 끝나지 않았고 당군은 끝없는 소모전을 치러야만 했다. 이러한 신라군의 놀라운 분투가 감동적이기까지 한데 사실 이런 식으로 전선을 수습할 수 있었던 것은 단지 신라군이 끈질기게 잘 싸웠기 때문만은 아니다. 전쟁에 임하는 신라의 독특한 전략이 효과를 발휘했기 때문이다. 도대체 나당전쟁에서 신라가 사용한 이 효과적인 전략은 무엇이었을까?

전쟁이 한창이던 672년 9월, 당나라 수도 장안에 신라의 사신이 도착한다. 물론 당나라와 신라 사이에 사신이야 수도 없이 오갔지만 그렇다 하더라도 전쟁 중인 적국에 사신을 보낸다는 것은 좀 이상한 상황이다. 더구나 이번 사신은 평범한 사신도 아니었다. 이 사신단의 이름이 '사죄사(謝罪使)'였기 때문이다. 사죄사란 글자 그대로 잘못을 빌러 온 사신이다. 그렇다면 도대체 신라는 무슨 잘못을 빈다는 것일까? 바로 '건방지게 싸움을 건' 잘못을 빈다는 것이었다.

이 사신단이 들고 온 문무왕의 서한을 보면 정말 눈물겨울 정도이다. "저희의 죄를 고하나이다"로 시작하는 이 서한은 "뼈가 가루가 되고 몸이 부서져도 황제의 은혜를 갚을 길이 없으며", "비록 역적의 누명을 쓰고 드디어는 용서 받기 어려운 지경에 빠졌지만", "용서해 주시고 목숨을 보전해 주시면 비록 죽어도 산 것과 같으니", "거듭 머리 숙여 사죄드립니다" 라고 끝을 맺는다. 그야말로 체면이고 무엇이고 다 집어 던진 채 바짝 엎드린 것이다.

신라가 이때 사죄사를 보낸 이유는 앞서 문무왕이 죽음을 눈앞에 둔 김유신을 찾아갈 정도로 당황했던 석문 전투*의 패배 때문이었다. 신라의 정예 병력이 총출동한 이 전투에서 참패하고 더 이상 버틸 여력이 없어지자 시간이라도 벌 요량으로 사죄사를 보낸 것이었다. 신라는 단지 입으로만 사죄를 말하지 않았다. 포로로 잡았던 당나라 병사들과 금, 은, 포목, 우황이 이르기까지 엄청난 양의 뇌물도 바쳤다. 얼핏 속이 뻔히 보이는 행동임에도 의외로 효과는 있었다. 당나라로서도 일개 약소국인 신라와의 전쟁을 질질 끄는 것이 체면

---

* 672년 8월 황해도 서흥에서 신라군이 당의 장수 고간의 유인작전에 의해 패배한 전투. 이때 김유신의 아들인 원술이 명령도 없이 후퇴했다가 김유신에 의해 의절당한다.

이 안 서는 일이었기에 일단 신라의 사죄를 받아들인 것이다. 가까스로 휴전이 찾아왔다. 물론 신라는 이 틈을 놓치지 않았다. 잠시 전쟁이 소강상태에 들어간 틈을 타 전국의 성을 수리하고 부족한 병력을 보충하여 무너진 전선을 복구할 수 있었다.

그런데 신라가 사죄사를 보낸 것은 이때가 처음이 아니었다. 신라는 전쟁을 시작하기 직전인 669년 5월에도 사죄사를 보냈다. 전쟁을 시작하면서 먼저 사죄사부터 보낸다는 것이 다소 황당하지만 이때도 복합적인 목적이 있었다. 우선 첫 번째 목적은 신라에 대한 황제의 분노를 누그러뜨리는 것이었다. 신라는 668년 고구려가 멸망한 직후부터 옛 백제의 영토를 장악하기 위해 군사작전을 벌이고 있었는데 이러한 신라의 움직임에 당이 예민하게 반응하자 당장 사죄사를 보내 상황을 수습한 것이다.

물론 백제 지역에서의 작전에 대한 당의 분노를 가라앉히는 것만이 목적은 아니었다. 669년 5월이면 신라는 이미 당에 대한 전쟁을 결심하고 있었을 때이다. 따라서 이때 파견된 첫 번째 사죄사는 당에 대한 본격적인 작전에 앞서 당을 방심시키는 임무도 함께 가지고 있었다. 좀 더 노골적으로 표현해서 당의 뒤통수를 치기 전에 바람을 잡으러 간 것이다. 더불어 본격적인 작전에 앞서 당나라 내부 사정을 정탐하는 정보원으로서의 임무도 있었다.

이처럼 어려운 임무였기 때문인지 사신단도 신경을 써서 구성했다. 최고위급 인사였던 김흠순과 김양도가 선택된 것이다. 김흠순은 김유신의 동생이자 김유신과 함께 오랫동안 전장에서 공을 세운 전쟁영웅이며, 김양도는 태종무열왕 김춘추가 처음 당나라를 방문한

648년 이래 무려 여섯 차례나 당나라를 방문한 베테랑 외교관이었다. 전쟁을 시작하기에 앞서 파견되는 사신이니만큼 살아 돌아오지 못할 가능성이 훨씬 높았지만 두 사람은 군소리 않고 당나라로 넘어갔다. 이 정도 고위급이 가지 않으면 효과가 없을 것이라는 것을 두 사람도 잘 알고 있었기 때문이다. 다행히 김흠순은 무사히 돌아왔지만 김춘추가 키운 전문 외교관 김양도는 예상대로 이번 사신행이 마지막 사신행이 되고 말았다. 당에 의해 감금된 후 감옥에서 죽음을 맞이했기 때문이다. 나당전쟁의 첫 번째 희생자는 군인이 아니라 외교관이었던 셈이다.

흥미로운 것은 김흠순이 귀국한 다음 벌어진 일이다. 김흠순은 670년 1월에 서라벌로 귀환했다. 그런데 이 직후에 신라군의 기습부대가 서라벌을 떠나 압록강으로 향한 것으로 보인다. 신라군이 압록강을 건넌 것이 670년 3월인데 대체로 서라벌에서 압록강까지의 거리를 고려할 때 군대가 이동하는 데 2달은 걸렸을 것이 분명하기 때문이다. 그렇다면 신라군은 김흠순의 정보에 기초해서 전쟁을 최종 결심한 셈이 된다.

그렇다면 이 정보는 무엇이었을까? 아마도 서역에서 벌어진 전쟁에 대한 정보였을 것이다. 김흠순이 당나라 장안에 머물고 있던 669년 9월에 티베트고원에 자리 잡은 토번이 당나라 영토인 천산산맥 남쪽을 습격한 일이 있었다. 당나라 입장에서 볼 때 이러한 토번의 군사행동을 그대로 두면 실크로드가 단절된다. 당나라는 토번과 전쟁을 벌일 수밖에 없었다.

당시 장안에 머물고 있던 김흠순은 분명 이 정보를 접했을 것이다.

그리고 신라로 돌아오자마자 지금이 당나라를 공격할 적기라는 사실을 알렸을 것이다.

> "신라 반대편인 서역에서의 전쟁에 당군이 본격적으로 투입되면 동쪽인 한반도에서 당의 군사력은 약화될 가능성이 높다. 어차피 전쟁을 해야 한다면 이런 기회를 놓쳐서는 안 된다."

이것이 목숨을 걸고 얻어온 김흠순의 판단이 아니었을까? 실제로 당은 670년이 되자마자 설인귀의 요동 주둔군을 토번 전선에 투입할 수밖에 없었고 신라는 전쟁 초반의 기선을 잡을 수 있었다.

신라는 675년에도 사죄사를 보냈다. 이번에도 물론 전황이 불리하게 돌아갔기 때문이다. 이 해에는 임진강 방어선의 핵심기지였던 칠중성이 무너져서 한강까지 내줘야 할 위기가 닥쳤다. 문무왕은 곧장 사죄사 카드를 뽑아 들었다. 신기한 것은 이렇게 반복적으로 사죄사를 보냈는데도 매번 효과가 있었다는 점이다. 이렇게 사죄사를 보내놓고 신라는 대규모 병력을 한강 이북으로 집결시켰다.

이어진 신라군의 대공세는 성공이었다. 9월 29일에 벌어진 매소성 전투에서 신라군은 나당전쟁 전체를 통틀어 최대의 승전을 거둔다. 노획한 당나라 군대의 말만 3만 필이 넘었다고 하니 엄청난 대승이었다. 그리고 이 전투를 분수령으로 나당전쟁은 사실상 끝이 난다. 물론 전쟁은 이듬해 벌어지는 기벌포 전투까지 1년을 더 끌지만 당군은 더 이상 효과적인 공세를 취하지 못했다. 676년이 되면 2월에는 옛 백제 지역에 있던 웅진도독부를 만주 지역으로 후퇴시키고 7월에는 평양성에 있던 안동도호부를 요동성으로 철수시킬 정도였다. 한반도에 대한 직접 지배를 사실상 포기했다는 의사표시였다.

> "신라의 당면 과제는 생존이었습니다. 명분보다는 실리를 취하는 것이었습니다. 그러다 보니 사죄사를 파견해 고개를 숙입니다. 신라는 나당전쟁을 전후로 세 차례 사죄사를 파견했습니다.
>
> 우선 669년에 사좌사를 파견해 당의 정보를 수집하는 한편 당의 긴장을 이완시키고 그 사이에 요동 공격을 하기 위한 전쟁 준비를 합니다. 그리고 석문 전투 패배 이후에 사죄사를 파견하여 당의 긴장을 또 이완시키고 그 사이 전국에 11개의 성을 축성하면서 방어를 강화합니다. 그리고 675년에 칠중성 전투에서 패배하고 난 다음 다시 사죄사를 보내 전쟁 준비를 하고 열병식을 하면서 다시 전력을 재정비 합니다. 그리고 나서 매소성 전투를 통해서 나당전쟁의 승리를 가지고 오게 됩니다.
>
> 전체적으로 볼 때에는 저자세 외교로 보일 수도 있지만 신라가 처해 있던 입장, 그러니까 동맹국이 전혀 없는 상황에서 최강대국을 맞이했던 상황에서는 아주 적절한 외교 전략이었다고 판단됩니다."●

이처럼 신라는 위기가 닥칠 때마다 사죄사라는 카드를 이용했다. 무엇보다 시간을 벌고 반격을 준비할 수 있었기 때문이다. 하지만 신라가 위기 때마다 사죄사라는 카드를 뽑아든 이유는 단지 시간을 벌기 위해서만은 아니었다. 더 큰 심모원려(深謀遠慮)가 있었다.

● 이상훈(육군사관학교 군사사학과 교수) 인터뷰 중에서

신라의 진정한 의도는 자신들이 언제든지 타협할 준비가 되어있
다는 신호를 보내는 것이었다. 애초에 신라의 목표는 상대를 압도해
서 굴복시키는 것이 아니었다. 상대는 초강대국이다. 상대를 완전히
굴복시켜 사생결단을 내려고 했다가는 오히려 신라가 끝장이 났을
것이다. 신라의 목표는 생존이었다. 대동강선 이남의 영토를 확보하
고 당나라에 대해 실질적인 자율성만 얻을 수 있다면 충분했다.

그렇다면 자신이 결코 사생결단할 자세가 아니라는 것을 끊임없
이 상대방에게 알려야 한다. 그래야 상대가 타협할 마음이 들었을
때 협상에 나설 수 있기 때문이다. 그런데 이것이 말은 쉬워 보이지
만 사실 결코 쉬운 일이 아니다. 무엇보다 일단 칼을 맞대고 싸우다
보면 감정 때문에라도 타협할 마음이 사라지기 때문이다. 7년 동안
전쟁을 했으면 얼마나 많은 신라인들이 당나라 군대의 손에 죽어갔
겠는가? 이 정도 시간을 싸웠으면 싸우기 전에 아무리 친한 사이였
어도 불구대천의 원수가 되었을 것이다.

하지만 신라의 지도자들은 어떠한 상황에서도 정확한 '눈'을 잃지
않았다. 이 '눈'을 잃지 않았기에 한편에서는 피투성이의 전투를 벌
이면서도 다른 한편으로는 외교적 해결책을 포기하지 않은 것이다.
그리고 이런 냉철한 상황인식은 당나라가 타협할 수밖에 없는 상황
에 처했을 때 신라의 독립을 받아들이게 하는 기반이 되었다.

676년 11월, 기벌포 전투에서 한반도에 남아 있던 당군이 일소되
면서 전쟁은 끝이 났다. 물론 전투가 끝나자마자 당장 평화 협정이
체결되고 평화가 찾아 온 것은 아니다. 676년의 상황은 당이 서역의
또 다른 전선인 토번과의 전쟁에 집중하기 위해 신라에 대한 더 이

상의 도발을 자제한 것에 불과하기 때문이다.

따라서 기벌포 전투 이후에도 703년에 연례적인 외교사절의 교환이 시작될 때까지 양국 관계는 살얼음판 위를 걷는 것 같은 위기의 연속이었다. 하지만 결국 당나라도 신라의 독립을 받아들이게 된다. 어차피 토번과 신라 양쪽에서 동시에 공세를 취할 수 없다면 그래도 말이 통하는 신라에 양보하는 것이 토번에 양보하는 것보다는 훨씬 나았기 때문이다.

신라가 살아남은 이유

삼국시대 대부분의 기간 동안 신라는 가장 뒤처졌고, 심지어 가장 약한 나라였다. 드넓은 만주 벌판에서 막강한 군사력을 자랑하던 고구려와 비옥한 평야지대를 배경으로 세련된 문화를 자랑하던 백제는 한반도 끝자락에 자리 잡은 신라를 2등 국가로 취급하고는 했다.

고구려가 전성기를 구가하던 광개토대왕과 장수왕 시절에는 신라왕의 동생이 고구려에 볼모로 잡혀가고 신라 영토 안에 고구려 군대가 주둔하고 있었을 정도였다. 이 시절의 신라는 고구려의 속국이나 다름없었다. 6세기에 한강유역을 확보하면서 이런 약소국의 설움은 조금 벗어나는 듯했지만 신라의 성장을 경계한 고구려와 백제의 협공이 기다리고 있었다. 또 바다 건너의 왜는 백제의 전통적인 우방이었고, 그나마 신라가 기댈 수 있는 존재였던 당나라는 자국의 이익만을 추구할 뿐 신라의 어려움에는 관심도 없었다. 도저히 신라가 마지막 승자가 되리라고는 생각하기 어려웠다. 하지만 역사가 보여주듯이 마지막까지 살아남은 나라는 신라였다.

신라는 어떻게 해서 최후의 승자가 될 수 있었을까? 단도직입적
으로 말하자면 김춘추와 김유신이 있었기 때문이다. 이렇게 이야기
하면 너무 전통적이고 영웅중심적인 사고방식이라는 비판이 있을
지도 모르겠다. 하지만 그렇다 하더라도 어쩔 수 없다. 부정할 수 없
는 사실이기 때문이다. 노블리스 오블리주noblesse oblige와 리더십의
교과서와도 같은 이 두 사람이 없었다면 신라는 결코 최후의 승자가
될 수 없었을 것이다. 무엇보다 두 사람은 약자가 살아남기 위해 반
드시 가지고 있어야할 두 가지 덕목을 나누어 가지고 있었다. 바로
정확한 '눈'과 자신만의 '무기'이다.

물론 '눈'은 김춘추의 몫이었다. 냉철한 현실주의자이자 노블리스
오블리주의 화신과 같았던 김춘추는 항상 자신의 눈으로 직접 확인
한 정확한 정보를 바탕으로 전략을 세웠다. 연개소문을 설득하기 위
해 처음 사신행에 나섰던 642년에도 그는 적국 고구려에 직접 찾아
갔으며, 왜를 방문했던 647년의 두 번째 사신행도 결코 안전한 길은
아니었지만 직접 찾아갔다. 648년의 당나라 방문 때도 당나라에서
는 환대를 받았지만 돌아오는 길에 고구려 수군에게 나포되어 죽을
위기에 처했을 정도로 위험한 길이었지만 직접 나섰다. 정확한 정보
의 중요성을 누구보다 잘 알고 있었기 때문이다.

이렇게 정확한 정보를 중시했기에 자신이 왕이 된 후 직접 외국을
방문할 수 없는 경우에도 수시로 가장 믿을 만한 인재를 파견해서
정보 수집을 게을리 하지 않았다. 우선 자신의 세 아들을 모두 외교
전에 투입했다. 훗날 문무왕이 되는 첫째 법민뿐 아니라 둘째 인문
과 셋째 문왕 등이 모두 당나라에 사신으로 가서 인질 겸 정보원의

역할을 맡았다. 아마 우리 역사상 이 정도로 국제화된 왕실은 전무후무할 것이다. 또 648년에 처음 당나라를 방문할 때 함께 데려간 김양도는 그의 외교적 재능이 확인되자 수시로 당나라에 사신으로 보내 정보를 수집하게 했다. 그리고 이렇게 현장에서 직접 확인한 정보를 기반으로 가장 현실적인 해결책을 찾아냈다.

이뿐만이 아니었다. 김춘추는 카이사르가 이야기한 '보고 싶지 않은 현실'도 볼 수 있는 '눈' 역시 가지고 있었다. 그는 신라가 가진 힘의 한계를 분명히 인식했다. 대동강선이 신라가 가진 실력의 한계라는 사실을 인정하고 이 한계 안에서 행동했다. 물론 이러한 김춘추의 선택 덕분에 우리 민족의 영역이 한반도로 제한되었다는 원망을 듣긴 하지만 신라의 지도자라는 입장에서는 최선의 선택이었다.

김춘추는 시야도 넓었다. 라이벌이었던 백제의 의자왕이 한반도 안에서의 전략에 매몰되어 신라나 고구려만을 고려할 때 김춘추는 동아시아 전체를 시야에 넣고 행동했다. 왜를 중립화시키고 당나라를 끌어들여 백제를 먼저 멸망시킨다는 전략은 당시로서는 상식의 허를 찌르는 전략이었다. 때문에 백제가 속수무책으로 불과 10일 만에 당한 것이다. 동아시아 전체의 역학관계를 시야에 넣지 않으면 세울 수 없는 전략이었다. 김춘추는 정말 최고의 '눈'을 가지고 있었다.

당연히 김유신의 몫은 '무기'였다. 김춘추가 아무리 정확한 '눈'을 가지고 행동했더라도 김유신이라는 '무기'가 없었다면 그는 무장하지 않은 예언자로 그쳤을 것이다. 김유신이라는 믿음직한 '무기'가 있었기에 김춘추는 강대국과의 줄다리기라는 아슬아슬한 모험을 할 수 있었고 자신의 전략을 성공적으로 수행할 수 있었다. 더구나 김춘추와 김유신은 모두 이 '무기'가 언제든지 자신의 의지대로 쓸 수 있는 상태에 있어야 한다는 사실을 잊지 않았다. 스스로의 의지대로 자신의 무기를 쓸 수 없다면, 다시 말해서 독자적인 군사작전의 능력과 권한을 가지지 못한다면 언제든지 옛 '우방'이나 '혈맹'에게 배신당하고 나락으로 떨어질 수 있다는 사실을 잘 알고 있었기 때문이다. 덕분에 신라는 당나라와의 관계에서 토사구팽의 신세를 면하고 자신의 독립을 보존할 수 있었다.

마지막으로 한 가지 더 강조하고 싶은 점은 이 두 사람이 가진 적극적인 자세다. 김춘추와 김유신은 위기가 닥칠 때마다 더욱 대담하고 적극적으로 행동했다. 상대방이 어떻게 나오는지를 보고 대응한다는 식의 소극적인 자세는 이들과 거리가 멀었다. 대야성이 함락되었을 때 먼저 적국인 고구려에 들어간 사실이나, 당나라의 야욕에 대해 먼저 공격에 나선 사실을 보면 이들이 가진 적극적인 자세를 엿볼 수 있다. 동아시아의 국제질서를 결정한 대전략, 그러니까 백제를 먼저 멸망시킴으로써 고구려 멸망까지 이끌어 낸다는 대전략을 구상하고 먼저 제시한 것도 이들이었다. 물론 이들의 적극적인 자세가 항상 성공한 것은 아니었지만 먼저 행동했기에 주도권을 가지고 상황을 만들어 갈 수 있었다.

김춘추와 김유신이 보여준 '적극성'과 정확한 '눈' 그리고 자신만의 '무기'를 지키려는 노력을 통해 신라는 최후의 승자가 될 수 있었다. 그리고 이들이 보여준 역사적 교훈은 앞으로도 약자가 살아남기 위해 무엇을 해야 하는가에 대한 훌륭한 본보기가 될 것이다.

거란전쟁,
동북아 균형자의
조건

"현종 이후 한 세기 동안 고려는 평화와 자주성이라는 두 가지 외교적 목표를 모두 지킬 수 있었다. 다른 한반도 국가들과 동일한 영토, 비슷한 국력을 가지고 있던 고려는 어떻게 이런 자율성을 누릴 수 있었을까? 떠오르는 초강대국 거란과의 대결 과정에서 보여준 고려의 외교 전략을 통해 우리는 21세기 한국이, 아니 세상의 모든 약자들이 명심해야 할 교훈을 얻을 수 있을 것이다."

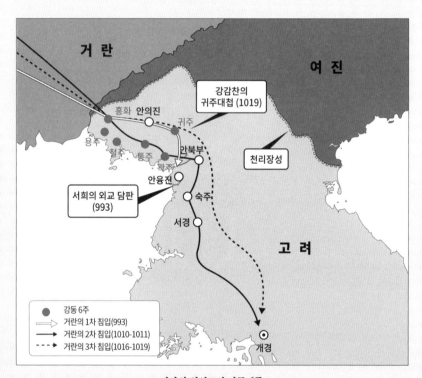

거란의 침입로와 강동 6주

운명의 주인

다큐멘터리 〈한국사 오천년 - 생존의 길〉이 한창 만들어지고 있던 2017년 여름, 한반도를 둘러싼 국제관계는 암울함 그 자체였다. 북한은 연일 미사일을 쏘아댔고 미국은 선제타격을 운운하며 전쟁의 가능성을 높이고 있었다. 중국이나 일본과의 관계도 최악이었다. 중국은 사드 배치를 둘러싼 갈등으로 "지역 안정을 해치는 악성 종양"과 같은 험한 말들을 쏟아냈고, 일본은 위안부 합의나 빨리 지키라며 한국 정부를 닦달하고 예방전쟁을 운운하는 미국을 부추겼다.

새로 출범한 문재인 정부의 외교 원칙인 '한반도 운전자론'은 채 시작도 전에 폐기당할 것만 같았다. '한반도의 운명에 관한 한 우리가 운전대를 잡겠다'는 어찌 보면 너무나도 당연한 이 원칙이 사실은 얼마나 지켜지기 어려운 원칙인가를 절감해야 하는 순간들이었다. 이때의 상황으로는 '한반도 운전자론'도 10년 전의 '동북아 균형자론'과 같은 운명을 겪을 것처럼 보였다. 현실의 벽을 넘지 못하는 이상론의 운명 말이다.

약소국이 스스로의 힘으로 자신의 운명을 개척하는 것은 사실 쉬운 일이 아니다. 심지어 일본 정도의 국력을 가진 나라조차 독자외교라는 말을 잘못 꺼냈다가는 경을 치기 십상이다. 2009년 집권했던 일본의 민주당은 균형 외교를 주장하며 오키나와의 미군기지 이전을 추진했다가 역풍을 맞고 정권 붕괴의 단초를 제공하지 않았는가? 사정이 이와 같으니 국제 외교무대에서 '동북아 균형자론'이나 '한반도 운전자론'처럼 우리의 독자적인 역할을 강조하는 주장은 설익은 이상주의로 통하기 쉽다.

돌이켜 보면 지난 역사에서도 우리가 스스로의 운명을 자신 있게 결정할 수 있었던 경우는 그리 많지 않았다. 특히 중국에 패권국가가 주기적으로 등장하기 시작한 당나라 이후로는 더욱 그러했다. 당나라 이후 등장한 모든 패권국가들은 우리 민족을 가장 먼저 굴복시켜야 할 존재로 인식했다. 패권의 향방을 가늠할 수 있는 제 1 관리대상이라고 본 것이다. 당연히 우리가 독자적으로 움직일 여지는 언제나 적은 편이었다.

그렇다고 해서 우리의 운명을 마냥 강대국의 손에 맡긴 채 손을 놓고 있을 수도 없는 일이었다. 멜로스를 침공한 아테네의 경우처럼 자신의 운명조차 마음대로 하지 못하는 약자에게 강자는 더욱 가혹해지기 때문이다. 따라서 "어떻게 하면 믿을 수 없는 강자의 선의가 아닌 우리 스스로의 능력으로 우리의 운명을 개척할 수 있을 것인가?"라는 질문은 항상 강대국에 둘러싸여 살아온 우리에게는 절대 비켜갈 수 없는 질문이기도 하다. 아마 우리뿐 아니라 세상의 모든 약자들이 고민할 수밖에 없는 질문일 것이다.

그런 점에서 고려와 거란 사이의 전쟁은 많은 시사점을 주는 사례이다. 떠오르는 강대국 거란과의 전쟁에서 고려는 실수도 많이 했지만 동시에 이로부터 많은 것을 배웠다. 그리고 그 교훈을 잊지 않았기에 강대국과의 전면전이라는 국가의 위기를 무사히 넘길 수 있었다.

고려는 단지 위기를 넘기기만 한 것이 아니었다. 거란전쟁 이후 고려는 한반도 국가로서는 예외적일 정도의 폭넓은 외교적 자율성을 가지고 국가를 운영할 수 있었다. 경쟁하는 두 강대국 송과 거란 사이에서 고려는 양자 모두와 우호적인 관계를 맺으며 별다른 간섭을 받지 않았다. 외교적 자율성만 누린 것이 아니다. 이 시기의 고려는 유례없는 평화도 누릴 수 있었다. 전쟁의 위협 없이도 고려는 자신의 자주성을 지킬 수 있었던 것이다. 우리 역사상 '동북아 균형자' 라는 이름을 붙여줄 만한 시기가 있었다면 바로 이 100년간일 것이다.

조선이나 신라와 동일한 영토, 비슷한 국력을 가지고 있으면서도 고려는 어떻게 이런 외교적 자율성과 평화를 동시에 쟁취할 수 있었을까? 고려는 어떻게 두 강대국 모두와 우호적인 관계를 맺는다는 불가능해 보이는 목표에 도달할 수 있었을까? 고려는, 그리고 국왕 현종은 어떻게 자기 운명의 주인이 될 수 있었을까?

만부교의 낙타들

『열하일기』에서는 연암 박지원이 연경으로 가며 꼭 보고 싶어한 동물이 하나 등장한다. 바로 낙타다. 한 번은 말을 타고 졸다가 그만 낙타 떼가 지나가는 것을 지나치고 말았다. 뒤늦게 이 사실을 안 박지원은 다음에 낙타가 나타나면 인정사정 보지 말고 자신을 깨우라며 하인에게 단단히 일러두기까지 했다.

그런데 재미있게도 박지원은 두 번째 기회도 놓치고 말았다. 바람을 피하느라 가게 안으로 들어갔다가 잠이 들었는데 이때 마침 낙타 떼가 지나갔던 것이다. 지독히도 운이 없었던 셈인데 다행히 박지원은 청나라 황제 건륭제를 알현하러 열하로 가는 길에 낙타 떼를 보게 된다. 드디어 고대하던 낙타를 직접 본 박지원은 이 광경을 다음과 같이 글로 남겼다.

"몇 천의 탁타(낙타)가 떼를 지어 물건을 싣고 나온다. 이놈들은 한결같이 큰 놈 작은 놈 할 것 없이 모두 엷은 흰 빛에 약간 누런빛을 띠었다. 짧은 털

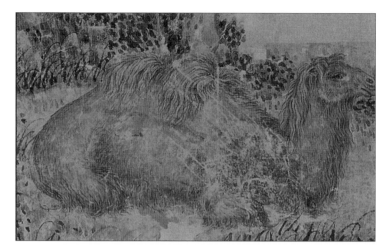

18세기 조선의 화가 김부귀가 그린 낙타

에 머리는 말과 다름없으나 작은 눈매는 양과 같고, 꼬리는 마치 소와 같이 생겼다. 그리고 다닐 때에는 반드시 목을 움츠리고 머리를 쳐드는 것이 마치 날아가는 해오라기처럼 생겼고, 무릎에는 두 마디가 생겼으며, 발은 두 쪽으로 쪼개졌고, 걸음은 학처럼, 소리는 거위와 같았다."•

늘 느끼는 것이지만 박지원의 묘사는 워낙 출중해서 항상 대상이 손에 잡힐 듯하다. 아무튼 이렇게 해서 박지원은 고대하던 낙타를 끝내 보고야 말았는데 박지원이 이토록 학수고대하며 낙타를 보고 싶어한 것은 낙타가 그만큼 귀한 동물이었기 때문이다. 주로 사막에 사는 낙타는 동아시아에서도 대체로 고비사막 주변에만 서식하기

•　박지원 『열하일기』

때문에 우리나라에서 이들을 볼 일이 전혀 없었다. 때문에 우리 역사에도 낙타가 등장하는 경우가 거의 없었고 따라서 낙타를 보는 일은 문장가가 붓을 들 만한 사건이었다. 그런데 이렇게 우리 민족과 인연이 없는 낙타가 딱 한 차례 우리 역사의 전면에 등장한 석이 있다. 바로 거란과의 첫 대면 때였다.

후삼국시대가 끝나고 고려가 한반도를 통일한 직후인 942년에 거란의 사신이 고려를 방문했는데 이때 거란의 사신들이 50마리의 낙타를 공물로 가지고 온 것이다. 조선 후기에도 구경하기 어려운 동물이었으니 고려 초에도 당연히 희귀한 선물이었다. 거란으로서는 상당한 신경을 쓴 공물이었던 셈이다. 평소 별 접촉도 없었던 신생 국가 고려에 거란이 이렇게 신경을 쓴 것은 나름 이유가 있었다.

"거란이 성장하기 위해서는 생산력이 높은 농경지의 확보가 절대적으로 필요했습니다. 따라서 거란은 영토 확장을 위한 남진 정책을 기본적으로 취하게 됩니다. 그렇게 되기 시작하면서부터 거란은 발해를 먼저 멸망시켰죠. 그 다음엔 중원 지역으로 진출하려고 합니다. 다만 이를 위해서는 그 후방 지역인 고려와의 화해가 일단은 필요하다고 판단한 것입니다. 그래서 후방의 고려의 견제를 막기 위해 거란은 고려와 화친을 취하게 되었고, 그 일환으로 고려에 낙타를 비롯한 선물과 함께 사신을 보내 우호적인 관계를 맺으려고 한 것입니다."•

• 박종기(국민대 명예교수) 인터뷰 중에서

거란이 고려에 진기한 공물을 보내고 평화 사절단을 파견한 것은 중원을 정복하기 위한 사전 작업이었다. 만주와 몽골초원을 차지한 거란이 나아가 중원의 송나라를 공격하려고 할 때, 그 틈을 타 고려가 옆구리를 공격해 올 것을 우려한 것이다. 사절단 파견을 통해 고려와 동맹으로까지 발전한다면 더 좋고, 설사 그렇게까지는 못하더라도 최대한 우호적인 중립 관계를 맺기 위해 사절단을 파견한 것이다.

이제 공은 고려로 넘어왔다. 개국 이후 처음 맞이한 낯선 강대국의 사절. 과연 태조 왕건은 이 문제를 어떻게 처리했을까? 왕건의 반응은 거란의 기대와는 완전히 다른 것이었다. 왕건은 거란의 사신들을 모두 먼 섬으로 유배를 보내고 낙타들은 개경의 만부교 아래 묶어 놓은 채 물과 사료를 전혀 주지 않아 굶겨 죽였다. 그 후의 기록이 남아 있지 않아서 정확히는 알 수 없지만 먼 섬으로 유배된 거란 사신들의 운명도 그리 행복하지는 않았을 것으로 보인다. 먼 곳으로 유배를 보낸다는 것은 통상적으로 나중에 죽인다는 뜻에 불과하기 때문이다.

그런데 태조 왕건은 왜 이렇게까지 강경하게 대응한 것일까? 거란의 사신들이야 그렇다 하더라도 죄 없는 낙타까지 이렇게 잔인하게 죽일 필요가 있었을까? 낙타는 사막에서도 물 없이 버티는 동물이다. 이런 동물들을 굶어 죽을 때까지 묶어 놓았으니 무척이나 오랜 시간 동안 고통을 받다 죽었을 것이다. 도대체 왕건은 왜 이렇게까지 한 것일까? 후대의 사람들도 이 점이 수긍이 가지 않았던 모양이다. 고려 말의 충선왕*도 이 사건이 이해가 가지 않았는지 이제현에게 다음과 같이 물었다.

"나라의 임금으로서 수십 마리의 낙타를 가지고 있다 해도 그 폐해가 백성들을 상하게 하는 데에는 이르지 않을 것이며, 또 받기를 사양하면 그뿐인데 어째서 굶겨 죽이기까지 하였습니까?"

당대의 대학자인 이제현이지만 이 질문에는 뾰족한 답이 없었던 모양이다. 이제현의 대답은 애매하면서도 도덕적이다.

"우리 태조가 이렇게 한 까닭은 장차 오랑캐의 간사한 꾀를 꺾고자 한 것이든, 아니면 후세의 사치한 마음을 막고자 한 것이든, 대개 반드시 깊은 뜻이 있었을 것입니다."[**]

앞서 언급했던 박지원도 비슷한 의문을 던졌다.

"고려 태조 때에 거란이 낙타 40마리(50마리의 오기인 듯하다)를 바쳤으나 태조는 거란이 워낙 무도한 나라라 하여 다리 밑에 매어놓은 지 10일 만에 모두 굶겨 죽였다 한다. 그 당시 거란이 비록 무도한 나라 할지라도 낙타야 무슨 죄가 있겠는가?"[***]

---

[*] 충렬왕의 아들이자 쿠빌라이 칸의 외손자인 충선왕은 비록 몽골의 간섭으로 인해 뜻을 마음대로 펼 수 없었지만 고려 후기의 임금들 중에서 가장 뛰어난 자질을 가진 군주였다. 이제현 등을 등용한 후 중국에 대규모로 유학을 보내 이후 신진사대부들이 등장할 수 있는 바탕을 마련해 준 임금이기도 하다.

[**] 『고려사』, 열전 권 23

[***] 박지원 『열하일기』

그렇다. 낙타야 무슨 죄가 있겠는가? 무슨 죄를 지었다고 이렇게 잔인하게 공개처형을 한 것일까? 사실은 이 공개처형이라는 부분에 힌트가 있다. 낙타를 꼭 죽여야 한다면 그냥 죽이면 그뿐이다. 그런데도 사람들이 오가는 만부교 밑에 묶어 놓아서 굶어 죽인 것은 사실상 사람들에게 보여주기 위한 퍼포먼스다. 거란에 대해 나는 이렇게 초강경책으로 나가고 있다고 백성들에게 보여주려는 것이다.

그렇다면 왜 이를 보여주려고 한 것일까? 일반 백성들이야 신흥 강대국인 거란에 대해 딱히 애증이 있을 리 없다. 그렇다면 왕건이 퍼포먼스를 보여주고 싶었던 관객은 따로 있었을 것이다. 진짜 관객은 바로 발해의 유민들이었다. 그리고 그들이야말로 왕건이 거란에 대해 강경책을 취하게 된 진짜 이유였다.

발해의 유민들이 고려에 들어온 것은 거란의 사신이 고려로 찾아오기 8년 전인 934년의 일이다. 이 해 7월에 거란에게 멸망한 발해의 세자 대광현이 수만 명의 무리를 이끌고 고려로 귀순한 것이다. 이 사건은 왕건으로서는 하늘이 내린 축복이나 다름없었다. 발해 유민은 그야말로 다목적으로 쓸 수 있는 카드였기 때문이다.

우선 고려할 수 있는 것이 군사력이다. 934년은 아직 후삼국의 항쟁이 끝나지 않은 시점이었다. 한 명의 병력도 아쉬운 상황이었을 것이다. 더군다나 이때 넘어온 발해 유민들은 나라가 망하자마자 바로 피난 온 것이 아니었다. 발해가 거란에게 멸망한 것이 926년이고 그후 고구려 멸망 후의 부흥운동처럼 한동안 발해 부흥운동이 있었으니 아마 이들은 8년 동안 만주에서 거란에 저항하다가 건너온 사람들일 것이다. 당연히 상당한 실력의 무장집단이 포함되어 있었다. 이들은 후백제와 전쟁 중인 왕건에게 가뭄의 단비 같은 존재였다.

후백제와의 문제가 아니어도 발해 유민의 군사적 가치는 높았다. 고려는 한반도 북방에 위치하고 있다는 지리적 여건 때문에 남쪽의 후백제뿐 아니라 대륙 쪽에서의 침입도 항상 신경써야 했는데 이때 만주에서 잔뼈가 굵은 발해 유민의 존재는 큰 힘이 되었을 것이다.

> "발해 유민의 상당수가 그 당시 고려로 들어와 있었어요. 그리고 이들이 후
> 백제와의 대결에서 오히려 수세에 몰려 있던 고려에 상당히 큰 힘이 될 수
> 밖에 없었죠. 큰 자산이 된 것이죠. 그리고 당시 고려는 북방과 남쪽에 동시
> 에 적을 두고 있었거든요. 그러니까 북방 방어선을 지켜줄 탄탄한 세력이
> 필요했는데 발해 유민처럼 좋은 세력이 어디에 있었겠어요."•

군사적인 가치만 높은 것이 아니었다. 왕실 배후세력으로서의 가치도 매우 높았다. 이 부분을 이해하기 위해서는 당시 왕건이 서 있던 입장을 고려할 필요가 있다. 건국 초기 왕건의 권력은 매우 불안한 것이었다. 애초에 즉위 자체도 궁예의 부하장수 가운데 가장 인망이 있던 자를 추대하는 형식으로 치러진 것이었다.

이런 추대 형식의 즉위는 모양은 좋을지 모른다. 하지만 힘으로 획득한 권력이 아니기 때문에 자신을 추대해 준 사람들의 눈치를 볼 수밖에 없다. 추대란 여러 장수들 중에 대표로 뽑힌 것에 지나지 않기 때문이다. 왕과 신하의 관계가 주종의 관계가 아니라 일종의 동

• 임용한(한국역사고전연구소장) 인터뷰 중에서

업자 관계와 비슷해지는 것이다.

상황이 이러하니 왕권이 직접 미치는 범위도 원래부터 왕건의 세력 범위였던 개경 부근이 전부였다. 나머지 지역은 사실상 호족들의 반독립적인 영지라고 봐야 했다. 이 때문에 왕건은 왕실의 직할지를 확대하기 위해 백방으로 노력했다. 그렇다고 신하들의 영지에 함부로 손을 댈 수도 없는 일이다. 그랬다가는 궁예와 같은 운명이 기다리고 있었을 것이다.

그래서 생각해 낸 것이 통일신라 시대에는 버려진 땅이었던 서경이었다. 서경, 그러니까 지금의 평양은 과거 고구려의 수도였던 만큼 개발의 여지는 충분했다. 더군다나 고려 초까지 이곳은 무주공산이었기 때문에 호족들의 반발도 걱정할 필요가 없었다. 다만 무주공산인 이 지역에 정착시킬 백성들을 어디서 뽑아 오느냐가 문제였는데 그 고민을 발해 유민들이 해결해 준 것이다. 발해 유민들로서도 토착민들과의 갈등을 걱정할 필요 없이 고향에서 비교적 가까운 지역에 정착할 수 있었으니 더할 나위 없는 조건이었을 것이다. 이렇게 해서 발해 유민과 왕건은 서로에게 든든한 배경이 되어 주었다. 양자에게 모두 이득이 되는 관계였을 것이다.

그런데 이 발해 유민에게 철천지 원수가 있다면 바로 거란이었다. 그들의 모국을 멸망시킨 원흉이었으니 더 말할 필요가 없다. 멸망한 모국을 뒤로 하고 고려로 온 발해 유민들은 거란족의 생살을 씹어 먹어도 분이 풀리지 않는 심정이었을 것이다. 바로 이 이유 때문에 왕건은 거란에게 초 강경책을 취한 것이다. 물론 거란이 보내온 낙타들을 만부교에 묶어두고 굶어 죽인 보여주기식 퍼포먼스를 한 이유도 발해 유민들에게 보여주기 위해서였다. 어찌보면 정치적인 이득을 얻는다는 점에서 최선의 선택이었을 것이다. 왕건의 행동에 발해 유민들은 큰 만족을 느꼈을 것이고 왕건에 대한 충성의 의지를 더욱 다졌을 테니 말이다.

하지만 왕건은 왕이다. 왕건은 호족 중의 한 사람이었다가 추대로 왕이 된 이력 때문인지 간혹 호족 중의 한 사람처럼 근시안적으로 행동하는 경우가 있는데 이 경우도 그랬다. 왕건이 그저 호족에 불과했다면 무조건 자기 배후세력의 이익을 위해 행동하는 것이 자신의 세력 확장이나 정치적으로나 이득이겠지만, 왕이 이런 식으로 행동하는 것은 국가 전체적으로는 오히려 손해를 끼치게 된다. 호전적인 인접 국가인 거란과의 사이가 틀어질 것이기 때문이다. 때문에 성호 이익은 왕건의 선택을 다음과 같이 비판했다.

> "거란이 발해를 배신한 것이 우리와 무슨 상관이 있기에 원수와 같이 관계를 끊었을까? 이때부터 변방에 틈이 생겨 점점 더 깊어지더니 그 재앙이 마치 언덕에 타는 불을 끌 수 없음과 같아서 나라가 망할 지경에 이르렀으니 그 원인을 찾으면 모두 고려 태조가 강대한 이웃나라와의 외교관계를 그르쳤기 때문이다."*

더구나 거란은 그저 이웃나라이기만 한 것이 아니었다. 역사책에는 보통 거란이 보낸 낙타들을 굶겨 죽였다는 이야기만 단편적으로

* 이익 『성호사설』제18권

쓰여 있어서 당시 거란이 그런 식으로 대우해도 좋은, 별것 아닌 국가였을 것이라 생각하기 쉽다. 하지만 당시의 거란은 결코 그렇게 만만한 존재가 아니었다. 만만하기는커녕 10세기를 기준으로 동아시아의 떠오르는 해와 같은 존재였다.

거란,
동아시아의 떠오르는 해

거란족의 고향은 요하의 상류인 시라무렌 강 상류지역이라고 한다. 잘 알다시피 요하는 7세기 이전 고구려의 서쪽 경계선을 이루던 강이었다. 강은 북에서부터 남으로 요령성을 양분하면서 흐르는데 길림성과의 경계 부근에서는 셋으로 갈라져 그중 하나가 서쪽을 향해 수평으로 뻗어나가 내몽골에까지 이른다. 이 지류가 바로 시라무렌 강이다. 이들의 고향이 내몽골이라는 점에서 알 수 있는 것처럼 넓은 의미에서 거란족은 몽골족 계통의 유목민들이다.

거란족 출신 중에 우리에게 가장 익숙한 이름은 아마도 삼국 통일 전쟁 과정에서 당나라 장수로 맹활약한 설인귀일 것이다. 발해 건국의 계기가 되었던 영주 반란의 주역 이진충도 거란족이다. 이 두 사람의 경우에서 알 수 있는 것처럼 당나라가 중원을 지배한 300년 내내 거란족은 당나라의 용병이나 속주민으로 살아야 했다.

하지만 이렇게 숨죽여 지내야 했던 거란족에게 기회가 찾아왔다. 907년 동아시아의 패권국가였던 당나라가 멸망하고 5대 10국 시대

라고 불리는 혼란기가 시작되었기 때문이다. 중원의 혼란은 중국의
백성들에게는 불행이었겠지만 당나라의 지배를 받고 있던 주변 민
족들에게는 독립의 기회이기도 했다. 특히 거란은 야율아보기(耶律
阿保機)라는 희대의 영웅 덕택에 가장 먼저 두각을 나타냈다.

　거란의 주요 8부족중 하나인 질라부의 족장이었던 야율아보기는
중원에서 혼란이 한창이던 916년 거란제국 건설을 위한 첫 걸음을
내딛었다. 거란의 정치적 통일을 달성한 것이다. 당시 거란은 8부족
의 부족장인 8부 대인이 번갈아가면서 대표를 맡는 일종의 연맹제
국가였다. 당연히 통일된 행동을 기대하기는 어려웠다. 이 문제를 일
거에 해결하기로 결심한 야율아보기는 8부 대인을 모두 잔치에 초
대하고는 그 잔치 자리에서 나머지 8부 대인을 모두 암살했다. 여담
이지만 후일 고려의 윤관이 여진 정벌을 시작할 때도 야율아보기처

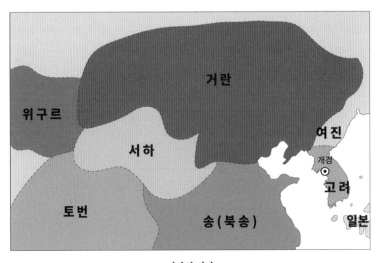

거란의 성장

럼 여진족 족장들을 잔치에 초대해서 모조리 암살한 후 전쟁을 시작한 일이 있다. 음험하고 비겁한 방법이기는 하지만 어떤 면에서는 희생을 최소화하고 문제를 해결하는 방법이 될 수도 있다.

아무튼 8부 대인을 모조리 암살한 야율아보기는 곧장 텡그리칸 (天可汗)의 칭호를 받아 거란족을 통일했다. 참고로 야율아보기라는 이름에서 야율은 숫말이라는 뜻을 가진 '얄라웃'의 음차로 씨족명이고, 아보기는 약탈자라는 뜻을 가진 '아부치'의 음차이다. 건국의 영웅에게 붙여진 별칭이 겨우 약탈자라는 사실이 다소 의외일지도 모르지만 유목민족에게 그들의 지도자가 유능한 약탈자라는 것은 결코 부끄러운 일이 아니다. 오히려 큰 축복이다. 유목제국이 최초의 성립단계에서 조직화된 군사력으로 하고자 하는 가장 큰 사업이 바로 약탈이기 때문이다. 남방의 농경국가에 대한 대대적인 약탈을 통해 유목제국은 성립 초기의 성장을 위한 자원을 획득할 수 있었다.

유능한 약탈자 야율아보기의 지도 아래 거란은 그야말로 불길처럼 일어나기 시작했다. 우선 몽골초원을 통일하기 위해 서쪽으로 진군하여 몽골계와 티베트계의 유목민족들을 복속시켰다. 이를 통해 초원지대의 패권을 확립한 후 이 힘을 바탕으로 다시 동방 진출을 도모하여 926년에는 발해를 멸망시켰다.

발해가 멸망하던 해에 즉위한 2대 황제 태종은 영토를 더욱 확대했다. 몽골초원과 만주를 차지함으로써 북방을 통일한 거란은 이때부터 본격적으로 남진정책을 추진했는데 하늘이 돕는 것인지 마침 중국 쪽에서 거란의 남진을 위한 빌미를 제공했다. 당시 중국은 당나라의 멸망 이후 절도사 출신의 무장들이 잇달아 등장하여 10년 내외의 단명한 왕조들을 세우고 있었는데 거란 태종 당시에는 후당(後唐)이라는 나라가 중원을 다스리고 있었다.

그런데 이 후당에서 내전이 일어나 수세에 몰린 석경당이라는 인물이 거란에 원병을 요청한 것이다. 태종은 즉각 중원으로 진출하여 후당을 멸망시키고 석경당을 새로운 황제로 하는 후진이라는 위성국가를 세웠다. 당당한 중원국가임에도 불구하고 후진은 거란에게 조공을 바치며 신하노릇을 해야만 했다. 다만 거란 덕분에 목숨도 건지고 황제자리도 얻은 석경당은 이러한 상태도 감지덕지였는지 거란에 순종했지만 후계자인 출제(出帝)는 자존심이 상해서 결코 거란의 신하 노릇을 할 생각이 없었다.

출제는 거란과의 국교를 단절하고 오히려 전쟁을 준비하기 시작했다. 당연히 거란이 가만있을 리 없었다. 태종은 중원에 대한 두 번째 침공을 통해 이번에는 자신들이 세운 후진을 멸망시켰다. 불과 10년 남짓한 사이에 중원의 왕조를 둘이나 멸망시킨 것이다. 다만 아직까지 거란은 중원을 직접 지배할 능력은 부족했던 것 같다. 중국인들의 저항이 거세지자 애초에 석경당이 바친 연운 16주를 제외한 다른 중원 지역은 모두 포기하고 귀환해야만 했기 때문이다.

비록 중원의 직접 지배에는 실패했지만 태종의 시대에 거란은 동아시아의 새로운 패권국가로 거듭났다. 발해를 완전히 병합하고 중원으로 진출하여 현재의 북경 부근인 연운 16주를 획득했을 뿐 아니라 후진이나 후한 같은 중원국가에 대해서도 확고한 우위를 차지하면서 조공을 받는 위치에 섰기 때문이다.

원교근공의 위험성

거란의 사신이 고려에 찾아온 것은 바로 이 시기였다. 후당을 멸망시키고 후진이라는 위성국가를 세워 동아시아의 패권을 차지한 다음 고려에 사신을 파견한 것이다. 그러니 왕건은 그냥 야만적인 어떤 나라의 선물을 거절한 것이 아니었다. 동아시아에서 가장 강력한 국가의 사신을 모욕하고 선물로 보낸 낙타를 공개적으로 굶겨 죽인 것이다. 비록 왕건에게 발해 유민의 회유라는 국내 정치적인 목적이 있었다 하더라도 이런 선택은 그야말로 위험천만한 행동이었다. 호전적인 강대국이 이런 모욕을 당하고도 가만히 있을 리 없기 때문이다. 통상적인 경우라면 전쟁을 각오해야 하는 일이었다.

그나마 다행이었던 것은 왕건이 거란의 사신들을 모욕한 직후 거란과 후진 사이에 전쟁이 벌어졌다는 것이다. 거란 태종은 후진 정벌이라는 더 큰 목적을 위해 일단 고려와의 분쟁은 뒤로 미루어 두었다. 더욱 다행이었던 점은 후진을 정벌한 직후에 태종이 병사했다는 것이다. 더구나 이후에 등장한 거란의 황제들은 태조나 태종에 비해 리더십이 부족한 편이었고 이 틈을 타서 부족 간의 항쟁도 벌어졌기 때문에 고려를 정벌할 여력이 없었다. 결국 만부교 사건은 유야무야되고 말았다.

하지만 이렇게 한동안 별일이 없었다 하더라도 이건 어디까지나 결과론일 뿐이다. 만약 후진의 출제가 마침 그때 거란과 전쟁을 벌이지 않았다면, 혹은 거란 태종이 그때 죽지 않았다면 고려는 50년 먼저 거란과 전쟁을 해야 했을 것이다. 아무리 왕건에게 국내 정치적인 이유가 있었다 하더라도 이건 너무 위험한 선택이었다. 왕건은 거란의 능력이나 위험을 과소평가한 게 아닐까?

결과적으로 과소평가한 셈이 되긴 했지만 사실은 왕건도 거란을 과소평가하고만 있지는 않았다. 과소평가하기는커녕 오히려 거란의 위험성을 분명하게 인식하고 있었다. 예를 들어 왕건은 후세에 남긴 유명한 「훈요십조(訓要十條)」*에서 "이웃에 강폭한 나라가 있으니 편안한 때에도 위급을 잊어서는 안 된다"**고 거란의 위험성을 강조하기까지 했다. 거란의 위험성을 충분히 알고 있었던 것이다. 그렇다면 이렇게 거란의 위험성을 알고 있던 왕건이 왜 거란을 도발한 것일까? 앞서 거란의 사신을 공개적으로 모욕해야 했던 왕건의 정치적 입장을 살펴보기는 했지만 만약 오로지 국내의 정치적인 목적 때문에 그랬다면 왕건은 너무 근시안적이고 무책임한 지도자가 된다.

단도직입적으로 말하자면 왕건도 나름대로의 전략을 가지고 있

---

* 고려 태조 왕건이 후손에게 남겼다는 열 가지 가르침. 거란의 낙타를 굶겨 죽인 다음해인 943년(태조 26년) 4월, 왕건이 측근인 박술희를 내전으로 불러 전했다고 한다.

** "又以強惡之國為鄰, 安不可忘危"-「훈요십조」제 9조.

기는 했다. 정치적인 목적도 상당히 크긴 했지만 오직 그것 때문에
만 거란을 도발한 것은 아니었다. 사실은 거란의 사신에 대해 강경
책을 구사한 두 번째 이유가 있었다. 그것은 바로 '원교근공'의 전략
이었다. 먼 나라와 화친하면서 가까운 나라를 공격한다는 개념으로
외교를 펼친 것이다. 그래서 왕건은 거란에 대해서는 적대적인 자세
를 취하면서 동시에 또 다른 강대국인 중원의 국가에 대해서는 군사
동맹을 추구했다.

거란의 사신이 고려를 방문했던 942년 시점, 왕건은 거란에 적대
정책을 추진하다 패망하게 되는 후진의 출제와 군사동맹을 추진하
고 있었다. 어쩌면 왕건은 후진 쪽에서 거란을 견제해 주리라 믿고
있었기에 그처럼 강하게 나간 것일 수도 있다. 또 내부적으로 북진
정책을 통해 고구려의 옛 땅을 되찾겠다는 슬로건을 내걸고 있었으
므로 이렇게 하는 것이 논리적으로도 일관성이 있었다. 왕건도 결코
아무 대책 없이 거란을 도발한 것은 아니었다.

다만 문제는 왕건이 채택한 이 '원교근공'의 전략이 당시 고려가 추
진할 만한 유효한 전략이었는가 하는 점이다. 이 점을 확인하기 위해
서는 원교근공의 전략이 어떤 상황에서 제기되었으며 어떤 방식으로
실현되었는지에 대한 역사적 경험을 검토할 필요가 있을 것이다.

원교근공의 전략을 처음 제시한 전략가는 전국시대 진나라의 전
략가였던 범수(范雎)라는 사람이다. 범수는 원래 위나라 출신이었는
데 모국인 위나라에서는 인정받지 못하고 한을 품은 채 진나라로 건
너가 맹활약을 한 사람이다. 흥미로운 점은 전국시대에 진나라를 강
대국으로 만든 재상들은 모두 범수처럼 다른 나라 출신의 이방인이

라는 점이다. 위나라 출신인 상앙(商鞅)도 그렇고 백리해(百里奚)나
여불위(呂不韋), 이사(李斯) 등이 모두 타국 출신으로 진나라의 재상
이 되어 부국강병의 길을 닦았다.

　주로 제도 개혁에서 두각을 나타낸 상앙과 달리 범수의 전공 분야
는 대외 전략이었다. 범수가 진소왕을 만났을 때의 일이다. 진소왕이
범수에게 당시 진나라의 재상인 양후가 제나라를 공격하자고 하는
데 어찌 생각하느냐고 물었다. 범수의 대답은 다음과 같았다.

　"양후가 한, 위 두 나라를 지나 제나라를 친다는 것은 현명한 일이 아닙니
다. 적은 군사로는 제나라를 이길 수 없고, 많은 군사를 보내면 진나라에 해
가 됩니다. 지난날 제나라의 민왕이 남쪽으로 초나라를 공격하여 군대를 깨
뜨리고 장군을 죽여 승리한 후 영토를 천 리나 넓히려고 했지만 제나라는
적은 땅도 얻지 못했습니다. 어찌 땅을 얻고 싶지 않았기 때문이겠습니까.
상황이 땅을 가질 수 없었기 때문이었습니다. 제나라와 동맹했던 제후들은
제나라가 지치고 왕과 신하 사이가 불화한 것을 보고 군사를 일으켜 제나라
를 크게 깼으므로 장수는 욕을 당하고 군사들은 꺾이고 말았습니다. 그러
므로 제나라가 크게 깨진 까닭은 초나라를 쳐 한나라와 위나라를 살찌게 만
들었기 때문입니다. 이것은 이른바 적에게 군대를 빌려 주고 도둑에게 양식
을 보내 준 것이라 하겠습니다. 차라리 먼 나라와 친교를 맺고 가까운 나라
를 공략하는 것이 낫습니다. 이렇게 하면 한 치의 땅을 얻으면 전하의 촌토
가 되고, 한 자의 땅을 얻으면 전하의 척지가 됩니다. 지금 이를 버리고 멀
리 있는 나라를 공격하는 것은 좋은 계책이 아닙니다."•

진나라가 만약 한나라나 위나라와 동맹을 맺어 제나라를 공격한다면 설혹 이긴다 하더라도 그 땅이 너무 멀어 실제 이득은 동맹국들인 한나라나 위나라가 얻게 될 것이다. 하지만 제나라와 동맹을 맺고 가까이 있는 한나라나 위나라를 친다면 이 지역은 제나라에서는 멀고 진나라에서는 가깝기 때문에 전쟁의 이득을 모두 진나라가 독차지할 수 있다는 말이다. 진소왕이 듣고 보니 매우 합리적인 계책이었다. 이후 진나라는 진시황의 시대에 이르기까지 일관되게 원교근공의 정책을 추진하여 천하통일이라는 결과를 얻을 수 있었다. 그러니 원교근공의 전략은 확실한 성공 사례가 뒷받침되는 전략인 셈이다.

다만 문제는 이것이 강대국 진나라의 정책이었다는 점이다. 이 원교근공의 정책은 기본적으로 주변국을 침략하는 팽창정책이기 때문에 정책을 추진하는 주체가 주변국보다 강대국이어야 한다는 점이 절대조건이다. 때문에 강대국인 진나라는 채택할 수 있어도 진나라보다 힘이 약한 한나라나 위나라는 절대 채택할 수 없는 계책이다. 자칫했다가는 강대국을 공략하려는 또 다른 강대국의 버리는 패가 될 수 있기 때문이다.

생각해 보자. 만약 진나라 바로 옆에 붙은 약소국인 한나라가 멀리 있는 강대국인 초나라와 손잡고 가까운 진나라를 공격한다면 무슨 일이 일어나겠는가? 아마도 초나라만 좋은 일을 시키고 한나라는 전쟁의 참화로 쑥대밭이 되고 말 것이다.

• 『전국책(戰國策)』, 「진책(秦策)」

"원교근공의 전략은 기본적으로 주변 국가들을 공격해서 자신의 세력을 확장하기 위한 팽창적 외교 논리입니다. 그렇기에 전쟁의 논리가 되기 쉽다는 문제점을 가지고 있습니다. 그런데 이 원교근공의 논리가 가지고 있는 또 하나의 중요한 문제점이 있습니다. 강대국이 다른 강대국과의 패권적 긴장 관계에서 자신에게 유리한 위치를 점하기 위해 주변에 있는 국가들을 원교근공의 원리로 포섭해 자신의 전략 실현을 위해 활용할 가능성이 높다는 것입니다. 강대국의 입장에서는 그렇게 하는 것이 자신의 전략을 관찰하는 데 큰 도움이 됩니다. 문제는 약소국이 원교근공 논리에 포섭되어서 자기 주변에, 바로 이웃에 있는 다른 강대국을 위협하는 군사적 전투 기지로 활용되어 심장을 겨누는 비수가 될 수 있다는 거죠. 그럴 경우 약소국은 굉장히 내재적이고 직접적인 위험에 노출됩니다. 이것이 원교근공의 논리를 볼 때 우리가 유념하고, 경계해야 할 점이라고 생각합니다.

최근의 사드 배치 문제도 이와 관련해서 생각해 볼 수 있는데요. 우리로서는 문제가 복잡한 것이, 강대국뿐만 아니라 북한이라고 하는 한반도의 다른 분단국가와 군사적인 긴장 관계에 놓여있기 때문이죠. 그래서 우리의 입장에서는 북한의 핵미사일과 핵무기를 견제하기 위해 미사일 방어 체계가 필요하다고 판단해 사드 배치를 정당화했습니다.

하지만 사드 배치는 단순히 북한의 핵무기에 대처하는 것뿐만 아니라 러시아와 중국을 포함한 다른 강대국들과의 전략적인 경쟁 구도에서 미사일 방어 구축을 꾀하려는 21세기의 중요한 군사전략 중 한 부분이기도 합니다. 이에 위협을 직접적으로 느끼는 중국이 깊은 이해관계를 갖고 있습니다. 앞서 말한 것처럼 우리가 이웃 강대국의 심장을 겨누는 비수가 된 것이죠. 그래서 이런 문제를 두고 중국의 요구를 일정 부분 수용하고자 하는 것을

'굴욕 외교'라 하는 것은 우리가 처한 국제 관계와 현실을 1차원적으로 이해하는 것이라 생각합니다. 우리는 굉장히 복합적인 구조 속에 놓여있고 그렇기 때문에 우리로서는 복합적인 고려와 판단을 할 수밖에 없습니다."•

원교근공은 팽창정책이다. 이 점을 잊지 말아야 한다. 우리의 현실에 쉽게 적용할 수 없는 정책이라는 뜻이다. 물론 예외적으로 우리 역사에서도 원교근공의 전략을 성공적으로 수행한 사례가 있기는 하다. 바로 조선의 세종이다. 세종은 멀리 있는 강대국인 명나라에 대해서는 철저히 우호관계를 유지하고 가까이 있는 여진족에 대해서는 팽창정책을 추진했다. 이를 통해 사군과 육진을 개척함으로써 조선의 북방 경계선을 완성할 수 있었던 것이다. 이 경우에도 공격 대상은 당시로서는 약소민족 신세였던 여진족이었지 강대국인 명나라가 아니었다.

따라서 왕건의 원교근공이 의미가 있으려면 원교근공의 대상인 거란이 당시의 고려가 쳐들어가서 굴복시킬 수 있는 약한 상대여야 한다. 하지만 당시 거란은 앞서 살펴본 것처럼 결코 만만한 상대가 아니었다. 만만하기는커녕 떠오르는 북방의 강자이자 새로운 패권국가였다. 그러니 왕건의 원교근공은 번지수를 한참 잘못 찾은 것이었다. 물론 강대국이라고 꼭 공격하지 말아야 하는 법이 있느냐고 반문할 수도 있다. 대륙의 강자와 한번 제대로 붙어서 자웅을 가리는 것이 민족의 호쾌한 기상이 아니겠느냐고 주장할 수도 있다. 매

• 이삼성(한림대학교 정치행정학과 교수) 인터뷰 중에서

우 위험천만한 생각이긴 하지만 백번 양보해서 그럴 수 있다고 해도 문제는 여전히 남는다.

만약에 정말 그렇게 자웅을 가릴 생각이었다면, 왕건이 진짜로 원교근공으로 북방을 개척할 생각이었다면 뭔가 전쟁을 위해서 구체적인 준비를 했다는 기록이 남아 있어야 한다. 정치인의 슬로건이 그저 구호에 불과한지 아니면 실제 정책인지는 구체적인 계획이 있느냐 없느냐를 보면 알 수 있다. 마찬가지로 왕건의 원교근공과 북방정벌이 정치적 구호가 아니라 진짜 계획이었다면 당연히 왕건은 뭔가 구체적인 준비를 했을 것이다. 하지만 우리는 고려 초기의 기록에서 북방 정벌을 위한 구체적인 계획이 가동되고 있었다는 어떤 증거도 찾을 수 없다.

그래도 무언가 숨겨진 계획이 있었거나, 혹은 서경을 경영한 것이 그 증거가 아니냐고 주장하는 사람들이 있을 수 있는데 이 정도를 계획이라고 부른다면 곤란하다. 예를 들어보겠다. 왕건의 시대는 아니지만 고려시대에도 실제 북방 정벌을 수행한 적이 있었다. 바로 윤관이 여진을 정벌하여 동북 9성을 쌓은 일이다. 이때 아직 국가의 틀도 갖추지 못한 여진을 정벌하기 위해 고려가 준비한 것들은 그야말로 엄청나다. 예종의 아버지인 숙종 때부터 고려는 여진 정벌을 위해 군대의 편제를 근본적으로 개혁했다. 기존의 군대는 어디까지나 적의 침략을 방어하기 위한 군대이기 때문에 주로 수비에 치우친 군대였기 때문이다. 적의 영토에 쳐들어가려면 공격용 군대를 키워야 하기 때문에 고려는 그때까지의 군대의 편제를 완전히 바꾸어 새로운 공격용 군대를 양성했다. 이것이 바로 별무반(別武班)이다. 이

전까지 고려에 없었던 정복전쟁을 위한 군대를 만든 것이다. 이런 거국적인 사업에는 당연히 막대한 노역과 자금이 필요했다. 고려는 이 전쟁 준비로 인해 그야말로 나라 전체가 소란스러웠다. 평화가 계속되는 상황에서 전쟁을 준비하겠다는 숙종과 예종의 시도에 상하 모두가 일어나 반대했고 두 임금과 전쟁 책임자인 윤관은 그야말로 만난(萬難)을 무릅쓴다는 각오로 북벌을 준비해야 했다. 그리고 그런 준비가 있었기에 윤관은 여진에 대한 전쟁을 승리로 이끌 수 있었다.

그러니 혹시 왕건의 가슴속에 깊은 계획이 있었다고 하더라도 이런 구체적이고 거국적인 준비를 하지 않았다면 그것은 결국 계획이 아니다. 꿈일 뿐이다. 그러니 왕건의 원교근공은 그저 정치적인 슬로건일 뿐이었다고 생각하는 것이 맞다. 그렇다면 그것은 매우 위험천만한 슬로건이었다.

거란의 1차 침입
그리고 항복 논의

거란 태종의 사후 한동안 내분으로 고전하던 거란은 성종 야율융서(聖宗 耶律隆緖)가 즉위하면서 중흥의 기틀을 마련했다. 그는 거란 역사상 가장 뛰어난 군주로 거란의 전성기를 열었다. 그는 우선 법치를 확립함으로써 거란이 가진 부족국가의 한계를 극복하려고 했는데 특히 신분에 따라 법 집행이 다르면 법이 제대로 기능할 수 없다고 강조하면서 공평한 법 집행에 신경을 썼다.

한번은 노비가 죽을 죄를 지어도 "주인이 노비를 함부로 죽일 수 없으며, 관청의 재가를 받아야 한다"는 법령을 공표한 적이 있었다. 그런데 공교롭게도 법 공표 직후에 자신의 딸인 금향 공주가 관청의 재판 없이 사사로이 노비를 때려죽인 일이 생기고 말았다. 비극적이지만 전근대사회에서 이런 일은 비일비재했고 동서양을 막론하고 일국의 공주가 이런 일을 했다고 죄를 받는 경우도 없었다. 하지만 성종은 달랐다. 그는 즉시 공주의 신분을 강등시키고 공주의 남편인 소도옥에게는 집안 관리에 대한 책임을 물어 파직시켰다.

그는 피정복민으로 노비가 된 백성들에게도 관심을 기울였다. 아마도 호족의 세력기반을 약화 시키고 황제의 권력을 강화하기 위해서였겠지만 노비 신분이었던 여진족이나 발해인들을 해방시켜 자유민으로 삼았다.

이런 내정개혁이 효과를 발휘해 국력이 충실해지자 이번엔 그 힘을 바탕으로 팽창정책을 추진했다. 물론 최종 목표는 중원 진출이었다. 거란이 본격적으로 중원 진출을 준비하기 시작하자 북방 유목국가가 중원에 진출할 때마다 반복되어 온 한반도에 대한 예방 전쟁은 이번에도 어김없이 고려를 찾아왔다. 993년 소손녕이 이끄는 거란군이 기습적으로 압록강을 건넌 것이다. 거란은 건국 당시부터 황족인 야율씨와 황후족인 소씨가 연합해서 세운 연합정권 같은 나라여서 황후나 부마의 성이 다 소씨였는데, 소손녕 역시 황제의 부마였다.[•] 소손녕은 휘하 병력이 80만이라고 선전하면서 남하하기 시작했다.

당시 고려의 임금은 성종(成宗)이었다. 묘하게도 양쪽 임금의 묘호가 같은 성종인데 다만 한자는 다르다. 거란은 성스러울 성(聖)자이지만 고려 쪽은 이룰 성(成)자를 쓴다. 아무튼 고려 쪽의 성종도 결코 무능한 군주는 아니었다. 성종이라는 묘호는 결코 아무에게나 주는 칭호는 아니다. 보통 제도적인 틀을 확립한 군주에게 바치는데 고려 성종 역시 건국 초의 혼란한 정국을 수습하고 통치구조의 기틀을 다진 임금이다. 당연히 군주로서의 자각도 있었고 책임감도 투철한 편이었다. 고려 성종은 즉각 방어군의 편성을 명하고 선발부대를

• 2차와 3차 침입의 총사령관 격이었던 소배압도 부마인데 공교롭게도 그는 소손녕의 친형이기도 하다.

따라 서경을 거쳐 청천강 방어선에 있는 안주까지 북상했다. 일종의 전선 사령부를 설치한 것이다.

여기까지는 기민하게 대처한 것처럼 보인다. 임금이 직접 전선까지 출두했다는 것은 당시 고려 조정이 상당한 책임감을 가지고 문제를 심각하게 인식했다는 것을 의미하기 때문이다. 하지만 진짜 문제는 지금부터였다. 임금이 책임감을 가지고 전선 근처에까지 출동한 것까지는 좋았지만 거란과 싸울 방어군은 제대로 편성조차 되지 않았다. 더구나 급한 대로 모아서 전선으로 보낸 선발부대는 거란과의 첫 전투인 봉산성 전투에서 참패하고 말았다. 첫 전투의 패배로 전선의 사령부인 안주까지 위험해지자 성종은 즉시 서경으로 남하해서 대책을 강구하기 시작했다.

여기까지도 겉으로 보기에 큰 문제가 있다고 생각되지는 않는다. 전투에서의 승패야 항상 이길 수는 없는 노릇이고 설혹 지더라도 대책을 강구해서 다음 전투를 치르면 되기 때문이다. 그런데 회의의 내용이 좀 이상했다. 놀랍게도 대책 회의에서 논의한 내용이 '어떻게 항복할 것인가'였기 때문이다. 한 번의 전투에서 패한 것에 불과한데도 고려 조정은 항복을 기정사실로 본 것이다. 논쟁이 된 것은 그저 '아무 조건 없이 항복을 할 것인가?' 아니면 그냥 항복하겠다고 하면 받아주지 않을 수도 있으니 '영토를 떼어주고 항복할 것인가?'였다. 단 한 번의 패전으로 항복이라니? 도대체 이런 어이없는 상황은 왜 벌어진 것일까?

이럴 때 쉽게 등장하는 비판이 비겁한 지배층에 대해 운운하는 것인데 당시 고려 조정이 결코 비겁한 것은 아니었다. 무엇보다 임금인 성종은 전쟁이 발발하자마자 전선 사령부인 안주까지 직접 북상하지 않았는가? 후대의 어떤 임금도 이렇게까지 적극적으로 전선으로 향하지는 않았다. 그러니 성종이 비겁했다고 할 수는 없다. 비겁함 때문이 아니라면 도대체 이런 상황은 왜 벌어진 것일까?

서희,
항복 논의를 단숨에 뒤엎다

사실은 첫 전투에서의 패배만으로 바로 항복을 결정했다는 사실 그 자체에 이미 해답이 숨어있다. 첫 전투에서 패했으면 두 번째 전투를 준비하는 것이 상식이다. 우리 역사상 있었던 수많은 외침의 경우에도 첫 전투에서는 패하는 경우가 더 많았다. 예를 들어 고구려의 압도적인 승리로 끝난 수양제의 침입 때도 첫 전투에서는 고구려군이 참패했다. 하지만 고구려군은 곧 전열을 정비하고 수나라 군대를 끈질기게 공략해서 최종 승리를 얻어냈다. 당나라와의 전쟁도 대체로 비슷했다. 다만 그렇게 싸우기 위해서는 대전제가 하나 있다. 전쟁을 시작하기 전에 전쟁 준비가 되어 있어야 한다는 것이다. 구체적으로 국경선을 요새화하고 실전배치가 가능한 충분한 예비 병력을 확보해야만 한다. 그래야 첫 전투의 패배로 인한 충격을 신속하게 흡수하고 다음 전투를 준비할 수 있기 때문이다.

따라서 거란의 1차 침입 당시 고려군이 첫 전투에서 패하자마자 항복을 결정한 것은 전쟁 준비가 되어있지 않았다는 것을 의미한다.

두 번째 전투를 하고 싶어도 할 방법이 없기 때문에 항복을 결정한 것이다. 아마도 실제 전투가 가능한 부대는 첫 전투에서 패배한 부대가 전부였고 나머지 부대들은 당장 전투를 벌이지 못할 정도로 훈련 상태나 장비가 부족했던 것이 분명하다. 이런 상황이니 두 번째 전투는 생각해 보지도 못하고 바로 항복을 결정한 것이다. 결국 왕건 이래 70년간 고려 조정이 주장해 온 '원교근공'의 정책은 사실은 실질적인 준비가 뒷받침되지 않은 허울뿐인 슬로건이었다는 것이 전쟁 시작과 함께 증명된 것이다.

고려 조정은 아무 대책이 없는 패닉 상태에서 신속하게 항복을 결정했다. 그것도 그냥 항복하는 것은 염치가 없으므로 절령 이북의 땅을 거란에 넘겨주는 조건으로 항복을 한다는 엄청난 결정을 내렸다. 이 결정이 엄청난 결정인 이유는 이대로 항복을 했을 경우 고려라는 나라에는 미래가 없기 때문이다. 절령이라면 지금의 황해도 평산에 있는 자비령이다. 그러니 절령 이북을 할양한다는 것은 평안도는 물론이거니와 황해도도 대부분 넘겨준다는 말이다. 이 땅을 넘겨주고서 개경을 방어한다는 것은 사실상 불가능하다.

참고로 이야기하자면 훗날 실제 이곳을 경계로 국경선이 그어진 적이 있다. 13세기 몽골 지배기에 최탄 등이 난을 일으켜 자비령 이북의 땅을 바치고 몽골에 귀순한 후 이곳을 경계로 몽골과 고려 사이의 국경선이 그어진 것인데 이때 설치된 것이 바로 동녕부다. 이때의 고려는 문자 그대로 몽골의 속국이었다. 그러니 만약 거란의 침입 때 이곳을 거란에 넘겨주었다면, 고려는 몽골 지배기에 준하는 압박을 300년 이전에 거란으로부터 받았을 것이 분명하다. 황해도

까지 대륙의 강대국에게 넘겨준 상태에서 한반도가 독립을 유지할
방법은 사실상 존재하지 않기 때문이다.

"1차 침입 때 소손녕이 80만 대군을 이끌고 왔노라고 고려 조정에 서신을
보냅니다. 충격적인 소식이었죠. 거란이 고려까치 쳐들어 오리라고 생각하
진 않았으니까요. 놀라면 허둥대게 되고, 적의 위협은 과장되게 됩니다. 고
려 왕조 그 자체가 전복될 수도 있다고 생각했겠죠. 그러니 한 번의 전투로
절령 이북을 떼어 준다는 논의를 한 것 같습니다.
그런데 정말 그랬다면 어땠을까요? 절령 이북을 넘겨주고 무마한다 쳐도,
다음번에 또 쳐들어오면 절령 이북에서 개경까지는 하룻길입니다. 그 다음
을 생각하지 못하고서 그 땅을 떼어 주겠다고까지 생각한 건 잘못된 판단이
라 할 수 있죠.
다른 한편으론, 거란과 전면전을 벌일 만큼 군대를 동원하는 것 자체가 불
가능하다고 생각했을 겁니다. 그러니까 절령 이북이라도 떼어 주고 막아야
되지 않겠냐는 결론까지 이르게 된 거겠죠."•

절령 이북을 포기하기로 결정한 고려 조정은 곧바로 준비 작업에
들어갔다. 서경에 비축해 놓은 군량미를 백성들에게 무상으로 나누
어 주고 그래도 남는 식량은 대동강에 버리기로 한 것이다. 거란군
의 손에 들어가 적들의 군량미가 되는 것을 막기 위해서였다.
이렇게 고려가 스스로 망하는 길로 걸어 들어가고 있을 때 우리

• 임용한(한국역사고전연구소장) 인터뷰 중에서

역사상 가장 유명한 반전이 일어났다. 보충부대를 이끌고 북상하다가 되돌아온 후 뒤늦게 회의에 참석한 한 대신이 강력하게 반대를 했기 때문이다. 그의 이름은 '서희'였다.

아마 우리나라 외교관들이 가장 존경하는 역사적 인물이 아닐까 싶은 서희는 공교롭게도 이 모든 사건의 시발점이 된 만부교 사건이 있었던 942년에 태어났다. 광종의 측근인 서필의 둘째 아들이었는데 부친인 서필이 지금의 국무총리에 해당하는 내의령까지 지낸 덕에 18세에 과거에 급제한 이후 순탄한 관료생활을 이어오고 있었다.

서희는 거란의 침입 이전에도 외교 분야에서 활약한 적이 있는데 새로 건국한 송나라에 파견되어 송나라와의 국교 수립을 성공적으로 이끌어 냈다. 이때의 활약으로 송나라 태조에게 '검교병부상서'라는 정3품 벼슬을 제수받았다.* 물론 타국의 외교관에 대한 예우 차원의 명예직이긴 했지만 제후국의 사신에게 내린 벼슬로는 상당히 파격적인 벼슬이었다. 당시 송나라 황제 태조의 마음에 상당히 들었던 것 같다. 평화로운 시기라고 해도 우리보다 큰 대국과의 관계를 원만히 풀어낸다는 것은 결코 쉬운 일이 아니다. 서희는 '정확한 눈'을 필요로 하는 외교관으로서의 재능도 상당히 있었던 모양이다. 이렇게 내정과 외정 모두에서 활약하던 서희는 거란의 침입이 있던 993년에는 51살의 관록이 넘치는 재상급 대신이 되어 있었다.

서희는 전선에서 돌아오자마자 자신이 파악한 거란군의 동태를 바탕으로 전혀 새로운 분석을 내놓았다. 그의 분석에 따르면 거란군

---

* 『고려사절요』 권2, 광종 23년

은 고려군만큼이나 싸울 준비가 되어있지 않았다. 80만 대군을 이끌고 기세 좋게 침입한 거란군이 싸울 준비가 되어있지 않다니? 도저히 믿기지 않는 주장이었지만 서희처럼 냉철하게 상황을 분석했다면 분명히 간파할 수 있는 사실이기도 했다. 왜 그럴까?

우선 거란군의 침입 경로 자체가 비정상적이었다. 당시 고려는 거란과 직접 영토를 마주하고 있는 것이 아니었다. 그때까지 고려의 영토는 청천강선에 그치고 있었고 청천강에서 압록강까지의 지역, 그러니까 지금의 평안북도 지역은 여진족의 영역이었다. 그러니까 거란군은 압록강을 건넌 후 여진족의 영토를 통과해서 고려로 쳐들어온 것이다. 따라서 거란군이 고려와 전투를 계속한다는 것은 배후에 여진이라는 잠재적인 적을 그대로 둔 채 새로운 적과 싸운다는 것이다. 잘못했다가 고려와 여진이 손이라도 잡으면 앞뒤에서 모두 적을 맞을 수 있는 매우 위험한 시도였다.

80만이라는 숫자도 좀 이상했다. 물론 전근대 사회에서 적을 협박하기 위해 병력을 부풀리는 것은 일상적인 일이지만 그래도 80만은 너무 지나치다. 거란군의 경우 최고사령관으로 도통(都統)*을 두는 경우와 두지 않는 경우의 병력 차이가 꽤 큰데 최고사령관이 도통이 아니면 병력이 6만을 넘지 않는 것이 규정이었다. 1차 침입의 사령관인 소손녕은 도통이 아니었으므로 1차 침입의 병력도 당연히 6만이 넘지 않았을 것이다. 그런데도 80만이라고 부풀린 것이니 과장이 너무 지나치다. 그리고 과장이 지나치다는 것은 마치 도박판에서처

---

* 고대 중국의 전략단위 사령관을 일컫는 호칭

럼 생각보다 밑천이 부족하다는 뜻인 경우가 대부분이다.

첫 전투 이후 거란군의 움직임도 이상했다. 거란군은 봉산성에서 고려군을 대파한 이후에도 남하하지 않고 내원성(지금의 의주)에서 두 달이나 움직이지 않았다. 기동성이 강점인 유목민족 부대, 더구나 침략이 목적인 군대가 첫 전투에서 승리한 다음에도 두 달이나 움직이지 않는다는 것은 도저히 상식적인 움직임이 아니다. 이후에 고려나 조선을 침입한 어떤 유목국가도 이런 식으로 움직이지 않았다. 최대한 빠르게 평안도 지역을 돌파해서 상대방에게 숨 돌릴 틈도 주지 않으려 했다. 고려와의 전쟁뿐 아니라 송나라와의 전쟁에서도 거란은 질풍 같은 기동력으로 상대방을 유린했다. 그런 거란군이 두 달이나 내원성 같은 압록강변의 작은 성에 주둔하고 있다는 것은 아무리 생각해도 이상한 일이었다. 또 실제 병력이 80만이었다면 먹을 것이 없어서라도 그런 작은 성에서 두 달이나 버티지 못했을 것이다.

이 모든 사실이 의미하는 바는 분명했다.

"거란군은 제대로 싸울 준비를 하고 쳐들어 온 것이 아니다. 그리고 병력도 생각보다 적다. 그렇다면 우리도 한번 세게 나가볼 필요가 있다."

이것이 서희의 결론이었다.

서희의 끈질긴 설득으로 고려 조정은 한번 강화를 시도해 보고 항복 여부를 정하는 것으로 결론을 냈다. 하마터면 제 발로 파멸의 길로 들어갈 오판에 가까스로 제동이 걸린 것이다.

"서희의 판단에는 두 가지 이유가 있었습니다.

첫 번째, 소손녕의 80만 대군이 전투를 하지 않는다. 모든 정복은 여러 차례의 전투를 통해 요충지를 점령하고 상대방과 거래를 시도하는 것으로 시작됩니다. 그런데 소손녕의 군대는 전투는 하지 않고, 대군을 이끌고 왔다면서 큰소리만 치는 거죠. 허장성세, 즉, 이들은 그들이 말하는 것보다 전투력이 약하다는 증거라는 겁니다.

두 번째, 고려와 거란 사이의 여진이라는 존재입니다. 여진도 거란의 적인데, 거란군은 그 여진을 가로질러 80만의 병력을 이끌고 고려로 왔습니다. 앞에 있는 적을 통과해서 그 뒤의 적을 치러 왔다는 것은 정복전쟁을 위한 장기적 기반, 보급로에 대한 대책도 없이 왔다는 겁니다. 즉, 거란군은 체계적으로 준비해야 하는 장기간의 정복전쟁이 아닌, 단기적인 약탈전쟁으로 쳐들어 온 것입니다. 이 지점에서 소손녕이 장기적으로 전쟁을 수행할 능력과 의욕이 없다는 것을 서희는 간파한 것이죠."*

---

* 임용한(한국역사고전연구소장) 인터뷰 중에서

서희의 담판과 강동 6주

서희의 제안에 따라 항복 사절은 강화 협상의 대표로 바뀌었다. 대표는 물론 서희였다. 서희는 사신단을 이끌고 곧장 적진으로 향했다. 6만도 안 되는 휘하 병력을 80만이라고 부풀릴 정도로 허풍이 심했던 소손녕은 서희와의 첫 대면에서도 허세부터 부렸다. 자신에게 신하의 예를 올리라고 요구한 것이다. 기선 제압을 위해 조폭 두목들이 늘 그러하듯 꿇고 시작하라고 협박을 한 셈이다.

하지만 누구보다 냉철하고 정확한 눈을 가진 서희에게 이런 허풍이 통할 리 만무했다. 서희는 강력하게 항의하고는 곧장 숙소로 철수했다. 회담의 파국을 각오한 혹은 여의치 않을 경우 죽음까지도 각오한 비상한 행동이었지만 거란의 허실을 정확하게 파악한 뒤에 나온 합리적인 강경대응이기도 했다. 난감해진 소손녕은 양국이 대등한 위치에서 협상을 시작하는 데 동의할 수밖에 없었다.

이렇게 해서 두 번째 날부터 본격적인 회담이 시작되었다. 『고려사』는 이 회담을 다음과 같이 기록하고 있다.

먼저 소손녕이 날을 세웠다.

"너희 나라는 신라 땅에서 일어났고 고구려의 옛 땅은 우리 거란의 것이다.
어찌 너희가 함부로 차지하려 하는가?"

어느 나라가 어느 나라를 계승했는가라는 이런 명분론적인 논쟁
은 동아시아에서는 일상적으로 등장하는 장면이다. 서희도 똑같은
논리로 맞받아쳤다.

"그렇지 않소. 우리 고려는 바로 고구려를 계승한 나라요. 그래서 나라 이름
을 고려라고 부르고 서경을 국도로 정한 것이오. 또한 땅의 경계를 가지고
말하자면 오히려 귀국의 동경(東京)이 우리 영토 안에 들어와야 하거늘 어
찌 우리가 침범했다는 말을 하시오?"

보통 서희의 담판에 대한 전통적인 역사 서술에서는 이 부분을 가
장 중요하게 다룬다. 서희가 명분 싸움에서 이겨서 강동 6주를 얻어
냈다는 것이다. 하지만 이건 당시 사람들을 너무 순진하게 생각하는
평가이다. 설마하니 나라의 운명을 걸고 벌이는 담판에서 이 정도의
명분에 설득 당하겠는가? 만약 이런 말싸움이 진심이라고 생각한다
면 거란이 스스로를 정말로 고구려의 계승국가라고 생각한다는 것
인데 누가 봐도 그건 무리한 주장이다. 그러므로 이런 논쟁은 어디
까지나 기선을 잡으려는 시도일 뿐이라고 봐야한다. 그리고 기선 제
압용 말싸움이 늘 그렇듯 쉽게 결론이 나지도 않았다.

대화에 별다른 진전이 없자 조급해진 소손녕이 드디어 본심을 드러냈다.

"고려는 거란과 국경을 접하고 있는데도 어째서 바다 건너 송나라와만 교류하고 있는가?"

사실은 이것이 전쟁의 진짜 이유였다. 앞서 언급한 것처럼 중원으로 진출하려는 거란에게 가장 신경 쓰이는 존재는 고려였다. 거란이 송나라로 쳐들어간 틈을 타서 '원교근공'을 외치고 있는 고려가 협공이라도 하면 큰일이기 때문이다. 거란은 이런 사태를 막기 위해 일종의 예방전쟁 차원에서 고려에 쳐들어온 것이다. 서희는 소손녕이 본심을 이야기하자 곧장 비장의 카드를 꺼내 들었다.

"양국의 국교가 통하지 못하는 것은 여진이 길을 막고 있기 때문이오. 만일 우리가 여진을 쫓아내고 고구려의 옛 땅을 회복하여 그곳에 성과 보를 쌓아 길을 통할 수만 있다면 어찌 귀국과 국교를 통하지 않겠소?"•

토론이든 담판이든 대화를 주도하려면 상대방이 생각도 못하고 있던 새로운 프레임을 제시해야 하는 법이다. 당시 시점에서 보통사람이 생각할 수 있는 제안이란 '항복을 하느냐 마느냐 혹은 외교관계를 맺을 때 어떤 조건으로 맺을 것이냐' 처럼 오로지 고려와 거란 의

• 『고려사』 권94, 「열전」7 서희

관계에만 초점을 맞추어 서로 조건을 주고받는 제안이었을 것이다.

하지만 서희는 여진이라는 제3의 존재를 끌어들여 완전히 새로운 프레임을 만들었다. 지금까지 양국관계가 좋지 않았던 것은 고려가 거란을 적대시했기 때문이 아니라 여진이 중간에서 방해를 했기 때문이라고 주장하고는 양국이 힘을 합쳐 여진을 공격하자고 제안을 한 것이다. 여진으로서는 억울한 누명을 뒤집어쓰게 되는 일이었지만 고려로서는 당면한 거란과의 전쟁도 해결하고 더불어 영토 확장까지 기대할 수 있는 프레임이었다.

다른 한편으로는 당시까지 거란은 아무런 외교관계도 없는 일종의 가상적국이었으므로 이런 공동 행동을 제안했다는 것 자체가 고려의 외교 전략을 전환하겠다는 획기적인 제안이기도 했다. 서희의 말이 끝나자 소손녕은 벌어진 입을 다물지 못했다. 사실 소손녕 입장에서도 원한 것은 고려가 거란을 적대시하지 않겠다는 약속과 국교 회복 정도가 전부였기 때문이다. 그런데 양쪽에서 여진을 협공해서 영토까지 나누어 가지자고 나왔으니 이건 기대 이상이었다. 소손녕은 서희가 던진 미끼를 덥석 물었다.

당장 평화 협정이 이루어지고 압록강과 청천강 사이의 지역인 강동 6주에 대한 고려의 권리가 인정되었다. 고려의 입장에서 보면 멸망 직전까지 갔다가 기사회생한 것도 모자라서 영토까지 확장하는 엄청난 반전을 이룬 것이다. 하지만 조금만 더 기다렸으면 고려를 통째로 손에 넣을 수도 있었다는 사실을 알 리 없는 소손녕은 회담 결과에 진심으로 만족했다. 소손녕은 무려 7일 동안이나 잔치를 베풀고 서희에게 선물을 잔뜩 안겼다. 『고려사』의 당시 기록에 따르면 거란은 낙타 10마리, 말 100필, 양 1,000마리, 비단 500필을 선물로 주었다고 한다. 선물의 내역만 봐도 희희낙락하는 소손녕의 표정이 보이는 듯하다. 기분 좋게 회담을 끝낸 소손녕은 곧장 군대를 이끌고 돌아갔다. 거란의 1차 침입이 끝난 것이다.

"프랑스의 근대외교를 창시한 깔리에르François de Callières가 쓴 글에 이런 말이 나옵니다. '외교는 현란한 입이 아니고 정확한 눈이다.' 보통 유능한 외교관의 조건이라고 하면 말을 잘해야 한다고 생각하겠지만 결코 그렇지 않습니다. 정확한 눈이 더 중요합니다.

정확한 눈이란 말하자면 관찰력이고 통찰력이죠. 서희의 경우에도 사람들은 서희가 세 치의 혀로 말을 잘해서 담판에 성공했다고 생각하는데 그건 오해입니다. 현란한 입, 즉 말을 잘해서라기보다 통찰이라는 무기로 상대의 의중을 확실하게, 날카롭게 파악했던 것이 성공의 비결이 된 것입니다."•

"서희가 소손녕과 거란의 의도를 정확하게 파악했다는 것이 오히려 소손녕을 오히려 더 만족하게 했을 수 있습니다. 왜냐하면 거란이 고려를 침략한 진짜 목적은 결국은 송과 고려의 관계에 있었기 때문입니다. 송과 고려의 외교 관계가 군사적인 협력 관계로 발전하지 못하도록 차단하는 것이 거란의 진정한 목적이었습니다. 그렇게 함으로써 거란이 장차 송나라를 침략할 때 고려가 후방에서 거란을 공격하지 않도록 하는 것이 목적이었죠.

그런데 서희가 오히려 함께 여진을 공격해서 땅을 나누어 가지자고 하니까

• 장철균(서희외교포럼 대표) 인터뷰 중에서

거란으로서는 가장 만족할 만한 답변을 얻었던 것이죠. 사실상 동맹을 맺고 우호적인 외교관계를 회복하자는 것이니까요. 반대로 고려의 입장에서 보면 거란의 의도를 정확하게 파악하고 거기에 맞춘 협상 전략을 제시한 것이 성공의 비결이었죠. 그렇게 함으로써 두 나라는 오늘날 얘기하는 윈-윈의 결과를 얻게 된 것이고, 양측 모두가 큰 피해를 입지 않고 전쟁이 마무리된 것입니다."•

거란군이 철수하자 고려 조정도 안도의 한숨을 내쉬고 개경으로 돌아갔다. 하지만 서희는 개경으로 돌아와 쉴 수 없었다. 소손녕과의 협상만큼이나 중요한 일들이 아직 남아 있었기 때문이다. 우선 이듬해인 994년에 여진에 대한 군사작전이 시작되었다. 이 군사작전의 책임자도 서희였다. 난데없이 거란과 고려 양쪽에서 공격을 받은 여진은 마른하늘에 날벼락을 맞은 꼴이었지만 고려 입장에서도 남의 사정을 봐줄 상황은 아니었다. 전격적인 작전 덕분에 고려는 별다른 희생 없이 청천강에서 압록강까지 국경을 넓힐 수 있었다. 소손녕과 약속한 강동 6주가 이로써 진짜 고려의 영토가 된 것이다.

서희는 여기서 그치지 않았다. 전투가 끝나자마자 서희는 곧바로 이 지역을 요새 지역으로 만드는 일에 착수했다. 서희의 진두지휘 아래 안주, 선천, 곽산, 귀주, 철산, 장흥진, 귀화진, 홍화진, 안의진 등 압록강에서 청천강에 이르는 통로상의 곳곳에 요새가 들어섰다. 이곳뿐만이 아니었다. 995년까지 불과 2년 사이에 서희는 29곳에 성

• 박종기(국민대 명예교수) 인터뷰 중에서

을 새로 쌓고 기존의 성을 보강해 이곳을 요새화하는 사업을 마쳤다.

인구도 얼마 되지 않는 서북면의 백성들을 동원해서 이 대규모 사업을 불과 2년 만에 끝냈으니 요즘 표현으로 돌관(突貫) 작업을 강행한 셈이다. 아마 이 지역 백성들의 고통이 이만저만이 아니었을 것이다. 하지만 이 지역을 요새화하는 과정에서 희생을 치른 것은 백성들만이 아니었다. 2년간의 돌관작업으로 피로가 극에 이른 서희 역시 요새화 작업이 끝난 995년에 과로로 쓰러지고 말았다. 결국 서희는 다시 일어서지 못하고 생을 마감했다.

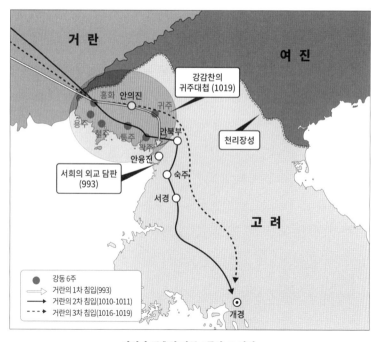

서희가 구축한 강동 6주와 그 영역

"나폴레옹이 이런 말을 한 적이 있습니다. '국경이란 그냥 아무데나 선을 긋는다고 되는 것이 아니다. 반드시 방어적 가치가 있는 지형으로 만들어져야만 국경이라고 할 수 있다.' 서희가 구축한 강동 6주의 지역들(지금의 평안북도와 평안남도에서 평남북도 지역)이 장기간 국경선 역할을 한 이유가 있습니다. 침략군이 만주에서 한반도로 들어올 때 침략군 입장에서 보면 평북지역이 산악지형이 많고 도로가 협소해서 지나기가 어려워요. 그래서 거기가 방어 지역을 형성하는 것이지요. 반대로 청천강을 넘어서면 대체로 평양까지는 그냥 갈 수 있습니다. 그러니 평안도 지역을 방어하기 위해서 또는 만주에서 한반도로 들어오는 주요 통로를 방어하기 위해서는 강동 6주, 지금의 평안북도가 반드시 필요한 것이죠. 그리고 여기를 요새화해야만 국경선이 완성되는 것이지요."●

서희는 조만간 거란과의 분쟁이 재발하리라 예측한 것 같다.

"그렇다면 방어적 가치가 떨어지는 평안남도 지역이 아니라 방어적 가치가 높은 평안북도 지역을 반드시 요새화할 필요가 있다. 만약 그렇지 못하다면 거란의 1차 침입 때처럼 속수무책의 상황을 또 당할 수도 있기 때문이다."

아마도 이것이 서희의 생각이었을 것이다. 때문에 서희는 백성들의 고통을 감수하고 자신의 건강을 희생하면서까지 2년이라는 짧은 기간 동안 강동 6주의 요새화라는 돌관 작업을 강행한 것이다. 이

● 임용한(한국역사고전연구소장) 인터뷰 중에서

런 서희의 노력을 통해 강동 6주는 고구려의 요동방어선에 버금가는 철벽의 요새지대로 거듭날 수 있었다. 그리고 만약 이때 서희가 강동 6주를 고려의 영토로 확보하고 요새화하지 않았다면 아마도 이후 두 차례나 반복된 거란의 침입을 고려는 이겨내지 못했을 것이다. 아니, 거란의 침입만이 아니다. '마의 삼각구조'라고 불리는 고려시대의 유동적인 국제관계에서 살아남지 못했을 수도 있다. 그런 점에서 북방 유목민족과의 항쟁사 전체를 통틀어 우리가 반드시 기억해야 할 최고의 수훈자는 서희이다.

마의 삼각구조

이야기가 나온 김에 고려시대의 유동적인 국제관계를 설명하는 개념인 '마의 삼각구조'에 대해 간단히 알아보도록 하자. 다소 딱딱한 이론적인 틀이긴 하지만 거란전쟁이나 대몽항쟁을 이해하기 위해서는 반드시 짚고 넘어갈 가치가 있기 때문이다. 더구나 미국과 중국의 패권이 충돌하고 있는 현재의 한반도 상황에서도 한번쯤 되돌아 볼 필요가 있기도 하다.

이삼성 교수는 저서 『동아시아의 전쟁과 평화』에서 마의 삼각구조를 다음과 같이 설명하고 있다.

"(고려시대에) 중국대륙은 중원을 지배하는 중화세력과 만주를 포함한 북중국을 지배하는 세력이 분리되어 패권을 다투며 각축했다. 고려는 그 둘 사이에 끼인 삼각관계 속에 거의 놓여나지 못했다. 한반도에게 가장 위험한 구조는 바로 그러한 삼각관계 형성이었다. 한편으로 한반도 국가는 중화질서의 관념과 관행에 따라, 중국 중원을 장악한 중화세력과는 평화적 예속관계인 조공책봉체제 속에서 평화를 유지한다.

반면에 북중국을 압박하는 북방의 이민족 세력은 한반도의 국가를 배후의 위협세력으로 인식한다. 한반도의 국가가 중화세력과 평화관계를 유지하면서 부상하는 북방세력과도 화친을 하는 것은 마치 위험한 줄타기에 비유될 수도 있을 것이다. 지극히 노련하고 융통성 있는 외교 전략을 구사한다는 것은 쉬운 일이 아니었고, 마침내 한반도의 국가는 마의 삼각관계의 함정에 빠져 북방세력과 전쟁상태에 돌입하게 되는 경우가 많았다."*

지정학적인 요소를 고려하면서 위의 설명을 좀 더 자세히 살펴보자. 우선 명심해야 할 것은 동북아시아의 패권투쟁에서 가장 중요한 지역이 어느 곳인가 하는 점이다. 보통 우리는 동북아시아에서 지정학적으로 가장 중요하고 위험한 지역이 한반도라고 생각하는데 19세기 이전을 기준으로 보면 꼭 그렇지도 않다. 만약 정말로 그렇게 핵심적인 지역이었다면 몽골이나 청이 우리를 침략했을 때 아예 직접 지배를 시도했을 것이다.

동북아시아의 패권을 가르는 가장 중요한 지역은 사실 만주다. 유목민의 입장에서 보자면 중원 진출의 교두보가 되기 때문이다. 반대로 중원국가가 만주를 차지하면 유목지대에 대한 견제와 압력이 가능해진다. 때문에 고대 이래 만주를 차지하는 자가 곧 동북아시아 패권투쟁에서 유리한 위치를 차지할 수 있었다. 따지고 보면 한반도의 지정학적인 중요성도 한반도가 만주에 붙어있다는 점에서 비롯

---

* 이삼성『동아시아의 전쟁과 평화』1권, 328P

된 것이다. 만주 경영에 위협적인 요소가 되기 때문에 한반도가 지정학적으로 중요한 지역이라는 말이다.

예를 들어 보자. 만약 북방 유목민족이 만주를 차지하여 만리장성 이북을 통일하게 되면 중원은 당장 유목민족의 공격 앞에 수세에 처하게 된다. 거란이 몽골초원에서 일어나 만주를 차지했을 때나 금나라가 거란을 물리치고 이 지역을 장악했을 때 모두 그런 상황이 벌어졌다. 몽골이 중원을 침략하기 전에도 만주를 먼저 공략했다.

반대로 중원국가가 만주를 차지하는 경우에는 중원국가의 패권이 확립된다. 한나라나 당나라, 혹은 명나라의 전성기가 이런 경우인데 만주를 빼앗긴 유목국가는 수세에 몰려 중원국가에 굴복할 수밖에 없었다. 한반도 국가의 입장에서 보자면 이렇게 중원국가가 만주를 차지해서 패권을 확립한 경우가 가장 안정적인 상태라고 볼 수 있다. 고구려 이전처럼 대륙의 정세에 직접 관여하는 입장이라면 몰라도 통일신라 이후 대륙에 대한 미련을 버리고 중원국가와 평화 공존을 추구하는 것으로 국가전략을 세운 상태에서는 우리와 친화적인 중원국가가 만주까지 장악하는 것이 외교관계도 단순해지고 지역정세도 전반적으로 안정적이 되기 때문이다.

아니면 아예 유목 국가가 만리장성을 넘어 중원까지 차지해 버리는 것도 안정성이라는 측면에서는 나쁘지 않다. 원나라나 청나라의 예가 이 경우에 해당한다. 대세가 아예 결정되었으니 대세에 따르면 되는 것이다. 문제는 이 중간 상태이다. 중권국가의 패권이 후퇴하고 만주가 유목국가의 손에 넘어가는 상황을 말하는 것이다. 이 상황이 우리 입장에서는 최악의 상황이다.

우선 만주를 차지한 유목국가는 중원으로 진출하기 전에 한반도를 공략하여 배후의 위협을 제거하려고 한다. 이건 마치 공식과도 같아서 거의 무조건적으로 이 패턴이 반복되어 왔다. 하루가 다르게 성장하는 신흥 강대국의 압력이 우리를 짓누르는 것이다. 그렇다고 천하의 운명이 결정되지도 않은 상태에서 섣부르게 동맹국을 바꿀 수도 없다. 이건 단지 명분론의 문제가 아니라 현실적으로도 그렇다. 그랬다가는 기존의 동맹국인 중원국가 쪽에서 가만히 있지 않을 것이기 때문이다.

당장 현재의 우리 상황을 미루어 보아도 알 수 있다. 지금 우리가 섣불리 동맹을 바꾸겠다고 나서면 무슨 일이 일어나겠는가? 옛날이라고 해도 상황은 다르지 않았다. 오히려 유목 국가의 압력을 받는 중원국가 입장에서는 전통적인 우방인 한반도 국가가 자신들 대신 유목국가와 대결하여 중원에 대한 압력을 덜어주기를 바라기까지 했다. 결국 만주가 통일된 유목국가의 손에 들어간다는 것은 한반도에 전쟁이 다가오고 있다는 경고등이 켜진 것이라고 봐야 한다. 이런 상황이 바로 '마의 삼각구조'에 빠진 상황이다. 이런 상황에선 처신을 조금만 잘못해도 한반도는 전쟁의 구렁텅이로 들어간다.

대표적인 경우가 명청교체기에 발생한 병자호란이다. 나중에 4부에서 더 자세히 살펴보겠지만 당시 조선 정부는 전쟁을 피하기 위해 나름 최선을 다했음에도 불구하고 전화를 피하지 못했다.

그런데 고려는 국가가 존립한 기간 대부분을 이런 '마의 삼각구조' 속에서 살았다. 유목국가의 얼굴만 거란족에서 여진족으로, 여진족에서 몽골족으로 바뀌었을 뿐이다. 다른 말로 전쟁의 경고등이 항상 켜진 상태에서 살았다는 것이다. 다행이었던 점은 고려에 이런 상황을 정확히 바라보고 있는 인물들이 있었다는 점이다. 대표적으로 서희가 바로 그런 사람이었다. 카이사르가 이야기한, 보고 싶지 않은 현실도 볼 수 있는 눈을 가지고 있었던 것이다. 그랬기에 그토록 지독한 돌관 작업을 마다하지 않고 압록강 방어선을 철벽으로 만드는 데 남은 생애를 바친 것이다. 그리고 서희의 우려는 얼마 지나지 않아 현실로 다가왔다.

'전연의 맹'과 거란의 재침

고려가 서희의 진두지휘 아래 압록강 방어선 요새화에 진력하고 있을 무렵 거란도 손을 놓고 허송세월을 보내고 있지는 않았다. 거란의 성종 역시 만만치 않은 인물이었기 때문이다. 고려와 평화조약을 체결한 이후 거란의 성장을 보여주는 대표적인 사건은 바로 '전연(澶淵)의 맹'이다. 현재 중국 하남성의 전주(澶州)에서 체결된 거란과 송나라의 양국 관계 협정으로, 사건의 전말은 다음과 같다.

고려와의 전쟁이 끝난 지 10년째 되던 1004년 여름, 20만 가까이 이르는 거란군이 만리장성을 넘기 시작했다. 송나라에 대한 거란의 공격이 재개된 것이다. 한창 기세를 올리고 있던 건국 초 태종 때에도 거란에게 연전연패했던 송나라였기에, 작심하고 밀고 내려온 거란군을 상대하는 일은 더욱 쉽지 않았다. 거란은 자신의 장기대로 기병대를 앞세워 속전속결로 송나라의 영토를 유린하기 시작했다. 순식간에 황하유역까지 진출한 거란군은 수도인 개봉에서 겨우 160km 떨어져 있는 전주에 진을 쳤다.

993년의 고려처럼 1004년의 송나라도 패닉에 빠졌다. 당장 영토를 떼어주고 수도를 남쪽으로 옮기자는 논의가 조정을 지배하기 시작했다. 다행히 이때의 송나라에도 인물이 없었던 것은 아니었다. 재상이던 구준이 겁에 질린 황제 진종을 설득하여 황제가 직접 친정을 하는 것으로 회의 결과를 뒤집었기 때문이다. 황제가 전선에 모습을 드러내자 송군도 사기가 오르기 시작했다. 결국 전선은 전주성에서 고착되었다.

전선이 고착되자 이번엔 거란군이 곤란해졌다. 거란군의 장기는 누가 뭐래도 기병대를 앞세운 기동전이다. 적의 방어망을 신속하게 돌파하여 전후방이 어디인지를 알 수 없는 전쟁터를 만들어야 전쟁을 자신들의 의도대로 끌고 갈 수 있기 때문이다. 그런데 요새에 발목이 잡히면 자신들의 장기를 발휘할 길이 없어진다. 더구나 들판에서는 천하무적인 거란군도 공성전에는 약점이 많아, 수차례의 공격에도 불구하고 황하를 지키는 요새인 전주를 함락시킬 수 없었다. 더구나 해가 바뀐 1005년 정월에는 거란의 선봉장인 남경통군사 소달름(蕭撻凜)이 송나라의 최신 병기인 대형 석궁에 목숨을 잃는 일까지 발생했다.

전선이 고착되고 전쟁이 장기화되자 거란으로서는 후방에 대한 염려도 하지 않을 수 없었다. 아무리 평화조약을 체결했다 해도 전통적인 송의 우방이자 거란에 대한 적대정책을 포기하지 않고 있는 고려가 혹시라도 배후를 공격하면 거란 입장에서는 진퇴양난의 상황이 되기 때문이다. 전황이 개선될 여지를 보이지 않자 결국 거란 성종은 결단을 내렸다. 평화 협정을 통해 전쟁을 끝내기로 한 것이다.

이때 전주 부근의 호숫가에서 체결된 협정이 바로 '전연(澶淵)의 맹'이다. 협상의 결과로 송은 명분을, 거란은 실리를 얻었다.

우선 송은 거란에게 막대한 양의 세폐를 제공하기로 했다. 매년 비단 20만 필, 은 10만 냥이 거란에게 전달되었다. 그 대신 거란과의 외교관계에서 형의 나라로 대우받음으로써 체면을 차릴 수 있었다.

이에 대해 굴욕 협약, 평화를 돈으로 구걸한 사례 등 부정적인 평가들이 많지만 현실을 냉정하게 바라보면 양쪽 모두에게 이득인 협약이었다고 보는 것이 옳다. 국가 생산력이 떨어지는 거란 입장에서는 매년 제공 받는 막대한 양의 세폐가 결코 적은 양이 아니었다. 유목민의 전쟁은 정복전쟁이면서 동시에 약탈전쟁이기도 하므로 매우 성공적인 약탈전쟁을 벌인 셈이다. 송나라 입장에서도 매년 수천만 관에 이르는 재정수입에 비추어 볼 때 거란에게 제공하는 정도의 세폐는 그리 부담스러운 수준이 아니었다. 만약 이 정도의 비용으로 더 이상의 약탈전쟁을 막을 수만 있다면 오히려 싸게 먹히는 거래였다고 봐야 할 것이다.

아무튼 전연의 맹으로 인해 송과 거란은 당분간 평화를 누리게 되었다. 하지만 팽창하는 유목제국이 이 정도 수준에 만족하여 현상유지를 할 것이라 생각하는 것은 큰 오산이다. 만만치 않은 야심가인 거란의 성종 역시 이 정도에서 제국의 팽창을 멈출 생각이 없었다. 그의 최종 목표는 여전히 중원이었다. 다만 다시 한번 중원 정복에 나서기 위해서는 해결해야 할 문제가 있었다.

2대 태종 때도 그랬지만 이번의 송나라 침공에서도 거란제국은 자신의 힘과 한계를 동시에 드러냈다. 힘이란 물론 압도적인 무력이다.

만리장성은 더 이상 거란을 막지 못할 뿐 아니라 일단 국경선이 돌파 되면 수도인 개봉도 거란에겐 손쉬운 먹잇감이었다. 문제는 그 다음 이었다. 거란은 언제나 이 이상을 얻지 못했다. 태종 때는 개봉을 점 령하여 후진을 멸망시키고도 점령을 유지하지 못하고 빈손으로 돌아 와야 했고, 이번 역시 개봉 부근까지는 손쉽게 진출했으나 더 이상의 성과를 얻을 수 없었다. 거란이 중원 진출이라는 꿈을 이루기 위해서 는 이 한계를 극복해야만 했다. 그런데 거란은 왜 압도적인 무력에도 불구하고 이 이상의 전과를 확대할 수 없었을까?

여러 가지 이유가 있겠지만 우선 눈길을 끄는 것은 거란의 전쟁기 간이 굉장히 짧았다는 것이다. 물론 기동전이 장기인 유목민족인 만 큼 속전속결을 추구하는 성향이 있다는 것은 얼마든지 이해할 수 있 다. 하지만 그렇다 하더라도 거란의 경우는 전쟁기간이 지나치게 짧 다. 이번 침공의 경우를 봐도 거란군의 작전 기간은 6개월에 불과했 다. 아무리 거란군이 강하다고 하더라도 이렇게 짧은 작전기간으로 는 중원에 대한 성공적인 정복전쟁이 불가능하다. 이 정도 기간에 가 능한 것은 겨우 약탈 정도이다. 훗날 세계제국을 건설한 몽골조차도 중국을 온전히 점령하기 위해 수십 년간 지속적으로 전쟁을 치러야 했다. 생각해 보면 당연하다. 엄청난 영토와 인구를 자랑하는 중국을 제대로 점령하려면 아무래도 장기간의 공성전을 치르고 점령지를 하 나하나 확대해야 하기 때문이다. 그러니 거란처럼 짧은 작전 기간으 로 중국을 점령한다는 것은 어불성설이었다.

거란도 몇 차례의 전쟁을 겪으며 이런 사정을 몰랐을 리 없었을 것이다. 그럼에도 불구하고 단기간에 승부를 보려 했다는 것은 분명 장기 전쟁을 감당하기 어려운 어떤 사정이 있었을 것이다. 이 글에서 무엇이 문제였는지를 하나하나 밝혀낼 수는 없지만 분명 고려라는 나라의 존재 역시 중원에 대한 장기 작전을 할 수 없게 만드는 원인이었다. 앞서 설명한 것처럼 고려가 뒤에 버티고 있는 상황에서 송과 장기전을 벌인다는 것은 매우 위험했기 때문이다.

더구나 고려는 993년의 1차 거란전쟁 이후 처음에는 송과는 단교하고 거란과만 외교관계를 유지하는 듯 보였지만, 1년도 되지 않아 송과의 외교관계를 회복하고 수시로 사신을 파견하는 등 송을 거란보다 우선시했다. 때문에 거란의 우려는 매우 현실적인 것이었다. 따라서 송에 대한 본격적인 작전을 펼치기 전에 고려가 다시는 다른 생각을 품지 못하도록 확실히 굴복시킬 필요가 있었다. 거란 성종은 다시 고려 쪽으로 눈길을 돌리기 시작했다.

거란이 다시 고려에 주목하기 시작하자 성종은 지난번 1차 침공 이후의 협정에서 큰 실수를 했다는 사실을 깨달았다. 바로 강동 6주를 순순히 고려의 손에 넘긴 것이다. 심지어 이즈음은 강동 6주의 요새화가 마무리되었을 시기였다. 이 상태로는 결코 고려의 무장을 해제시킬 수 없었다. 이 지역을 빼앗아 고려의 방어선을 결정적으로 약화시키고 다시는 고려가 거란을 적대시하지 못하도록 만들 필요가 있었다. 이것이 1010년 이후 두 차례에 걸쳐 반복된 거란전쟁의 진정한 원인이다. 따라서 이후 벌어지는 전쟁에서의 가장 중요한 쟁점은 항상 강동 6주의 반환 여부가 되었다.

이때 마침 고려에서 전쟁의 빌미가 될 사건이 벌어졌다. 강조의 정변이 일어나 국왕이었던 목종이 살해당한 것이다. 이유 여하를 막론하고 신하가 임금을 죽이는 행위는 전통사회에서 대역죄이다. 또 이 정도 정변이 일어나면 침략군 입장에서는 내부의 동조자를 구하기 쉬워진다는 이점이 있다. 거란 성종은 역적을 응징한다는 명분으로 고려에 대한 침공을 시작했다.

이번 전쟁은 중원 정복을 위한 전초전으로 중요성이 매우 컸다. 황제 성종은 이 전쟁에 직접 참전했다. 동원된 병력도 송나라와의 전쟁보다 더 큰 규모인 40만이었다. 거란도 그만큼 단단히 각오를 하고 시작한 전쟁이었다.

2차 침공에 대한 자세한 서술은 이 책의 목적을 벗어나므로 결론만을 이야기하자면 거란은 2차 침공에서도 결국 목적을 달성하지 못했다. 전쟁 초반의 형세는 거란의 압도적인 우위였다. 강조가 이끌던 주력군은 거란군에게 몰살당했고 개경이 함락되었으며 국왕인 현종은 전라도까지 피난을 가야 했다. 하지만 이번에도 거란의 능력은 여기까지가 끝이었다. 전쟁이 장기화되자 성종은 고려국왕의 친조(親朝)*하겠다는 믿기 어려운 약속만을 받은 채 철군을 결정했다.

• 제후국의 임금이 몸소 황제를 찾아가 충성의 의사를 밝히는 일로, 사대관계를 맺고 있는 사이에서도 거의 일어나지 않는 일이다. 우리나라의 경우에도 임금이 황제를 직접 찾아간 경우는 몽골 지배기의 고려 임금들 외에는 전례가 거의 없다.

거란의 3차 침입

2차 거란전쟁은 겉으로 보기에는 거란의 승전이었지만 실제로는 얻은 게 거의 없었던 전쟁이었다. 고려 국왕 현종은 친조를 약속했지만 처음부터 이 약속을 지킬 생각이 없었다. 아마 거란도 고려 국왕이 오지 않을 것이라는 것쯤은 알고 있었을 것이다. 심지어 고려는 송나라와 단교하겠다는 약속조차 지키지 않았다. 여전히 고려의 사신은 개봉을 왕래했다. 2차 침공의 가장 중요한 목적이었던 강동 6주의 반환도 물론 이루어지지 않았다.

결국 거란 성종은 다시 한번 고려를 침공함으로써 고려를 확실히 굴복시켜야겠다는 결론에 도달했다. 다만 이번 전쟁은 반드시 이겨야만 했다. 결정적인 승기를 잡지 못한 채 고려와의 전쟁이 소모전으로 계속된다면 중원 진출의 기회는 영영 잡을 수 없을 것이기 때문이다. 성종은 가장 믿을 만한 장군인 소배압에게 고려에 대한 작전 계획을 수립하도록 했다.

소배압이 훗날 고려의 강감찬에게 귀주대첩에서 완패했기 때문에 우리는 그가 어리석고 무능력한 장군이었던 것처럼 생각하는 경향이 있다. 그러나 실제 소배압은 당시 거란이 내세울 수 있는 가장 믿을 만한 카드였다. 전성기에 있는 제국이 국운을 건 전쟁을 벌이면서 무능한 장군을 보낼 리 없지 않은가?

그는 젊은 시절부터 몽골족이나 송나라와의 전쟁에 종군하여 능력을 발휘했으며 재상으로서도 상당한 정치력을 발휘하고 있었다. 『요사(遼史)』에 실린 소배압 전기에 의하면 재상으로 일하던 시절 '소배압의 통치는 온후하고 관대해 백성들의 지지를 받았다'고 한다. 출장입상(出將入相)*이라는 말이 있는데 이 표현에 딱 들어맞는 인물이었던 것이다. 소배압은 1004년 송나라와의 전쟁에도 참전하여 맹활약했으며, 비록 절반의 성공으로 끝났지만 고려와의 2차 전쟁에서도 총사령관으로 참전해 고려군에 대한 연전연승을 이끌었다.

소배압이 세운 작전 계획은 공교롭게도 훗날 청태종이 병자호란 때 수립한 작전 계획과 완전히 같은 것이었다. 공성전에 강한 고려의 전투방식에 휘말리지 않도록 속전속결로 전쟁을 끝내는 것이다. 이를 위해선 우선 공략하기 어려운 고려의 산성들을 모두 우회하여 최대한 빨리 개경을 점령하는 방식을 취해야 한다. 다만 아무 거점도 확보하지 않은 상태에서 개경까지 내달리는 것은 전황이 불리해질 경우 매우 위험하기 때문에, 최소한의 안전을 확보하기 위해 1~2곳의 거점만 장악하는 방식을 취하기로 했다. 병자호란 때 청태종은 동일한 작전 계획으로 조선을 단기간에 점령할 수 있었다. 소배압의

● 나가서는 장수가 되고 들어와서는 재상(宰相)이 됨. 곧, 문무(文武)를 두루 갖추어 장상(將相)의 벼슬을 모두 지낸다는 뜻이다.

계획이 이상적으로 실현되었을 경우 어떤 결과가 나올지를 알아보기 위해 병자호란의 전개 과정을 간단히 살펴보자.

청나라는 1636년 12월 9일 압록강을 건넌 후 임경업이 지키고 있는 백마산성에는 위협구만 한 번 던지고는 곧장 남하했다. 물론 불필요한 시간을 낭비하지 않기 위해서였다. 이어서 곽산과 정주 등을 손쉽게 확보한 후 불과 5일 만인 12월 14일 개성을 지났다. 이 엄청난 속도에 조선 조정은 강화도로의 피난길조차 막혀서 가까운 남한산성으로 들어갈 수밖에 없었다. 결국 농성 준비조차 제대로 되지 않은 남한산성에 고립된 인조는 농성 한 달 보름 만에 항복하고 만다. 아마 소배압이 머릿속에서 그리고 있던 가장 이상적인 전쟁은 병자호란의 진행과정과 같았을 것이다.

모든 준비를 마친 1018년 12월, 계절마저 병자호란과 똑같은 초겨울에 소배압의 3차 침공군이 압록강을 건너기 시작했다.

"거란전쟁과 병자호란에서 침공군의 시기나 전쟁 수행방식이 비슷한 것은 이들은 유목민족의 국가라는 점에서 비롯됩니다.

유목제국의 굉장한 장점이 유목민으로 구성된 민간 조직을 바로 군대로 전환할 수 있다는 거예요. 동시에 유목철이 되면 다 같이 돌아가야 하니, 두 민족 모두 겨울 전후로 전쟁철이 정해지죠.

또한 이들 모두 거점을 무시하고 쳐들어가며 전쟁을 수행합니다. 고구려를 침략한 당나라군처럼 보병과 기병이 섞여있는 군대는 중간에 방어거점을 두고 그냥 지나갈 수가 없어요. 왜냐면 계속 수송부대가 지나가야 되니까 수송로를 확보하려면 전부 함락하고 가야 되는 거예요. 그러니까 성 하나가 한 달씩만 버텨줘도 정말 한 해가 저물게 되는 거죠. 그런데 거란군이나 몽골군 같은 경우는 현지 조달이 되기 때문에 그런 거점을 무시하고 들어갈 수 있다는 겁니다. 이것이 거란군이 구사한 직공작전인데. 후대의 칭기즈칸이나 2차대전 시 독일의 전격전도 같은 개념이라고 볼 수 있어요. 정상적으로 생각하는 보급 거점을 확보하지 않고 지나치면서 전략 목표를 향해 나아갈 수 있다는 것이죠. 이것이 기동전의 최고 강점입니다."•

하지만 전쟁의 결과는 병자호란과 달랐다. 더 나아가 26년 전의 1차 침입과도 완전히 달랐다. 두 차례에 걸친 거란과의 전쟁을 통해 고려는 완전히 다른 나라가 되어 있었기 때문이다.

우선 전쟁의 시작부터 달랐다. 26년 전 1차 침입 때는 방어군이 출동하는 데만 두 달이 걸렸지만 이번에는 압록강에서부터 고려군의 요격이 시작되었다. 바로 홍화진 전투다.

홍화진은 압록강을 지키는 고려의 요새로 이후 조선시대에는 백마산성이라는 이름으로 불려진 곳이다. 한반도의 지형이 바뀌지 않는 이상 고려시대에도 이곳이 북방 유목민족의 침입에 대한 최전선일 수밖에 없었다. 8년 전 2차 침입 당시에도 이곳이 첫 전투지였다. 소배압은 훗날 청태종이 백마산성을 우회한 것처럼 홍화진을 우회하여 그대로 남쪽으로 내려갈 생각이었다. 아마도 최소한의 병력으로 홍화진을 봉쇄한 후 남하를 시작한 것으로 보인다. 소배압의 거란군은 곧장 홍화진 동쪽의 압록강 지류인 고진강을 건너기 시작했

• 임용한(한국역사고전연구소장) 인터뷰 중에서

다. 바로 이때 거란군의 움직임을 숨죽여 지켜보던 고려군의 요격이
시작되었다. 이 요격작전의 전개과정은 고려군이 얼마나 잘 훈련된
군대였는지를 보여준다. 마치 뛰어난 스포츠팀처럼 유기적으로 움
직였기 때문이다. 확실히 1018년의 고려는 이전의 고려가 아니었다.

고려군은 거란군이 강을 건너기 시작하자 먼저 상류에 소가죽 등
으로 만들어 놓은 임시 제방을 터뜨렸다. 제방이 터지자 강물이 불
어나기 시작했다. 이 일화는 발상의 기발함 때문인지 훗날 많이 과
장된 부분이 있다. 마치 현대의 댐이 무너질 때처럼 엄청난 강물이
거란군을 쓸어버린 듯 묘사되기도 하는데 실제로 그런 일은 일어나
지 않았다. 사실 소가죽 정도로 막을 수 있는 물의 양이 얼마나 되겠
는가? 더구나 계절은 수량이 많이 줄어든 겨울이었다.

거란군이 건넌 강도 압록강이 아닌 지류인 고진강이었으므로 강폭
역시 2~30미터 수준이었을 것이다. 여하튼 우리의 상상력을 자극할
만한 호쾌한 물폭탄은 없었을 것이다. 고려군 총사령관인 강감찬의
목적은 겨울이라 얼어붙어 버린 고진강의 수량을 조금이라도 늘려
강을 건너는 거란군의 움직임을 둔화시키는 것이었을 것이다.

하지만 이 정도로도 효과는 충분했다. 보통 병법서에서는 강을 건
너는 적을 공격할 때 적이 반쯤 건넌 다음 공격해야 한다고 하는 경
우가 많다. 이는 적의 병력이 양분되어서 유기적인 대응이 불가능해
지기 때문이다. 그런데 한겨울 압록강 유역의 지류들은 모두 얼어붙
기 때문에 아마 당시의 고진강은 병력을 양분하는 역할을 하지 못하
고 있었을 것이다. 그런데 제방을 무너뜨려 강물을 흘려보내면 고진
강이 다시 강의 역할을 되찾게 된다. 적의 병력이 양분되는 것이다.

이것이 강감찬이 노린 진짜 목적이었다.

　도강 작전 중간에 기습을 당한 거란군은 손도 제대로 써보지 못하고 막대한 피해를 입고 말았다. 흥화진 쪽의 움직임만 신경쓰면 된다고 생각했는데 의표를 찔린 것이다. 가까스로 병력을 수습한 소배압은 참담한 심정이었을 것이다. 작전 계획이 첫 단추부터 흐트러졌기 때문이다. 전쟁 첫날부터 소배압은 후퇴해서 병력을 재정비할지 혹은 남하를 계속할지를 고민해야 하는 난감한 상황에 빠졌다. 아마 보통의 장군이었다면 후퇴하거나 최소한 진격을 멈추고 전열을 재정비했을 것이다. 강감찬도 그런 전개를 예상했을 것이다.

　하지만 과감한 작전으로 항상 적의 허를 찌르며 살아온 소배압은 그렇게 하지 않았다. 대담함이라는 면에서 당대에 필적할 장군을 찾기 어려웠던 소배압은 오히려 강행군을 명령했다. 거란군은 고려 측의 예상과 달리 빠른 속도로 남하하기 시작했다. 비록 초전에서의 실패로 계획이 틀어지긴 했지만 원래의 계획을 강행하기로 한 것이다.

　당연히 멈추리라 생각했던 거란군이 멈추기는커녕 오히려 남하를 서두르자 고려 쪽도 당황할 수밖에 없었다. 더구나 상대방은 기병군단이었다. 분명 기동 속도에서는 고려군보다 거란군이 빠를 수밖에 없었다. 고려군도 즉각 거란군을 쫓기 시작했다. 마치 쫓고 쫓기는 들짐승과 사냥꾼처럼 한반도 북부에서 거란군과 고려군의 추격전이 시작되었다. 빠른 속도로 남하하던 거란군은 다행히 서경 부근에서 덜미가 잡혔다. 서경을 지키고 있던 부대가 서경을 우회해서 남하하고 있던 거란군을 포착하고 요격에 나선 것이다. 이 전투도 고려군의 완승으로 끝났다. 고려군은 1만에 가까운 거란군을 사살하는 전과를 거뒀다. 거듭되는 패전으로 전열이 흐트러진 거란군이 전열을 정비하는 사이 강감찬의 본대가 이를 급습해 승부를 낼 차례였다.

그런데 최후의 결전을 위해 거란군에 접근하던 강감찬의 본대에 놀라운 소식이 도착했다. 거듭되는 패전에도 거란군이 아무런 배후의 안전지대도 확보하지 않은 채 계속 남하하고 있다는 소식이었다. 거란군은 전투로 인한 손실을 시간으로 벌충하기라도 하려는 것처럼 개경을 향해 빠른 속도로 남하했다. 군사작전의 상식을 뒤엎는 거란군의 움직임에 강감찬도 당황하지 않을 수 없었다. 북방으로 병력을 모두 보내는 바람에 황해도 이남에는 고려군이 남아 있지 않았기 때문이다. 거란군은 이제 무풍지대로 들어선 것이다. 어쩌면 이것이야말로 과감한 작전을 즐겨 구사하는 소배압이 최소한의 근거지조차 확보하지 못한 최악의 상황에서 남하를 서두른 이유였을 것이다. 지난 2차 침입과 달리 황제인 거란 성종이 친정하고 있지 않았다는 것이 차라리 다행이었다. 소배압으로서는 혼자만 책임질 각오를 하면 이런 위험한 작전을 구사할 수 있기 때문이다.

다급해진 강감찬은 즉시 추격군을 조직했다. 거란군의 속도에 대응하기 위해 기병으로 구성된 1만의 병력을 병마판관 김종현에게 주어 거란군을 뒤쫓게 한 것이다. 하지만 세계 최고의 기동력을 자랑하는 거란군은 쉽게 꼬리를 잡히지 않았다. 무려 10만에 이르는 대군임에도 불구하고 거란군은 고려군의 추격을 뒤로 한 채 황해도 신계(新溪)에 마침내 모습을 드러냈다. 여기서부터 개경까지는 불과 40km 밖에 떨어져 있지 않았다. 압록강을 건넌 지 한 달이 채 지나지 않은 1019년 1월 4일이었다.

개경 방어전과 귀주대첩

거란군이 황해도 신계에 나타났다는 급보가 개경에 당도하자 개경
은 공포에 사로잡혔다. 고려의 임금인 현종은 자신을 지킬 최소한의
호위 병력 외에는 모든 병력을 전선으로 보낸 상태였다. 그런데 무
려 10만에 이르는 거란군이 개경으로 접근하고 있다는 것이다. 남아
있는 병력으로는 도저히 거란군을 상대할 수 없었다.

　이런 경우 다음 순서는 '왕의 도주'였다. 이건 사실 구태여 고민할
필요조차도 없는 문제였다. 우리나라에서도 일상이 전시상태였던
삼국시대가 끝나고 평화로운 통일왕조가 성립된 이후에는 거의 예
외 없이 왕은 누구보다 먼저 수도를 비우고 도망쳤다. 이건 어쩔 수
없는 일이기도 하다. 왕조국가에서는 왕이 곧 국가이기 때문이다. 조
선시대를 기준으로 보아도 선조는 의주로 도망쳤고 인조는 강화도
로 도망쳤다. 고려시대에도 대몽항쟁기의 왕들은 강화도로 아예 수
도를 옮겼으며 공민왕은 홍건적이 개경으로 다가오자 안동으로 피
했다. 현종 자신도 사실은 지난번 2차 침입 때 개경을 비우고 나주로

피난한 경험이 있었다.

만약 왕인 현종이 개경을 비우고 도주한다면 소배압으로서는 개경에 무혈입성하는 성과를 거두게 될 것이었다. 개전 이후 거듭되는 패전으로 원래의 전략이 많이 흐트러지기는 했지만 대도시인 개경을 점령한다면 지금까지의 실패를 만회할 수 있었다. 보급 문제도 깨끗이 해결하고 이후 고려에 대해 우월한 입장에서 항복을 요구할 수도 있을 것이다. 거듭되는 패전을 무릅쓰고 군대를 남하시킨 소배압의 도박이 드디어 결실을 맺는 순간이었다.

그런데 이렇게 숱한 반전으로 가득한 거란전쟁에서 또 한 번의 반전이 일어났다. 고려 국왕인 현종이 도주를 거부하고 개경을 지키겠다고 나선 것이다.

통일신라 이후 적의 병력이 다가오고 있는 상황에서 왕이 도성을 지키겠다고 나선 경우는 이때의 현종이 유일한 경우였다. 앞서 잠시 살펴본 것처럼 이후에도 이런 일은 다시 일어나지 않았다. 당연히 현종이 개경을 사수할 의지를 밝혔을 때 만류하는 신하들도 있었을 것이다. 왕이 죽거나 포로가 될 경우 정말 파국이 올 것이었기 때문이다. 더구나 개경에 병력이 얼마 남아 있지 않은 당시의 상황에서는 더더욱 무모한 용기로 보였을 것이다. 하지만 현종이 결코 객기로 항전의사를 밝힌 것은 아니었다. 아마도 현종은 거란군의 움직임을 살펴본 후 막아낼 수 있다는 합리적인 판단 하에 개경 사수 의사를 밝혔을 것이다.

우선 개경은 결코 쉽게 함락시킬 수 있는 곳이 아니다. 개경처럼 수 대에 걸쳐 보강된 성벽은 어지간한 공격으로는 간단히 돌파당하지 않는다. 더구나 일국의 수도인 만큼 군량이나 무기 같은 군수물자도 부족할 리 없다. 그뿐이 아니다. 왕이 있는 곳을 지키는 병사들이라면 분명 상대적으로 정예병들로 구성되었을 것이고 그 숫자도 결코 적지 않은 것이 통상적이다. 서긍이라는 송나라의 사신이 쓴 『고려도경(高麗圖經)』에 따르면 평상시 개경에는 약 3만 정도의 병력이 주둔하고 있었다고 한다.

이 정도 정보는 거란군도 가지고 있었을 것이다. 이런 상황이라면 거란군이 설혹 10만에 이른다 하더라도 개경을 함락시키기 위해 장기간의 전투를 각오해야만 했다. 다만 이때의 개경은 모든 병력이 북방으로 차출되는 바람에 심각한 병력 부족 상태에 있었지만 소배압은 이 사실을 모르고 있었다. 따라서 성을 지키는 고려군의 능력을 염려하여 최대한 단기간에 전쟁을 끝내려고 했을 것이다. 소배압이 고려군의 장기인 장기간의 공성전을 치를 가능성은 그리 높지 않았던 것이다.

이뿐만이 아니다. 개경에 접근하고 있는 거란군 자체도 심각한 문제를 안고 있었다. 12월 10일 흥화진에서 벌어진 첫 전투 이후 거란군은 단 한차례도 제대로 된 승리를 거두지 못했다. 당연히 단 한 곳의 성도 점령하지 못한 상태였다. 이 이야기는 거란군이 압록강을 건넌 이후 개경에 이르기까지 단 한 차례도 제대로 된 보급을 받지 못했다는 것을 의미한다. 유목민 특유의 생존 능력과 기동력으로 개경까지 돌진해 오기는 했지만 아마 당시 거란군의 상태는 처참했을 것이다. 결코 장기간의 공성전을 버틸 상태가 아니었다.

현종이 버틸 만한 이유는 또 있었다. 전방으로 배치되었던 고려군이 개경으로 되돌아오고 있었다는 사실이다. 우선 강감찬이 소배압을 추격하기 위해 보낸 김종현의 1만 병력이 있었다. 여기에 소배압의 작전을 파악한 후 곧바로 개경을 구원하도록 명령받은 동북면의 병력도 개경을 향해 남하하고 있었다. 따라서 개경이 며칠만 확실하게 버텨 준다면 소배압은 사방에서 적을 맞아 진퇴양난의 상황에 처할 것이었다.

"사실 역사적으로 봐도 개경에서 큰 전투가 벌어진 적은 없었습니다. 이런 상황에서는 보통 이제 왕이나 병사가 피난하는 것이 정상입니다. 그런데 여기서 현종이 아주 중요한 결단을 내리죠. 개경을 지키기로 한 겁니다. 역사상 처음 있는 일이지요. 그리고 더 중요한 것은 당시 개경에 병력이 별로 없었다는 겁니다. 그럼에도 불구하고 주변 민중을 소집하면서 저항하겠다는 결심을 굳혔다는 것은 국왕으로서 굉장한 용기였습니다. 또 한편으로는 소배압이 엄청난 진군을 해 오고 있기는 하지만 상당히 무모한 진격이었기 때문에 저들도 많이 약화됐을 것이라는 나름대로의 판단에 근거해 우리도 물러서지 않고 싸우겠다는 모범적인 결단을 내린 것 같습니다."●

합리적인 판단에 따라 개경을 사수하겠다고 나섰지만 그렇다 하더라도 당시의 상황에서 현종이 내린 결단은 굉장한 용기를 필요로 하는 것이기도 했다. 당시 개경에는 정말로 병력이 없었기 때문이다. 한번은 소배압이 300명 정도의 척후병을 보낸 적이 있는데 이 척

● 임용한(한국역사고전연구소장) 인터뷰 중에서

후병을 공격하기 위해 출동한 고려군의 숫자가 100명 정도에 불과
했다고 한다. 성 밖의 적을 공격하기 위해 보낼 수 있는 병력이 겨우
이 정도밖에 없었던 것이 당시 개경의 상황이었다. 개경의 병력 부
족을 보여주는 일화는 또 있다. 훗날 거란군이 물러난 이후 전설이
하나 생겨났는데 송악의 산신(山神)이 개경의 소나무들을 모두 사람
인 것처럼 소리를 내게 해서 거란군이 구원병이 몰려온 줄 알고 물
러났다는 전설이다. 물론 전설일 뿐이지만 당시 개경에 얼마나 병력
이 부족했는지를 알려주는 전설이기도 하다.

　"전투에서의 승패는 지휘관이 패배를 인정하는 순간 결정된다"는
격언이 있다. 전쟁도 인간이 하는 일인지라 어떤 순간에는 결국 의
지의 싸움이 될 수밖에 없다는 의미일 것이다. 결국 이 의지의 싸움
에서 현종이 소배압을 이겼다. 중원을 호령하던 거란의 맹장도 결국
현종의 의지만큼 굳게 서 있는 개경의 성벽을 바라보며 울분을 삼킬
수밖에 없었다.

　거란군은 개경을 향해 다가올 때만큼이나 빠른 속도로 후퇴하기
시작했다. 개경을 함락하지 못한 상태에서 고려의 구원군과 만났다
가는 사방에서 협공을 받아 군단이 몰살될 수도 있기 때문이었다. 노
련한 지휘관이었던 소배압은 일단 철수를 결정하자 시간을 허비하지
않고 최대한 빠른 속도로 북상하기 시작했다. 이제 목표는 정복이 아
니라 생존 그 자체가 되었다. 이때 거란군의 후퇴과정을 보면 당시 거
란군이 얼마나 강한 군대였으며 총사령관인 소배압이 얼마나 유능한
장군이었는지를 알 수 있다. 정말 강한 군대는 이기고 있을 때 잘 싸
우는 군대가 아니라 지고 있을 때 잘 싸우는 군대이기 때문이다.

12월 초 압록강을 건넌 이후 한 달 동안 아무런 보급도 받지 못했지만 거란군은 전열을 흐트러뜨리지 않고 신속하게 북으로 철수하기 시작했다. 이 움직임이 어찌나 교묘했는지 전쟁 초기부터 거란군을 쫓아온 김종현의 추격부대도 거란군을 놓치고 말았다. 고려의 추격을 따돌린 거란군은 해안선을 따라가는 편한 길을 포기하고 개천, 영변을 거치는 내륙 통로를 선택했다. 생존으로 목표가 바뀐 만큼 고려군과의 만남은 최대한 피해야 했기 때문이다.

도망치는 거란군을 포착하기 위해 고려군도 필사의 추격을 시작했다. 혹시 어차피 전쟁은 끝났고 적도 도망치는 중인데 구태여 도망치는 적을 쫓아가 죽여야 하느냐고 생각하는 사람이 있을지도 모르겠다. 그러나 이는 전쟁을 모르고 하는 말이다. 전쟁터에서는 비록 패배를 인정하고 후퇴하는 적일지라도 철저히 응징해서 재기가 불가능한 상태를 만들어야 한다. 그래야만 침략을 되풀이할 생각을 하지 못하기 때문이다. 임진왜란 당시 포위망만 풀어 주면 순순히 일본으로 돌아가겠다는 고니시 유키나가의 제안을 거부하고 이순신 장군이 노량해전에서 끝내 적을 섬멸한 이유도 바로 이 때문이다.

고려가 숨바꼭질하듯 평안도 지역을 돌아다니던 거란군의 꼬리를 잡은 곳은 바로 귀주였다. 1019년 2월 2일 귀주성 앞에서 강감찬의 고려군 본대가 거란군의 덜미를 낚아챈 것이다. 생존을 목표로 후퇴하고 있던 거란군이었지만 상황이 여기에 이르자 결전을 택할 수밖에 없었다. 더 이상 도망만 치다가는 제대로 된 저항조차 해보지 못하고 끝장이 날 가능성이 높다고 판단한 것이다.

지금의 평안북도 구성시에 위치한 귀주성은 불행히도 북한 땅이

라 직접 가볼 수는 없는 곳이다. 때문에 실제로 전투가 벌어진 곳이
어떤 모습을 하고 있는지 눈으로 확인하는 것은 불가능하다. 다만
『고려사』의 기록 등에 따른다면 양군은 귀주성 앞을 흐르는 대령강
의 지류가 만들어 놓은 개활지에서 마주한 것 같다.『고려사』는 전투
의 전개과정을 다음과 같이 묘사하고 있다.

"2월에 거란의 병사가 귀주(龜州)를 지나자 강감찬 등이 동교(東郊)에서 맞
아 싸우는데 양쪽의 군대가 서로 비슷하여 승패가 결정되지 못하였다. 그런
데 김종현이 군사를 끌고 달려오자 갑자기 비바람이 남쪽으로부터 와서 군
대의 깃발이 북쪽을 가리켰다. 아군이 기세를 타고 용기백배하여 격렬히 공
격하니 거란병이 패하여 달아났다. 아군이 추격하여 석천을 건너 반령에 이
르니 시신이 들을 덮고 사로잡은 사람·말과 낙타·갑옷·무기를 모두 헤아
릴 수 없었다. 살아서 돌아간 자가 겨우 수천 명이니 거란이 패한 것이 이보
다 심한 적이 없었다."●

아마도 초반의 전투는 어느 쪽도 승기를 잡지 못한 채 팽팽했던
모양이다. 거란군도 동아시아를 주름잡던 최강의 군단이었지만 고
려군도 지난 20년간의 전쟁으로 단련된 강군이었다. 이렇게 서로 한
치도 밀리지 않고 접전을 벌이던 상황을 일거에 정리한 것은 공교롭
게도 강감찬에 의해 추격군으로 차출된 김종현의 1만 군단이었다.
남하하는 거란군을 추격하다 번번이 놓친 김종현 부대는 의도치 않

●『고려사』권94,「열전」7 강감찬

게 결정적인 순간에 거란군의 배후에 나타났다.

팽팽한 균형 상태에서는 작은 차이가 엄청난 결과를 만들어 내는 법이다. 더구나 1만의 병력이면 결코 작은 차이가 아니다. 김종현의 추격 부대가 거란군의 후위에서 돌격을 시작하자 거란군의 대형이 곳곳에서 무너지고 전열이 붕괴하기 시작했다. 전투의 승패가 결정된 것이다. 거란제국으로서는 체면을 구긴 것을 넘어선 치명적인 참패였다. 불과 수천 명의 생존자만을 남긴 채 거란제국의 주력군이 소멸하고 말았기 때문이다. 황제의 친위군으로 지난번 2차 침입 때 강조의 고려군 본대를 괴멸시킨 우피실군조차 살아남은 자가 거의 없었다고 한다. 전투 결과에 절망한 거란의 성종이 "짐이 마땅히 너의 낯가죽을 벗긴 연후에 죽일 것이다"라며 노발대발했을 정도이니 그 피해의 정도를 짐작할 수 있을 것이다.*

• 평생에 걸쳐 무수한 군공을 세운 소배압의 얼굴 가죽이 벗겨지는 일은 결국 일어나지 않았다. 하지만 관직을 모두 잃고 쫓겨나는 신세까지는 면할 수 없었다. 다만 소배압이 죽기 직전인 1023년에 유왕(幽王)에 봉해져서 관작을 회복한 것으로 보이기는 하는데 보통 유(幽)자는 어리석다는 의미도 함께 가지고 있다는 점에 비추어 볼 때 이때까지도 성종의 화가 완전히 풀리지는 않은 모양이다.

동북아 균형자의 조건

이렇게 해서 전쟁은 끝이 났다. 이후 더 이상 고려와 거란 사이에 전쟁은 일어나지 않았다. 거란이 고려를 힘으로 굴복시키는 것을 포기했기 때문이다. 전쟁이 끝난 지 불과 석 달밖에 지나지 않은 1019년 5월, 벌써 거란은 고려에 사신을 파견했다. 국교를 회복하고 평화 교섭을 진행하기 위해서였다. 공은 고려 쪽으로 넘어왔다.

고려 현종은 사신의 방문에 대해 과연 어떤 방식으로 대응했을까? 70년 전 현종의 할아버지인 태조 왕건은 별다른 원한관계가 없는 상태에서도 거란의 사신을 섬으로 유배 보내고 예물로 가져온 낙타를 공개적으로 굶겨 죽여 거란에 대한 적대감을 드러낸 바 있다. 이제 30년간 세 차례나 전쟁을 치르고 그 전쟁에서 고려가 승리하여 적의 주력군마저 섬멸한 상태에서 왕건의 손자인 현종은 과연 어떤 선택을 했을까?

놀랍게도 현종은 곧장 평화 교섭을 받아들였다. 심지어 거란과의 전쟁에서 승리한 승전국임에도 불구하고 실질적인 효과가 있으면 외형적인 양보는 얼마든지 할 용의가 있다는 것을 드러내기까지 했다. 힘으로 고려를 굴복시키는 것이 불가능하다고 판단한 거란의 요구조건은 단순했다. 고려가 형식적으로라도 거란의 종주권을 인정하고 칭신(稱臣)한다면 거란은 더 이상 국왕의 친조라거나 강동 6주의 반환 같은 무리한 요구는 하지 않겠다는 것이다.

　3차 침입 직전 거란이 강동 6주의 반환을 요구했을 때는 거란과 단교 조치를 했을 정도로 강경하게 대응한 고려였지만 영토와 관련된 요구만 아니라면 얼마든지 양보할 자세가 되어 있었던 만큼 순순히 거란의 요구를 받아들였다. 승리한 고려가 이렇게까지 나오는데 평화 교섭에 걸림돌이 있을 리 없었다. 지금 우리의 시각으로는 다소 기분이 나쁠 수도 있겠지만 평화 교섭은 순조롭게 진행되었다. 이듬해인 1020년 2월에는 고려의 사신이 상국에 보내는 표문을 작성하여 거란의 성종을 알현함으로써 평화 교섭을 매듭지었다.

"거란은 더 이상 이 전쟁을 수행할 능력이 없었어요. 일단, 거란 성종이 일으킨 이 30년간의 전쟁 과정에서 거란 내부에서도 분쟁이 발생했습니다. 게다가 고려의 강감찬 장군이 거란의 군사를 전술적으로 대파했어요. 거란으로서는 이 전쟁을 더 지속할 수 없다는 것을 알게 된 것이죠.

고려 역시 전쟁에서 이기긴 했지만 일방적으로 거란군을 물리치거나 거란을 항복시킬 만한 위치에는 있지는 않았습니다. 그래서 결과적으로 이 전쟁은 두 나라가 적절한 수준에서 타협하는 것으로 끝이 납니다. 고려는 거란을 외형적으로 천자의 나라로 인정합니다. 고려는 하나의 제후국으로서 책봉조공 관계를 맺는 선으로 이 전쟁이 마무리됩니다."•

"거란은 귀주대첩에서 엄청난 손실을 겪은 후에 이런 결론에 다다릅니다. '고려와 계속 싸우다가는 중국으로 쳐들어갈 여력도 남지 않겠다.' 그러니 고려를 먼저 손보는 대신 그냥 중국을 침공하자는 결단에 이르게 됩니다. 고려도 그걸 알았을 거예요. 그러니 중국으로 간다는 거란을 잘 보내주는 것이 나을 것이라 판단했을 겁니다.

이런 관점에서 평화적인 제스처가 필요한 거죠. 거란은 이미 결심했지만 이러한 결심을 했을 때 더 강한 확신을 주려는 노력이 필요하지 않습니까? '너희가 중국을 침공하러 가더라도 우리가 뒤를 치지는 않겠다'는 것을 보여줘야 하는 것이죠. 그러기 위해서는 평화 교섭이 필요했습니다.

우리가 늘 잊지 말아야 하는 것이 있는데, 평화 교섭과 전쟁은 전혀 다른 것이 아닙니다. 항상 이 두 가지가 같이 필요합니다. 그런 점에서 고려의 평화 교섭은 전쟁으로 얻은 평화를 서로 인정하게 하여 평화의 밑거름을 다지는 역할이었다고 보면 될 것 같습니다."**

고려는 거란과의 30년 전쟁을 거치면서 현실을 직시할 수 있는 눈을 가지게 되었다. 비록 건국 초에는 '원교근공'이라는 무모한 대외 전략으로 위기를 불러오기도 했지만 거란과의 전쟁을 거친 이후 고려의 외교 전략은 교묘하고도 현실적으로 변해 있었다. 우선 승전국임에도 불구하고 패전국인 거란에 대해 오히려 신하의 예를 취하는 양보를 했다. 비록 승리하긴 했지만 현실적으로 거란의 힘이 우리보

• 박종기(국민대 명예교수) 인터뷰 중에서
•• 임용한(한국역사고전연구소장) 인터뷰 중에서

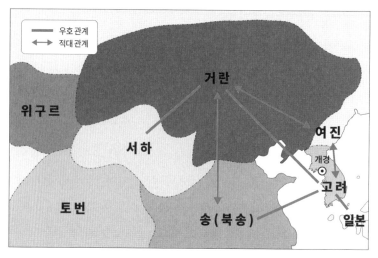

거란전쟁 이후의 동북아시아 외교 관계

다 우위인 상태에서 자존심을 내세우기보다는 실리를 선택한 것이
다. 그렇다고 마냥 거란에 대해 굴욕적인 사대를 한 것도 아니었다.
거란과의 평화 교섭 과정에서 송나라와의 외교관계를 단절하기로 약
속하고 실제로 이를 이행하기도 했지만 동북아시아에 긴장이 완화
되고 운신의 폭이 생기자 곧장 송나라와의 외교도 재개했다.* 한반도
주변 두 강대국인 송나라와 거란 모두와 우호관계를 맺는 교묘한 외
교술을 구사한 것이다.

　　"전쟁 이후 고려는 거란에 대해서는 정치적인 종속관계를 받아들이고 사대

• 전쟁이 끝난 지 50년이 지난 문종 25년(1071년) 고려는 송과 정식으로 국교를 회복하고 사신
　을 교환했다. 물론 그 이전에도 송과의 문화적 교류나 경제적 교류는 활발했다.

를 하면서도 한편으로는 문화적 선진국인 송나라와의 외교관계도 유지하게 됩니다. 고려는 이제 중국에 대한 문화적인 사대를 유지하면서도 다른 한편으로 군사적으로 강성한 국가와의 정치적인 위계질서를 일정하게 수용하고, 그 둘을 분리해서 경영할 수 있게 된 것입니다. 현실적으로 사고하게 된 것이지요.

또 생각해 봐야 할 문제는 원교근공입니다. 이 문제와 관련해서 우리가 잊지 말아야 할 것은 원교근공은 강대국의 논리라는 것입니다. 강대국이 자기중심의 지역질서를 구축하고 세계 전략을 펼치는 수단인 거예요. 약소국이 이런 논리에 잘못 말려들면 오히려 라이벌인 강대국을 견제하는 또 다른 강대국의 도구로 전락할 수 있습니다. 위험해지는 것이죠.

특히 강대국들 사이에 끼인 약소국들이 취해야 될 외교 전략의 기본은 '원교근공이 아니라 원교근친(遠交近親)이다'. 이렇게 얘기할 수 있습니다. '원교근친'이란 멀리 있는 나라와 교류하면서 동시에 가까운 이웃 나라들과 선린 관계를 구축해나가고 가꾸어 나가는 것이죠. 고려가 걸었던 이 길이 강대국들이 주변에 늘 존재하는 한반도 외교의 기본이 되어야 할 것입니다."•

그러나 잊지 말아야 할 것이 있다. 고려가 이렇게 교묘한 외교를 추진하고 두 강대국 사이에서 자율성을 유지할 수 있었던 것은 무엇보다 자신만의 힘이 있었기에 가능했다는 점이다. 거란과의 세 차례 전쟁을 통해 고려는 결코 만만한 상대가 아니라는 사실을 증명했다.

• 이삼성(한림대학교 정치행정학과 교수) 인터뷰 중에서

그렇기 때문에 자율성도 보장받을 수 있었던 것이다.

만약 이러한 힘의 뒷받침이 없었다면 고려가 구사한 외교적 유연성은 공허한 말장난에 불과했을 것이다. 최소한의 카운터펀치도 없는 약자의 자율성이란 비웃음거리에 지나지 않는 법이다. 그런 점에서 정확한 눈과 강력한 자기방어 능력을 모두 선사했던 '서희'야말로 고려를 '마의 삼각구조' 하에서도 살아남을 수 있게 한 가장 큰 공로자일 것이다.

몽골제국과의
이상한 전쟁

"많은 사람들이 독재자의 강력한 리더십이 외세와의 대결 같은 위기상황에
서 더 효과적일 것이라는 믿음을 가지고 있다. 하지만 역사적 사실을 객관

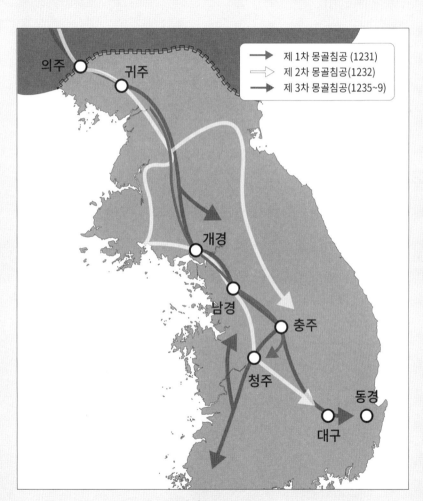

제 1차 몽골침공 (1231)
제 2차 몽골침공 (1232)
제 3차 몽골침공 (1235~9)

의주   귀주   개경   남경   충주   청주   동경   대구

몽골의 침공로 (제 1~3차)

압록강변의 사신 피살 사건

1225년 정월, 화려한 차림의 사신 일행이 얼어붙은 압록강을 건너고 있었다. 고려를 방문한 후 돌아가는 몽골제국의 사신 제구우 일행이었다. 그런데 사신 일행의 움직임이 좀 이상했다. 유목민 입장에서는 가장 값비싼 공물이었던 수달 가죽을 제외하고는 나머지 공물을 모두 버려서 짐을 가볍게 했기 때문이다. 뭔가 신변의 위협을 느낀 것이 분명했다. 사실 제구우는 몇 년 전에도 고려를 방문했다가 돌아가는 길에 공물을 버리고 짐을 가볍게 만드는 행동을 한 적이 있었다. 사신 제구우의 일행은 왜 아까운 공물을 버린 것일까?

 이들이 이렇게 행동한 것은 당시 압록강 건너 만주의 상황이 무법지대라고 해도 과언이 아닐 정도로 매우 유동적이었기 때문이다. 우선 만주에서 발원해서 이 지역을 지배하고 있던 금나라는 몽골의 공세에 망하기 일보 직전의 상황에 놓여있었다. 사건이 일어나기 11년 전인 1214년에는 금나라 황제가 금의 수도였던 연경(燕京)*을 포기하고 개봉으로 도망친 상태였다. 당연히 금나라를 몰아낸 몽골이

이 지역을 차지했지만 워낙 급속도로 팽창하고 있던 몽골제국이었
기에 아직 안정적인 통치력을 행사하지는 못하고 있었다. 이 빈틈
을 이용해서 대요수국(大遼收國)이니 동진(東眞)이니 하는 작은 지방
정권들이 이 지역에 들어섰다. 물론 이런 작은 정권들의 통치력이란
뻔한 것이어서 산적들이나 비적들 역시 횡행하고 있었다. 아마도 청
나라가 망하고 지방 군벌이 난립한 상태에서 일본이 밀고 들어오던
1930년대 만주와 상황이 비슷했을 것이다. 따라서 제 아무리 몽골제
국의 사신이라고 해도 안심하고 만주를 지나는 것은 어려운 일이었
다. 제구우는 이 위험지대를 최대한 빨리 지나가기 위해 짐을 가볍게
한 것이다. 하지만 이들의 노력은 결국 헛수고가 되었다. 강을 건너
자마자 산적 떼가 사신일행을 덮쳤기 때문이다. 사신 일행은 저항했
지만 작심하고 대제국의 사신을 공격한 산적 떼를 물리칠 수는 없었
다. 결국 제구우는 살해되고 고려에서 갈취한 공물은 모두 산적들의
차지가 되었다.

　너무나 당연하게도 사건은 이것으로 끝나지 않았다. 대제국의 사
신이 살해당한 것이다. 몽골제국으로서는 가만히 있을 수 없는 일이
었다. 곧장 몽골제국의 대칸인 칭기즈칸의 불호령이 떨어졌다. 사실
몽골제국의 사신을 살해하는 것은 혹독한 대가를 각오해야 하는 일
이었다. 칭기즈칸의 유명한 서방 원정도 칭기즈칸이 보낸 사절단이
호라즘 왕조Empire of Khwarezm의 지방영주에게 살해당한 것이 발단이
었다. 따라서 고려를 방문한 사신들이 살해당한 사건도 몽골제국에

• 지금의 북경

게는 심각한 도전으로 받아들여졌다. 더군다나 제구우가 이끌던 사신 일행을 습격한 도적떼는 고려인의 복장을 하고 있었으므로 칭기즈칸은 고려에게 다른 뜻이 있다고 판단했다. 몽골제국은 곧장 고려와의 국교를 단절했다.

그런데 이해하기 어려운 것은 고려 정부의 반응이었다. 호전적인 강대국의 사신이 피살당하고 국교까지 단절되었다면 바보가 아닌 이상 다음 순서가 전쟁이라는 것을 모를 사람은 없다. 그런데도 고려 정부는 몽골제국과의 전쟁이라는 절체절명의 상황 앞에서 아무런 조치도 취하지 않았다. 전쟁 준비를 안 한 것은 물론이거니와 몽골에게 이 사건에 대한 제대로 된 해명조차 하지 않았다. 이들은 마치 눈뜬장님처럼 굴었다. 마치 아무 일도 없었던 것처럼 반응한 것이다. 결국 도저히 이해할 수 없는 고려 정부의 반응이 이후 30년 동안 벌어질 전쟁의 도화선이 되고 말았다.

이렇게 시작된 몽골제국과의 30년 전쟁은 알면 알수록 정말 이상한 전쟁이었다. 전쟁이 시작되기까지의 과정도 이상했을 뿐더러 전쟁이 일어난 뒤에 일어난 일들도 이상하기 짝이 없었다. 도대체 이토록 이상한 일들이 벌어진 원인은 무엇일까? 거란전쟁에서는 그토록 훌륭하게 작동했던 고려의 외교 시스템은 왜 이렇게 형편없는 상태로 전락한 것일까? 우리는 도무지 이해할 수 없는 몽골제국과의 30년 전쟁을 살펴봄으로써 약소국이 스스로를 지키기 위해서 반드시 명심해야 할 또 다른 교훈을 얻을 수 있을 것이다.

머리 박은 꿩

1225년 정월에 발생한 몽골사신 제구우의 피살은 고려와 몽골 사이에 일촉즉발의 위기를 불러왔다. 상식적으로 다음 순서가 전쟁이라는 것은 분명했다. 그런데 몽골의 국교 단절에 대해 아무런 대책도 없이 태평하게 나왔던 고려 조정의 반응은 그렇다 하더라도 몽골 쪽의 반응도 이상하기는 마찬가지였다. 칭기즈칸도 고려와 국교를 단절한 뒤 고려에 어떠한 군사적 도발도 벌이지 않았기 때문이다. 고려가 안일하게 반응한 이유 중 하나도 이런 몽골 쪽의 침묵이었다. 당시 고려는 몽골제국의 실력을 아직 눈으로 직접 본 게 아니었으므로 이렇게 몽골이 별다른 도발을 하지 않자 정말 별일 없을 모양이라고 편하게 생각했던 것이다. 고려 쪽의 사정은 나중에 살펴보기로 하고, 그렇다면 몽골 쪽은 왜 국교 단절 이후에 아무런 반응을 보이지 않은 것일까?

이유는 앞서 잠시 언급한 칭기즈칸의 서방 원정이었다. 1206년에 몽골초원을 통일하고 1207년에는 서하를, 1211년에는 금나라를 공략하는 등 무섭게 성장하고 있던 칭기즈칸이 공격 방향을 서쪽으로 돌리게 된 것은 공교롭게도 고려와의 전쟁처럼 사신단의 피살이라는 우연한 사건 때문이었다.

원정이 시작된 1218년 무렵 칭기즈칸의 세력범위는 몽골초원을 넘어 만주와 황하 이북의 옛 금나라 영토, 서하, 서요에 이르고 있었다. 몽골이 통일되고 칭기즈칸이 대칸으로 즉위한 게 1206년이니 불과 12년 만에 이 정도의 영토를 점령한 것이다. 그야말로 불처럼 일어나고 있는 신흥 세력이었다. 그런데 칭기즈칸의 몽골제국과 동시대에 불처럼 일어나고 있던 또 하나의 제국이 있었다. 바로 호라즘 왕조였다. 원래 중앙아시아의 소국 중 하나였던 호라즘 왕조는 칭기즈칸과 비슷한 시기에 등장한 무함마드 2세Muhammad II의 시대에 확장을 거듭하여 이란고원에서 중앙아시아 초원에 이르는 대제국을 건설했다. 동과 서에서 무서운 신흥 세력들이 동시에 성장하고 있었던 셈인데 확장을 거듭하던 두 제국은 1218년 서요(西遼)가 멸망하면서 직접 국경선을 맞대게 된다. 하지만 이들이 국경선을 맞대었다고 해서 바로 전쟁이 시작된 것은 아니다. 당시엔 양쪽 모두 다른 방향에 관심이 더 많았기 때문이다. 몽골제국은 오랜 숙적인 금나라를 정복하는 것이 우선순위였고, 이슬람 세계의 새로운 패자를 자처하던 호라즘 왕조도 이슬람 세계의 중심인 바그다드에 관심이 더 많았다. 따라서 두 호랑이의 싸움은 뒤로 미뤄졌다. 칭기즈칸은 오히려 호라즘 왕조에 사신을 보내고 평화로운 상업 활동의 가능성을 타진하고자 하였다.

그런데 이 사신들에게 문제가 생겼다. 살해당한 것이다. 더구나 이 사건은 고려에 왔던 제구우의 피살사건보다 더 노골적인 것이었다. 제구우는 그나마 정체를 알 수 없는 도적떼에 살해되었지만 호라즘 왕조에 파견된 사신들은 호라즘의 지방 장관인 오트라트의 총독에게 살해되었기 때문이다. 칭기즈칸은 즉각 항의사절을 보냈다. 그런데 호라즘 왕조의 무함마드 2세는 이 기회에 칭기즈칸과 승부를 보려는 생각이었는지 두 번째 사신마저 살해하고 함께 온 이슬람 상인의 수염을 깎아서 돌려보냈다. 남자의 수염을 깎는다는 것은 이슬람 남자에겐 거세만큼이나 모욕적인 일이었다. 두 번씩이나 자신의 사신들이 살해당하자 칭기즈칸은 생각을 달리할 수밖에 없었다. 세계지도를 새로 그리게 만든 칭기즈칸의 서방 원정이 시작된 것이다.

1219년에 시작된 칭기즈칸의 서방 원정은 중앙아시아와 서남아시아를 넘어 동유럽까지 공포에 떨게 했다. 호라즘 왕조의 무함마드 2세도 당대에 이슬람 세계의 패권을 차지한 유능한 군주였지만 상대가 칭기즈칸이라면 이건 전혀 다른 문제였다. 칭기즈칸은 호라즘 왕조를 1년 만에 간단히 굴복시켰고 전쟁의 원인이 되었던 오트라트 총독은 두 눈에 끓는 쇳물을 부어서 죽였다. 하필 칭기즈칸과 동시대에 태어난 불행한 군주 무함마드 2세는 몽골군의 추격을 피해 도망치다 카스피해의 작은 섬에서 절망 속에 죽음을 맞이했다.

호라즘 왕조를 간단히 멸망시킨 후에도 내친김에 몽골의 정복전쟁은 계속되었다. 남쪽으로는 아프가니스탄을 넘어 인더스 강까지 진출했고 서쪽으로는 러시아 남부까지 몽골의 기병군단이 출현했다. 이렇게 서방세계에 몽골의 등장을 알린 서방 원정은 1225년 칭기즈칸이 몽골초원으로 귀환하면서 일단락되었다. 하지만 이번에는 서하

원정이 기다리고 있었다. 원래 서하는 1207년에 몽골에게 항복하고 속국상태에 있었는데 칭기즈칸이 서방 원정을 떠나면서 내린 참전 명령을 거부하고 칭기즈칸이 없는 틈을 타서 몽골에 저항하려는 움직임을 보였기 때문이다. 이 전쟁은 1227년까지 이어졌다.

결국 몽골제국이 고려에 보낸 사신단의 피살과 그로 인한 국교 단절이라는 상황을 방치하고 더 이상 고려에 대해 군사행동을 하지 않았던 이유는 제국의 서쪽에서 칭기즈칸이 직접 참가하는 대규모 정복전쟁이 계속되고 있었기 때문이다. 더구나 서하에 대한 전쟁이 마무리 되던 무렵에는 칭기즈칸이 사망했기 때문에 몽골제국은 다음 대칸이 선출될 때까지 본격적인 군사행동에 나설 수 없었다.*

고려로서는 하늘이 도와주었다고 할 만한 상황이었다. 전쟁을 예고하고 무려 6년이나 기다려준 셈이니 말이다. 하지만 이런 상황이 계속되지 않으리라는 것은 불을 보듯 분명한 일이었다. 언젠가는 몽골군이 돌아올 것이고 그럼 전쟁이 기다릴 뿐이기 때문이다. 하지만 고려 조정은 그야말로 시간을 낭비하기만 했다.

장두로미(藏頭露尾)라는 고사가 있다. 꿩이 수풀 속에 머리를 박은 채 아무것도 보이지 않으니 자신이 안전하다고 착각하는 어리석음을 말하는 것인데 이때 고려 조정의 대응이 이와 같았다. 사신을 보내 해명하려고 하지도 않았고, 전쟁에 대비하기 위해 북방 방어선을

• 그때까지 몽골제국은 장자 상속 같은 왕위 계승의 원칙이 확립되지 않은 상태였고 따라서 다음 후계자는 몽골의 부족적 전통에 따라 선거로 뽑아야 했다. 더군다나 쿠릴타이로 불리는 이 선거는 만장일치를 원칙으로 하고 있어서 반드시 사전조율이 필요했고 따라서 소집도 쉬운 문제가 아니었다. 때문에 칭기즈칸이 사망한 이후 다음 대칸인 우구데이가 선출될 때까지 무려 3년이라는 시간이 소요되었다.

강화하려는 노력도 하지 않았으니 말이다. 약자가 살아남기 위한 가장 중요한 덕목인 '정확한 눈'을 포기한 셈이라고밖에 할 수 없다.

> "일단 '대응이라고 할 만한 특별한 것은 없었다' 이렇게 볼 수 있습니다. 제구우의 피살사건은 사실은 앞으로 몽골이 쳐들어 올 것을 암시하는 전조였습니다. 그런 의미에서 상당히 중요한 사건이었는데 이 사건이 어떤 의미가 있는지를 제대로 읽지 못했던 것 같습니다.
> '제구우를 누가 살해했는가?' 많은 논란이 있습니다만, 고려가 이들을 살해한 장본인은 아닌 것으로 보이고요. 그렇기 때문에 고려 측에서는 '우리의 잘못이 없는 사건'이라는 식으로 굉장히 안심했던 것 같습니다.
> 나중에 몽골이 이걸 빌미로 해서 침입하니 그때서야 부랴부랴 상황을 파악하는 정황이 쭉 보입니다. 결국 당시 고려 조정은 피살 사건이 가지는 중대한 의미를 파악하지 못했고, 몽골의 침입에 대해서도 제대로 대비하지 못했다고 판단됩니다."●

결국 예고된 태풍이 불기 시작했다. 새로운 대칸으로 선출된 몽골제국의 두 번째 군주 우구데이칸이 정복전쟁을 재개했기 때문이다. 이번에는 제국의 동쪽에 있는 금나라가 주 공격목표가 되었다. 그리고 금나라가 주 공격목표가 된 이상 배후에 있는 고려 역시 몽골의 관심 지역이 될 수밖에 없었다. 1231년, 드디어 압록강 건너에 몽골군이 나타났다.

● 윤용혁(공주대 역사교육학과 명예교수) 인터뷰 중에서

　몽골의 침공은 시작부터 기존의 군대들과 달랐다. 보통 유목민족이 한반도를 침입할 때는 압록강이 얼어붙기를 기다려 겨울에 쳐들어오는데 몽골군은 강물이 한창 불어나는 8월에 압록강을 건넜다. 이렇게 8월에 강을 건너는 것은 이후로도 반복되는데, 음력 8월이 추수철이라는 것을 고려한다면 아마도 곡식이 완전히 익기를 기다려 약탈로 군량을 확보하기 위해서인 듯하다. 수위가 가장 높은 8월에 강을 건넜으니 도강작전이 쉽지는 않았을 것이다. 이때를 노려 고려군이 요격이라도 했으면 좋았겠지만 어찌된 일인지 고려군은 그림자도 보이지 않았다. 아무 방해 없이 강을 건넌 몽골군은 곧장 고려의 국경요새인 의주성을 포위했다. 그런데 어이없는 것은 의주성의 반응이었다. 몽골군이 성을 포위하고 무기를 들기도 전에 곧장 항복해버린 것이다.

　이 전쟁은 정말 이상하게 흘러가고 있었다. 전쟁이 시작되기까지의 과정도 이상했지만 전쟁이 시작된 후엔 더 이상한 일투성이었다. 그냥 이렇게만 이야기하면 얼마나 당시 상황이 비정상이었는지 알 수 없으니 200년 전의 거란전쟁과 비교해 보자. 1018년에 있었던 거란전쟁 당시 고려군은 거란군이 압록강을 건너자마자 당일로 요격에 나섰다. 12월 10일에 벌어진 첫 전투는 고려군의 대승이었고 거란군은 시작부터 예봉(銳鋒)이 꺾일 수밖에 없었다. 그런데 몽골과의 전쟁에서는 요격은커녕 고려의 최전방 요새인 의주성이 침공 당일에 항복해 버린 것이다. 더 큰 문제는 이후에 벌어지는 철산성, 구주성, 자주성 전투였다. 거란전쟁 때는 고려의 중앙군이 전쟁 이전부터 북방에 파견되어 요새를 강화하고 적의 침입에 대비했지만 몽골과의 전쟁에서는 중앙으로부터 아무런 지원군도 파견되지 않았기 때문이다. 의주 대신 적의 예봉을 저지하고 나선 철산성은 처절하게 저항했지만 외부로부터의 지원군은 단 한 사람도 나타나지 않았다. 결국 철산성은 함락당하고 성안의 모든 백성들은 목숨을 잃었다. 이후에 벌어진 구주성과 자주성 전투도 마찬가지였다. 두 곳 모두 중앙으로부터 아무 지원도 받지 못한 채 고립무원의 전투를 벌여야 했다.

도대체 200년 사이에 고려에는 무슨 일이 일어난 것일까? 무슨 일이 있었기에 그토록 효과적으로 작동하던 고려의 국방 시스템이 이 지경이 된 것일까?

물론 200년이면 많은 것이 변할 만한 시간이다. 그런데 국방 시스템이라는 관점에서 볼 때 200년 전 거란군을 상대하던 당시와 가장 큰 차이점은 당시 고려에 무신정권이 들어서 있었다는 점이다. 그리고 이 차이가 몽골과의 전쟁에서 고려의 대응 방식을 결정지었다.

최씨 무신정권

몽골이 침입하던 해인 1231년은 고려에 무신정권이 들어선 지 이미 60년이 넘어가고 있는 시점이었다. 1170년 문신과의 차별대우에 불만을 품은 무신들이 정변을 일으킨 후 고려의 실권은 국왕에게서 무신 권력자에게로 넘어갔다. 이의방에게서 정중부로, 다시 경대승을 거쳐 이의민으로 넘어가던 권력은 1196년 최충헌이 이의민을 죽이고 집권하면서 최씨 일가의 손에 안정되기 시작했다. 몇 년을 버티지 못하고 무참히 살해당하던 전임자들과 달리 용의주도하게 권력을 행사한 최충헌은 1219년 죽으면서 권력을 아들인 최이(崔怡)*에게 물려줄 수 있었다. 따라서 몽골과의 전쟁이 시작된 1231년의 시점에서 고려의 최고 권력자는 최이였다. 최씨 정권은 최이가 죽은 이후에도 최항을 거쳐 최의에 이르기까지 60년을 유지했다. 짧은 왕

---

* 최충헌의 아들로 최씨 무신정권의 두 번째 집권자이다. 원래 이름은 최우(崔瑀)인데 권력을 잡은 이후 이름을 최이로 바꾸었다. 김생, 유신, 탄현과 함께 신품사현(神品四賢)으로 불릴 정도로 뛰어난 서예가이기도 했다.

조 정도의 수명을 유지한 셈이다. 이 정도의 장기 정권이었던 만큼 최씨 정권은 기존의 무신정권과는 질이 달랐다. 중첩된 혼인관계를 통해 고려의 귀족사회에도 침투했고 무신들뿐 아니라 문신들도 다양하게 활용할 줄 알았다. 더불어 통치 시스템도 교정도감(敎定都監)을 중심으로 체계화했다. 하지만 불과 4, 5년 사이에 죽어나가던 이전의 무신 권력자이던 4대에 걸쳐 60년을 버텨 낸 최씨 정권이던 다르지 않은 점이 있었는데 그것은 권력의 원천이 오직 노골적인 폭력에 있다는 점이었다.

"모든 권력은 총구로부터 나온다"*는 말이 있다. 중국혁명을 이끌었던 마오쩌뚱의 어록에 등장하는 말인데 어떠한 권력이라도 결국 발가벗기고 보면 폭력에 기반할 수밖에 없다는 통찰을 보여주는 말이다. 물론 맞는 말이다. 하지만 그렇다고 해서 힘만 있으면 권력이 유지된다는 뜻은 결코 아니다. 마지막 순간에 힘을 발휘하는 것은 결국 폭력일지 몰라도 그 마지막 순간이 오지 않게 권력에 안정성을 부여하는 것 역시 매우 중요하기 때문이다. 그 안정성을 부여하는 것이 바로 권위이다. 현대적으로 표현하자면 폭력이라는 하드파워와 권위라는 소프트파워가 함께 작동해야 하는 것이다. 그리고 권력의 안정성이나 장기적인 유지라는 점에서는 소프트파워가 하드파워보다 훨씬 중요하다.

"권력이란 결국 원하는 것을 얻는 능력입니다. 대체로 힘으로 강제하거나

---

* "槍杆子裏面出政權" - 마오쩌뚱 어록

돈으로 매수하거나 아니면 자신이 가진 매력을 이용하는 세 가지 방법이 있습니다. 이때 억압이나 돈을 제외하고 매력을 통해 원하는 것을 얻는 것이 바로 소프트파워입니다. 소프트파워는 다른 사람들이 정당하다고 받아들이는 문화와 가치, 정책을 통해서 발전합니다. 받아들이는 사람들이 자발적으로 정당성을 인정하는 것이 중요하기 때문입니다. 이렇게 자발적으로 정당성을 인정받게 되면 권력은 훨씬 안정적이고 효율적이 됩니다."●

이것이 바로 조폭 두목과 국가 지도자의 가장 큰 차이다. 양자 모두 상대방을 자신의 뜻대로 움직이게 한다는 점에서는 동일하지만 노골적인 폭력에 기대느냐 정당성이나 매력에 기대느냐에 따라 앞길이 판이하게 달라진다. 폭력에 기대어 휘두르는 권력은 상대방을 공포에 떨게 해서 굴복시킬 수는 있지만 내가 힘이 떨어지면 그 순간 바로 끝이 날 수밖에 없다. 상대방을 매수하는 방법 역시 마찬가지다. 돈이 떨어지는 순간 바로 끝인 것이다. 눈앞에 보여줄 수 있는 힘이나 돈 같은 현찰이 없으면 작동하지 않는 셈이다. 때문에 이런 방식으로 상대방을 굴복시키거나 내 편으로 만든 권력자는 장기적인 전망이나 계획을 세우는 것이 불가능하다. 반면 정당성이나 매력이라는 자산을 가지게 되면 훨씬 안정적으로 권력이 유지된다. 지금 다소 손해를 끼치더라도 상대방이 믿고 기다려 줄 수 있게 되기 때문에 일종의 신용거래가 가능해지는 것이다. 당연히 권력자는 장기적인 전망을 세우고 권력을 행사하게 되며 국가의 장기적인 이익을

● 조지프 나이(하버드대학교 케네디스쿨 전 학장) 인터뷰 중에서

고려하는 넓은 안목도 가질 수 있게 된다. 몽골군의 침략에 대한 고려 정부의 대응이 이상했던 이유도 바로 여기에 있다. 아무리 4대에 걸쳐 60년을 버텼어도 최씨 무신정권 역시 비정상적인 쿠데타 권력이라는 점에서는 기존의 무신정권들과 마찬가지였다. 때문에 오로지 노골적인 폭력에 기대어 정권을 유지할 수밖에 없었고 이것이 외적에 대한 비정상적인 대응방식을 낳았다.

이 부분을 좀 더 명확하게 이해하기 위해 최충헌의 시대를 좀 더 살펴보자. 아직 최충헌이 살아있던 1216년 무렵 고려는 태평했을지 몰라도 만주는 이미 혼란에 빠져 있었다. 앞서 잠시 설명한 것처럼 금나라가 몽골에 패하고 만주가 일시적인 무정부 상태가 되었기 때문이다. 이 혼란을 틈타 거란과 여진의 소규모 정권들이 만주에 들어서기 시작했는데 그중 하나가 거란의 후예였던 대요수국*이었다. 이들은 중원으로 진출하려는 시도가 몽골에 의해 좌절되자 방향을 바꿔 고려로 밀고 들어왔다. 중원에서 패권국가가 교체되는 시기에는 이런 식으로 쫓겨서 한반도로 쳐들어오는 집단들이 반복적으로 등장하는데 고려 말에 있었던 홍건적의 침입도 원명교체기라는 혼란기에 비슷한 과정을 거쳐 벌어진 일이었다.

아무튼 거란의 잔당은 1216년 8월 압록강을 건넜다. 곧장 국경의 영덕성이 함락당하고 의주와 구주, 안주 등 평안북도 지역의 요새들이 포위되었으며 평안도 지역 전체가 노략질의 대상이 되었다. 그런데 이때도 침입하는 적을 요격하거나 중앙에서 지원군이 급파되는

---

* 1211년 거란족 출신 금나라 장수였던 야율유가가 몽골의 후원 하에 금나라에 대한 반란을 일으켜 독립한 후 야율유가의 친 몽골정책에 반대한 일부 거란족이 독립해서 세운 나라.

일은 없었다. 혹시 워낙 급작스러운 침입이라 준비가 안 된 것이 아니냐고 할지 모르겠는데 이때 침입한 거란군은 처자식까지 거느리고 이동하는 일종의 유민 집단이라 이동 속도도 매우 느린 편이었고 이들을 진압하려던 금나라 군대가 고려에 경고까지 한 상태였다. 예고된 침입이었던 셈이다. 하지만 고려 정부는 미동도 하지 않았다. 당시의 최고 권력자 최충헌이 권력투쟁 과정에서 보여준 능력을 보면 그가 이기적일지는 몰라도 바보는 아니다. 그런데 바보가 아닌 최충헌은 왜 이렇게 뻔히 예고된 침입에 대해서조차 아무런 대비를 하지 않은 것일까?

　최충헌이 거란족의 침입에 대해 아무런 대비를 하지 않은 이유는 거란에 대한 방어군을 북방에 파견할 경우 그 다음에 무슨 일이 벌어질지를 장담할 수 없었기 때문이다. 우선 북방에 방어군을 보내려면 지방에서 대규모 군대를 소집해서 개경으로 불러 올려야 한다. 평소 개경에는 소규모의 근위군만 주둔하기 때문이다. 그런데 이들은 평소 최씨 정권이 직접 관리하지 않는 자들이므로 아무래도 믿을 수가 없다. 신뢰할 수 없는 무장집단이 개경에 들어오는 것이다. 이들 중에 다른 마음을 품는 자가 나오지 않으리란 보장이 없다. 실제로 첫 번째 무신정권의 집권자였던 이의방은 조위총의 난을 진압하기 위해 소집한 승병들에게 살해되었다. 일단 방어군을 편성해서 북방으로 보내도 문제다. 침입한 적이 확실히 강하여 곧바로 전투를 할 수밖에 없는 상황이면 또 모르겠다. 그런데 적이 의외로 허술한 집단이어서 금방 진압되거나 혹은 깊숙이 침입하지 않고 귀환해 버려서 전투를 벌이지 않아도 되는 상황이 되면 이 강력한 방어군을 지휘하는 자가 다른 마음을 품지 말라는 법이 없다. 혹시라도 칼끝을 최씨 정권에게 돌리면 정권은 순식간에 붕괴할 것이다. 이뿐만이 아니다. 실제로 전투가 벌어져서 아군이 이기더라도 문제는 남는다. 이 부대의 지휘관이 전쟁영웅이 될 것이기 때문이다. 최충헌의 입장에서 이것은 강력한 정적을 자기 손으로 만들어 주는 꼴이다.

"무신정권은 무장들의 군사력으로 정권을 차지한 것이기에, 그 자리는 다른 무장의 군사력에 의해 무너지게 됩니다. 최충헌 이전의 권력자들, 다시 말해 그 전임자들은 거의 전부 살해되었습니다. 그런 선례가 있으니, 정예 병력을 다 자기 주변에 두고 절대 외지로 보내지 않으려고 했죠.
문제는 전쟁이 나니까 군대가 출동해야 되는데, 이런 상황에서 주변을 믿어도 될 만큼 자기 정권이 안정적이지 않은 거죠. 군대를 동원해 외적을 막는다면 자신의 안위가 불안해지는 겁니다. 군대는 나라를 지키기 이전에, 내 곁에 있어야 된다는 거죠. 결국 통치를 위해 필요한 정당성과 기반이 확보되지 못했다는 것이 최씨 정권의 치명적인 약점이었던 것입니다."●

때문에 200년 전의 거란전쟁 당시, 정통성에 자신이 있었던 국왕 현종은 할 수 있었던 일을 최충헌은 할 수 없었다. 미리 방어군을 편성해서 국경선을 지키는 너무 당연한 일을 말하는 것이다. 오히려 최충헌은 국경선을 지키는 장수가 '적의 동태가 수상하니 경계를 강화해야 한다'는 보고서를 올리기라도 하면 불같이 화를 내며 보고서

● 임용한(한국역사고전연구소장) 인터뷰 중에서

를 올린 장수를 처벌했다.* 결국 국경선의 장수들은 최대한 적의 침입이 확실해진 다음에야 보고를 올리게 되었고 방어군은 적이 침입하여 반드시 두 세 개의 성을 함락시키고 변방의 백성들을 도륙한 것이 확인되어야만 편성되었다.

이뿐만이 아니었다. 일단 편성된 방어군도 결코 정상적인 상태로 전선으로 보내지 않았다. 앞서 언급했던 것처럼 방어군을 편성하게 되면 지방에서 새로운 병사들이 뽑혀서 개경으로 올라온다. 최충헌은 이들 중에서 쓸 만한 정예 병사들은 따로 뽑아서 자신의 호위병으로 삼고 전쟁터에는 보내지 않았다. 가장 강한 군대는 자신을 지켜야 하기 때문이다. 과연 국가의 안위보다 자신의 안위를 소중하게 여기는 독재자다운 처신이다. 이런 이유로 실제 전쟁터에 파견된 병사들은 늙고 병든 자들이 대부분이었고 그마저도 병력이 부족하기 일쑤였다. 정예병들 입장에서도 나쁘지 않은 선택이었을 것이다. 언제 죽을지 모르는 전쟁터가 아니라 권력자의 호위병으로 호의호식할 수 있고 또 기회만 잘 잡으면 최고 권력자 최충헌의 눈에 들어 출세할 수도 있으니 말이다.

하지만 간혹 이런 상황을 참지 못하는 주머니 속 송곳 같은 인간이 있게 마련이다. 이 시절에도 마찬가지여서 한 번은 부조리한 상황을 참지 못한 병사 하나가 최충헌에게 달려가 항의했다.

• 『고려사절요』권14 고종 3년 8월 기사
"최충헌은 나라가 부유하고 병사가 강하다고 스스로 여겨, 매번 변방의 보고가 있으면 문득 꾸짖으며 말하기를, '어찌하여 이러한 작은 일들로 역기(驛騎)를 번거롭게 하고 국가를 놀라게 하는가'라고 하였다. 곧 그 알린 자를 유배 보냈다. 그러므로 변방의 장수들이 흐트러져 말하기를, '반드시 적병이 와서 두세 성을 함락시킨 뒤에야 보고를 보낼 만하다'라고 하였다."

"소인은 나라를 지키기 위해 군에 자원한 것입니다. 그러니 전선으로 보내어 적군과 싸울 수 있게 해주십시오."

이 용감하고 정의감 넘치는 병사는 어떻게 되었을까? 그는 전선이 아니라 섬으로 유배되고 말았다.

최선을 다해 싸워도 이기기 어려운데 이렇게 자신의 손과 발을 다묶고 싸우러 나갔으니 결과가 좋을 리 없었다. 이때 고려에 밀고 들어온 거란군은 처자식까지 거느리고 먹고살기 위해 쳐들어온 일종의 도적떼에 불과했는데도 이들을 몰아내는 데 3년이나 걸렸고 지금의 평안도와 함경도 일대는 그야말로 쑥대밭이 되었다.

이런 상황은 아들인 최이의 시대라고 해서 바뀌지 않았다. 최이역시 적의 침입이 확실해지고 나서야 방어군을 편성했다. 따라서 몽골의 1차 침입 때에도 몽골군이 압록강을 넘은 지 두 달이 다 되어서야 방어군이 개경을 떠났다. 물론 이 방어군마저도 최충헌의 예에서알 수 있는 것처럼 결코 정예 병력은 아니었다. 정예 병력은 최이를지켜야 했기 때문이다. 이런 상태로 세계 최강의 몽골군을 맞아 싸웠으니 결과가 좋으면 오히려 이상한 일이다. 안북성에서 몽골군과조우한 고려군은 대패하고 만다.

결국 최충헌과 최이는 쿠데타 정권이라는 비정상적인 독재 권력이었기에 혹여 자신에게 무기가 겨눠지는 것이 두려워 외적의 침입을 경계하는 '정확한 눈'을 자기 손으로 멀게 만들고, 외적에 맞설'자신만의 무기'조차 무디게 만들어 버린 것이다.

거짓 항복

비록 안북성에서 패하기는 했지만 한 번의 전투에서 패했다고 해서 전쟁에서도 패하는 것은 아니다. 만약 첫 전투에서 패한 것만으로 전쟁의 승패가 결정된다면 우리 역사상 있었던 수많은 외침에서 우리는 늘 패했을 것이다. 우리 민족은 비록 첫 전투에서는 패하더라도 끈질기게 싸워서 적을 물리쳐 왔다. 따라서 안북성 전투 이후에도 싸울 의지만 있다면 얼마든지 군대를 재정비해서 전투를 벌이는 것은 가능했다. 또 구주성이나 자주성처럼 몽골군의 배후에서 저항을 계속하고 있는 성들도 남아 있었다. 심지어 고려의 최정예 병력도 아직 건재했다. 최이를 지키는 호위병들 말이다. 다만 문제는 최이가 자신의 호위병들을 전쟁터로 내보낼 생각이 전혀 없다는 점이었다. 거란전쟁 당시의 현종은 극소수의 호위병만 남기고 전 병력을 북방에 파견해도 개경에서 자신의 안전을 걱정할 필요가 없었지만 최이는 그럴 수 없었다. 권력의 정당성 차이가 낳은 필연적인 결과였다. 상황이 이렇다면 결국 남은 길은 오직 하나, 항복뿐이었다.

항복이라고 하면 그날 이후 고려의 왕실과 귀족들이 완전히 교체되고 몽골군의 직접 지배라도 시작되는 것으로 오해하기 쉬운데 이때의 항복은 꼭 그런 것은 아니었다. 고려에 대해 특별한 영토적 야심이 없었던 몽골은 고려에 대한 직접 지배는 추구하지 않았다. 고려의 지배 집단은 일단 그대로 놓아둔 채 일종의 간접 지배 정도의 수준을 요구했다. 그러니까 최이 입장에서도 항복할 여지가 있는 것이다. 그렇다 하더라도 항복의 대가는 엄청났다.

협상 초기에 몽골은 공물로 큰 말 만 필에 작은 말 만 필, 그 말에 실어 보낼 의복과 금은 그리고 공주, 왕족, 대갓집 자제 등의 인질 수천 명을 요구했다. 이 요구를 다 들어 주면 나라가 결딴이 날 판이었다. 한 달이 넘는 협상기간 동안 요구조건은 다소 완화되었지만 그렇다고 해도 고려가 감당할 수 있는 수준은 넘어서는 것이었다. 해가 바뀐 1232년 1월, 왕족과 대갓집 자제 500명을 인질로 보낼 것, 처녀 500명과 수달 가죽 1천 장을 바칠 것, 전쟁 중 잃어버린 몽골의 말을 찾아 보낼 것 등을 조건으로 협상이 타결되었다. 더불어 협상의 이행을 감시하기 위한 다루가치* 72명이 고려에 배치되었다.

이 막대한 보상을 어떻게 처리할지는 두고 볼 문제였지만 아무튼 이렇게 해서 전쟁은 끝이 났다. 그런데 전쟁은 끝이 났지만 전투는 아직 끝난 것이 아니었다. 몽골군에게 저항하고 있는 성이 아직 남아 있었기 때문이다. 바로 구주성과 자주성이었다. 참담한 수준의 대응을 보여준 몽골의 1차 침입에서 그래도 고려의 자존심을 지켜 준

---

* 몽골제국이 점령지에 두었던 벼슬. 점령 지역의 백성들을 직접 다스리거나 내정에 관여했다.

것이 이 두 성이다. 국경 부근의 요지에 위치하고 있어서 이미 9월부터 몽골군의 포위공격을 받았지만 넉 달이 넘도록 세계 최강의 몽골군은 이 두 성의 성벽을 넘지 못하고 있었다. 결국 몽골 측은 이미 항복한 최씨 정권에 압력을 넣어 두 성의 항복을 종용했다. 결국 압도적인 몽골군의 공세 앞에서도 열리지 않았던 구주성의 성문이 먼저 열렸다. 그런데 또 다른 성인 자주성은 정부의 항복 사절이 이미 도착했는데도 성문을 열 생각을 하지 않았다. 심지어 최이의 장인이었던 대집성이 직접 와서 성문을 열라고 종용했는데도 오히려 대집성에게 화살을 날리고 방어를 더욱 단단히 할 정도였다.

결국 거듭된 중앙정부의 명령을 거부할 수 없어 자주성의 성문을 열긴 했는데 여기서 도저히 이해할 수 없는 이상한 일이 벌어졌다. 항쟁의 영웅인 자주성주 최춘명에게 사형선고가 내려진 것이다. 최고 권력자인 최이와 그의 장인인 대집성이 항복 명령을 곧바로 받아들이지 않은 최춘명에게 분노했기 때문이다.

사형은 서경의 저잣거리에서 집행되었다. 그런데 사형 집행 당일 근처를 지나가던 몽골의 한 관리가 사형 장면을 보게 되었다. 아마 서경에 남은 다루가치였던 모양인데, 제법 고위급 관료로 보이는 사람이 사형대에 오르자 호기심을 느낀 몽골 관리가 옆에 있던 고려 관리에게 저 사람이 누구냐고 물었다. 고려 관리가 '자주성주 최춘명'이라고 대답하자 몽골 관리가 깜짝 놀라며 말했다.

"그가 우리에겐 적이지만 고려에는 충신이 아닌가? 이미 화의를 맺었고, 우리도 그를 죽이지 않았는데 끝까지 성을 지킨 충신을 죽여서야 되겠는가?"

이 몽골 관리는 아마도 상식이 무엇인지를 아는 사람이었던 모양
이다. 적이었던 몽골 관리의 끈질긴 설득 덕분에 최춘명은 목숨을
구할 수 있었다.

이렇게 해서 몽골의 1차 침입은 끝이 났다. 하지만 모두가 알고 있
는 것처럼 이것은 끝이 아니었다. 이후로도 몽골의 침입은 30년이나
이어지기 때문이다. 1차 침입에서 고려가 명백하게 항복 의사를 밝
혔는데도 몽골은 왜 계속해서 고려에 쳐들어온 것일까?

근본적으로는 고려의 최고 권력자 최이가 정말로 항복할 생각이
없었기 때문이다. 최이는 항복 협상에서 약속한 공물과 인질을 보
낼 생각도 하지 않았다. 그저 수달피와 몇 마리의 몽골말 정도로 생
색만을 낼 뿐 왕족이나 귀족 출신의 인질이나 기술자 같은 정말 중
요한 요구는 하나도 들어주지 않았다. 애초에 너무 과한 요구이기도
했지만 최이가 항복 협상을 한 목적도 어디까지나 당장의 위기를 피
하는 것이었기 때문이다.

하지만 호전적인 강대국과 맺은 약속을 파기하는 것은 당연히 전
쟁을 부르는 일이다. 최이도 아버지 최충헌처럼 권력을 지키는 일에
는 매우 유능한 사람이었다. 결코 바보가 아닌 것이다. 따라서 자신
이 약속을 지키지 않으면 다시 전쟁이 시작될 것이라는 것을 모르지
는 않았다. 최이는 몽골군이 물러가자 곧바로 다음 전쟁을 준비하기
시작했다. 그런데 이 전쟁 준비라는 것이 좀 이상한 것이었다.

최이의 이상한 전쟁 준비

몽골의 1차 침입에서 참담한 실패를 맛본 최이는 비록 항복을 하긴 했지만 정말로 몽골에게 고개를 숙일 생각은 없었다. 다만 문제는 상대가 강해도 너무 강하다는 것이었다. 이것이 최이의 가장 큰 고민거리였다. 그런데 최이는 똑똑한 사람이었던 만큼 몽골과의 첫 번째 전쟁을 통해 두 가지 사실을 분명히 깨닫게 되었다. 그것은 우선 몽골군과 정면으로 싸워서는 이길 가능성이 없다는 것이고 두 번째로 몽골군은 결코 대규모 군단을 장기 주둔시킬 수 없다는 것이었다. 이 중 첫 번째 교훈은 누구라도 쉽게 이해할 수 있을 것이다. 세계 역사상 가장 넓은 영토를 정복한 몽골제국은 당시 한창 뻗어 나가고 있는 상태였다. 역사상 최강의 군대가 그것도 전성기를 구가하고 있었으니 고려군이 이길 가능성은 높지 않았다. 문제는 두 번째 교훈이다. 몽골은 왜 고려에 대규모 군대를 장기 주둔시킬 수 없는 것일까?

　이 점을 이해하기 위해 우리는 눈을 좀 더 넓게 뜰 필요가 있다. 몽골과 고려와의 관계만이 아니라 몽골제국 전체를 보아야만 이 부분이 이해가 되기 때문이다.

먼저 고려해야 할 것은 몽골군의 전체 규모다. 몽골초원은 물론 넓은 땅이지만 대신 인구 밀도가 매우 희박하다. 아무래도 초원지대는 유목에 의존할 수밖에 없고 유목사회는 농경사회에 비해 단위면적당 생산성이 떨어지기 때문이다. 칭기즈칸이 살아있던 시대를 기준으로 몽골초원 전체에 흩어져 있던 몽골족의 인구는 약 백만 명 정도라고 추정된다. 전체 인구가 백만밖에 안 되니까 당연히 그 안에서 뽑은 병사의 숫자도 제한적일 수밖에 없다. 『원조비사(元朝秘史)』에 따르면 고려와의 전쟁 4년 전인 1227년에 칭기즈칸이 서하와 전쟁을 벌이던 당시를 기준으로 몽골제국의 총 병력은 93밍칸 정도 되었다고 한다. 1밍칸의 병력이 천 명이니까 9만 3천 명 정도였던 셈이다. 그런데 전근대 사회에서 편성 원칙상의 병력 수와 실제 병력 수가 일치하는 경우가 거의 없고 이러저러한 이유로 약 60~70% 정도의 병력만이 보충되는 경우가 허다했다. 그렇다면 몽골군의 실제 병력수도 많아야 7만 정도였을 것이다.

그런데 몽골제국은 이 정도 병력으로 세계 정복에 나섰다. 그것도 한 번에 총력을 몰아서 한 지역만 공격하는 방식이 아니라 동시다발적으로 전쟁을 벌였다. 그러니 원정군의 숫자는 상상 이상으로 적었다. 1236년 우구데이칸이 유럽 전선과 남송 전선에서 동시에 전쟁을 벌였을 때 각 전선에 투입된 몽골군의 병력은 5만을 넘지 않았다. 물론 이 숫자에 동맹군이 추가되겠지만 몽골군은 동맹군이라 할지라도 보병대 없이 오직 기병만으로 부대를 운용했으므로 그 숫자는 제한될 수밖에 없었다. 당연히 고려에 쳐들어온 몽골군도 생각보다 적은 수였다. 『고려사』에 등장하는 전투 기록들을 보면 몽골군에 대한 묘사가 수천 명 수준을 넘는 경우가 거의 없는 것을 알 수 있다. 그나마 몽골제국은 이 정도의 병력도 고려와의 전쟁에 상시 동원할 수가 없었다. 이 병력으로 유지해야 하는 제국의 규모가 상상을 초월할 만큼 컸기 때문이다.

고려와의 전쟁을 시작했던 우구데이칸 시대를 기준으로 봐도 당시 몽골은 고려뿐만 아니라 중국과 유럽에서 동시에 전쟁을 벌이고 있었다. 이렇게 이야기하면 감이 잘 안 올 텐데 동과 서로 8,000km 떨어진 두 개 이상의 지역을 동시에 공격하고 있었던 것이다. 이런 형편이니 몽골군은 만성적인 병력 부족에 시달릴 수밖에 없었다. 당연히 그다지 중요하지도 않은 고려와의 전쟁에 병력을 장기 주둔시키는 것은 생각도 못 할 일이었다.

고려에 대한 몽골의 1차 침입에서도 이런 현상은 그대로 나타난다. 고려에 대한 침공이 시작된 시점이 1231년 8월이었는데 이때는 금나라에 대한 전쟁도 한창이었다. 물론 주공격 방향은 금나라였다. 특히 고려에 대한 공격을 담당하고 있는 것은 칭기즈칸의 동생들이 세운 만주의 동방 3왕가*였는데 이 동방왕가를 대표하는 옷치긴은 자신의 부대를 이끌고 산동 반도 방면에서 금나라와 싸우고 있었다. 결국 고려에 쳐들어온 몽골군은 제국 전체는 물론이거니와 동방왕가의 군대 중에서도 일부였던 셈이다. 따라서 1차 침공 당시 몽골군

---

* 칭기즈칸은 제국의 심장부인 몽골초원은 대칸의 직할지로 삼고 동쪽은 자신의 세 동생에게, 서쪽은 자신의 네 아들에게 분봉했다. 이에 따라 칭기즈칸의 동생들인 카사르, 카치온과 옷치긴이 만주를 지배했다. 이들을 동방 3왕가라고 한다.

의 목표는 어디까지나 양동작전으로 고려군이 혹시라도 금나라를 도우러 오지 못하게 하는 것이었지 고려와 전면전을 하려는 것은 아니었다. 때문에 고려가 항복의사를 밝히자마자 다루가치만을 남기고 서둘러 군대를 물린 것이다.

> "고려의 몽골과의 전쟁은 1231년부터 1250년대 말까지 이어집니다. 그런데 사실 이 당시 몽골의 주 전선은 금나라였고, 그 다음 목표는 남송 정벌이었습니다. 1259년 고려가 항복하고, 남송은 1279년에서야 정벌됩니다. 즉, 고려가 항복한 이후에도 20년간 남송과의 전쟁은 계속된 것이죠. 이 끈질긴 전쟁이 보여주듯이, 몽골의 주요 목표는 금나라와 남송을 포함하는 거대한 중국의 대륙을 정벌하는 데 있었습니다.
> 그렇게 보면 고려와의 전쟁에서 몽골이 얻고자 하는 바도 분명해집니다. 권투로 치자면 잽을 날리면서, 고려가 더 이상 몽골의 뒤통수를 치지 않도록 견제하는 것이라 볼 수 있고, 결국 주력은 중국대륙이라 할 수 있습니다."●

이것이 최이가 발견한 몽골제국의 약점이라면 약점이었다. 몽골군은 절대 고려에 오래 주둔할 수 없다. 최이는 이 약점을 최대한 이용하기로 마음먹었다. 이에 따라 수립된 고려 조정의 대몽골 전략은 이것이다.

"몽골군과는 절대 싸우지 않는다."

● 박종기(국민대 명예교수) 인터뷰 중에서

싸우면 어차피 지니까 아예 싸우지 않기로 한 것이다. 매우 황당해 보이지만 나름대로 합리적인 이유가 있는 전략이다. 몽골군이 대군을 동원해서 장기 주둔하는 것이 불가능하다면 메뚜기도 한철이라고 가만히 숨어서 기다리면 지나갈 것이기 때문이다. 몽골군의 침입을 안보문제가 아닌 일종의 천재지변으로 보고 대응한 셈이다. 태풍이 불거나 지진이 일어나면 안전한 곳에 숨어서 지나가기를 기다렸다가 다시 돌아와 복구하면 되는 것처럼 몽골군이 쳐들어오면 가만히 숨어 있다가 몽골군이 돌아가면 복구하는 방식을 선택한 것이다. 좋게 표현해서 발상의 전환이라고 할 수 있겠다. 하지만 이 전략에는 당연하게도 결정적인 문제가 몇 가지 있었다.

가장 큰 문제는 수도 개경이 무방비 상태로 적에게 노출된다는 것이다. 보통의 정상적인 국가라면 수도가 함락되기 전에 방어선을 치고 적과 싸우지만 최이는 적과 싸우지 않기로 결정했으니 방어선도 당연히 없다. 몽골군으로서는 무풍지대를 달리듯 편안히 개경을 공격할 수 있게 된 것이다. 그리고 개경이 함락되면 왕과 최이의 안전도 당연히 보장할 수 없다. 이래서는 도저히 전략이 성립할 수 없다. 최이도 이 문제를 잘 알고 있었다. 그래서 이 문제에 대한 나름의 해결책도 제시했다. 수도가 통째로 도망을 가는 것이다. 이것이 바로 강화도 천도다. 확실히 최이는 지나치게 이기적이라는 점이 문제이긴 하지만 매우 영리한 인간이라는 것은 분명했다. 수도가 통째로 도망친다는 기발한 생각을 해냈으니 말이다.

몽골군이 철수를 시작한 1232년 2월 최이는 곧장 강화도 천도를 공론화했다.

강화도 천도

하지만 2월에 시작된 강화도 천도 논의는 지지부진했다. 우선 몽골의 감시를 피해 몰래 논의를 진행해야 했던 데다가 아무래도 개경부근에 재산이 몰려 있는 귀족들이 천도를 반기지 않았기 때문이다. 논의가 지지부진해지자 최이는 몽골군이 완전히 철수해서 비교적 운신이 자유로워진 6월에 재상들을 모아놓고 공개회의를 개최했다.

다들 내심 반대하면서도 차마 최이에게 반대를 못하고 있었는데 이번에도 우직한 군인 한 명이 나섰다. 야별초 지휘관이었던 김세충이라는 사람이었다. 김세충은 회의장에 뛰어 들어와 소리쳤다.

"송경(松京)은 태조 이래 2백여 년이나 지켜온 도성으로 성이 견고하고 군사와 양식이 족하니, 마땅히 힘을 합하여 지켜 사직을 호위할 수 있는데, 여기를 버리고 가면 도읍할 땅이 어디란 말입니까?"•

• 『고려사절요』고종 19년(1232년) 6월 기사

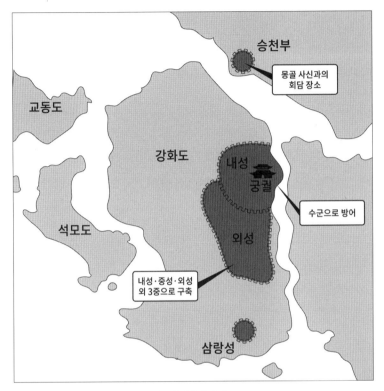

대몽항쟁기의 강화도

　독재자들이 외적보다 싫어하는 것이 바로 항명이다. 최이는 즉각 김세충의 목을 잘라 버렸다. 김세충이 눈앞에서 죽어나가자 회의 분위기가 천도 쪽으로 확실히 잡히기 시작했다.

　천도가 결정되자 최이는 전광석화처럼 움직이기 시작했다. 우선 몽골의 이목을 가리는 것이 중요했다. 몽골이 철수하면서 남겨 두고 간 72명의 다루가치를 제거하는 작전이 즉시 시작되었다. 최이가 다루가치들을 먼저 제거하려 한 것은 단지 정보보안이라는 이유에서

만은 아니었다. 퇴로를 끊는다는 의미도 있었다. 칭기즈칸 이래 몽골 제국의 통치 원리는 아주 단순하면서도 잔혹했다. 항복하면 살려두지만 혹시 반란이라도 일으키면 고양이 한 마리도 살아남지 못할 정도로 정복지를 초토화시켰기 때문이다. 대표적인 사례가 아프가니스탄의 대도시 헤라트Herât다. 칭기즈칸의 서방 원정 당시 헤라트는 비교적 일찍 항복을 결정했기에 도시의 주민들은 살아남을 수 있었다. 칭기즈칸은 적을 추적하기 위해 소수의 다루가치만을 남기고 헤라트를 떠났다. 몽골군은 숫자가 적었기에 이처럼 점령지에는 소수의 다루가치만을 남겨두기 일수였다. 문제는 칭기즈칸이 떠난 후 일어났다. 칭기즈칸과 몽골군의 본대가 떠나자 위험이 사라졌다고 생각한 헤라트 주민들은 다루가치를 죽이고 반란을 일으켰다. 결과는 참혹했다. 되돌아온 몽골군은 이번엔 단 한 사람의 생존자도 남겨두지 않기 때문이다. 몽골군은 어디에서나 이런 식으로 행동했고 경고의 의미로 이런 소문을 세계 곳곳에 퍼트렸다. 때문에 몽골의 다루가치를 죽인다는 것이 무엇을 뜻하는지는 세상 사람들 모두가 알고 있었다. 따라서 최이가 몽골에 대항하기 전에 다루가치를 먼저 살해한 것은 이제 돌아갈 곳이 없다는 것을 보여주려 한 것이다.

　다루가치 제거 작전과 함께 천도도 전격적으로 진행되었다. 천도가 결정된 지 한 달도 안 되어서 왕이 먼저 개경을 떠나 강화도로 향했다. 물론 한 달 사이에 왕이 기거할 만한 건물이 강화도에 마련되었을 리는 없었다. 왕은 허술한 임시 거처에서 새로운 궁이 마련될 때까지 기다려야 했다. 왕이 이 지경이었으니 백성들의 처지는 말할 필요도 없었다. 기록에 따르면 당시 개경은 호수(戶數)만 10만 호에 이르는 거대한 도시였다고 한다. 한 집 당 4~5명씩만 잡아도 40만 명이 넘는다. 이 엄청난 인구가 한꺼번에 이동을 하니 고통은 이만저만이 아니었다. 하필 때도 장마철이었다. 『고려사절요』는 다음과 같이 전한다.

> "이때 장마가 열흘이나 계속 되어 흙탕물이 정강이까지 차고, 사람과 말이 엎어지고 넘어졌다. 고위 관리와 양가의 부녀자들 중에 심지어 맨발로 지고 이고 가는 사람까지 있었다. 의지할 곳 없이 울부짖는 홀아비, 과부에 고아들은 이루 헤아릴 수 없었다."•

　이런 식의 강제 이주에 저항이 없을 리 없다. 개경에서는 왕이 도성을 빠져나간 틈을 타 반란이 일어났다. 반란은 개경에서만 일어난 것이 아니었다. 서경에서는 최이의 명령을 받은 관리들이 다루가치를 죽이려고 하자 서경 사람들이 들고 일어나 이를 막았다. 앞서 설명한 것처럼 다루가치를 죽였다가는 몽골군이 서경을 지도에서 지워버릴 것이 분명했기 때문이다. 수도인 개경과 제2 도시인 서경에서 반란이 일어날 정도로 민심은 흉흉했지만 최이는 군사작전을 하듯이 강화도 천도를 밀어붙여 한 달 만에 기어코 수도를 옮기고야 말았다. 한 달 만에 일국의 수도를 통째로 옮겼으니 아무튼 최이의 실행력만큼은 대단하다고 인정해 줘야 할 것이다.

　그런데 여기서 한 가지 짚고 넘어갈 것이 있다. 왜 하필이면 강화

• 『고려사절요』 고종 19년(1232년) 7월 6일 기사

로 천도를 했는가 하는 점이다. 이후에는 외침이 있을 때마다 강화
도가 중요한 피난처 역할을 했기 때문에 우리는 강화도로 천도하는
것을 당연한 것처럼 여기는 경향이 있는데 사실 강화도로 왕이 피난
을 간 것은 이때가 처음이었다. 그 이전에 거란의 침입이 있었을 때
는 남쪽의 나주 같은 곳이 피난처로 선택되었다. 최이는 왜 하필이
면 강화도로 수도를 옮긴 것일까?

　우선 가장 먼저 생각할 수 있는 것은 거리 문제이다. 당연하게도
강화도는 당시 수도인 개경이나 조선시대의 수도인 한양과 가깝다.
지금도 강화도는 서울에서 차로 한 시간 남짓이면 갈 수 있는 곳이
다. 일단 유사시에 급히 피할 수 있는 것이다. 두 번째 이유는 물론
강화도가 섬이라는 사실과 관련되어 있다. 섬이기 때문에 방어에 유
리하다는 것인데 그렇다고 해서 그저 섬이라는 이유만으로 강화도
가 방어에 유리한 것은 아니다. 섬이라고 해도 방어에 적합하지 않
은 섬은 많기 때문이다. 더구나 강화도는 섬이라고 해도 육지에 바
짝 붙어있는 섬이다. 실제로 강화도에 가서 보면 해협의 폭이 한강
정도도 되지 않는다는 사실을 알 수 있다. 그래서 강화도 해협을 바
라보면 몽골군이 왜 이 정도 해협도 건너지 못한 것인지 의아할 정
도다. 아무리 물에 약한 유목민이라고 해도 압록강이나 한강도 못
건너는 건 아니지 않은가?

　그런데 사실은 해협의 폭이 좁다는 것이 오히려 강화도가 가진 강
점이었다. 이 경우 해협을 바다라고 생각하지 말고 성에 붙어있는
해자(垓子)라고 생각하면 된다. 주지하다시피 해자는 성의 방어력을
높이기 위해 인위적으로 판 수로이다. 이 수로에 물을 끌어들여 적

의 공격을 방해하는 것인데 강화도의 경우 해안선을 따라 곳곳에 요새를 쌓으면 해협은 그대로 해자로 변한다. 더구나 해협이 좁기 때문에 여느 해자와 달리 물살도 무척 빠르다. 여기다가 개펄까지 발달되어 있기 때문에 강화해협은 무시무시한 해자 역할을 했다. 기병대를 이런 개펄로 보냈다가는 화살받이 꼴을 면치 못할 것이다.

　그리고 이런 방어상의 이점 말고도 강화에는 우리나라의 다른 어떤 섬도 가질 수 없는 결정적인 이점이 존재했다. 사실은 이것이 가장 결정적인 이유인데 바로 조운이었다.

　"고려 조정이 천도를 논의할 때, 하느냐 마느냐에 대해서는 치열한 논쟁이 있었지만, 어디로 가느냐에 대해선 일체 얘기가 없었습니다. 즉, 천도를 한다면 강화도가 유일한 목적지였던 거죠.

　강화도는 개경과 무척 가까울 뿐만 아니라 비교적 큰 섬입니다. 게다가 외적들이 함부로 치기 어려운 지형적 요건을 갖추고 있었죠. 물살이 굉장히 험하고, 해변엔 개펄이 굉장히 발달해 수군이 배를 정박하기가 어려웠습니다. 방어에 유리한 여러 조건들이 있었기 때문에 천도를 할 때 강화도로 가는 것에는 아무도 이의가 없었던 것입니다.

　그런데 방어 조건이 유리하다는 것이 수도를 옮기는 이유가 되기엔 충분하지 않습니다. 강화도에는 또 다른 이점이 있었으니, 지방과의 연계가 수월하단 것입니다. 수도의 기능을 하기 위해선 식량과 세금 등의 물류가 제대로 유통이 되어야 하는데 강화도는 개경과 가까워 기존의 유통망과 큰 차이가 없이, 전쟁 중에도 유지할 수 있었던 겁니다.

　고려는 강화도에서 39년을 버텼습니다. 거의 40년 동안 작은 섬에서 버틸 수 있었던 중요한 이유는, 전쟁 기간에도 물류의 유통이 원활하게 이루어졌다는 것입니다. 그것이 항전의 힘이었던 것이죠."•

고려시대의 물류는 육로가 아니라 수로가 주로 담당했다. 여러 이유가 있었지만 무엇보다도 크고 작은 강들이 모두 서해나 남해로 연결되어서였다. 전국의 물건을 배에 싣고 강을 내려온 다음 연안 항로를 따라 예성강에 이른 후 강을 타고 올라오면 바로 개경에 도착할 수 있었다. 조선시대에는 예성강이 아니라 한강을 타고 한양으로 향하는 수로가 이어져 있었다. 그런데 강화도는 바로 이 조운망이 예성강이나 한강으로 이어지는 교차점에 자리 잡고 있다. 다시 말해서 모든 물류는 일단 강화도 부근까지 온 후 개경이나 한양으로 들어온다는 뜻이다. 따라서 강화도로 수도를 옮길 경우 기존의 조운망을 그대로 사용할 수 있게 된다. 이것이 강화도가 가진 가장 큰 강점이다. 방어에는 유리하면서 동시에 전국에서 세금은 그대로 걷을 수 있는 것이다.

더구나 강화도는 땅도 비교적 넓은 편이었다. 자연이 지은 성벽처럼 자리 잡은 해안가의 언덕들을 지나 섬 안으로 들어오면 마치 별세계에라도 온 것처럼 아늑하고 넓은 평야가 펼쳐지는 것이었다. 전격적인 천도 이후 왕을 위한 궁궐과 최이와 귀족들을 위한 저택들이 속속 들어서기 시작했다. 이규보는 이 풍경을 다음과 같이 노래했다.

• 윤용혁(공주대 역사교육학과 명예교수) 인터뷰 중에서

"천도한 새 서울에 날로 더욱 집을 지으니

수천의 누에가 다투어 고치를 짓는 듯하네"*

    이렇게 강화도로 수도를 통째로 옮김으로써 최이는 자신이 세운 새로운 전략의 가장 큰 문제를 해결했다. 방어선이 사라졌기 때문에 수도가 직접 공격당할 수밖에 없다는 문제 말이다. 그리고 이후로도 30년 이상 몽골에 대한 저항을 계속할 수 있었다는 점에 비추어 볼 때 이 천도는 확실히 효과가 있었다. 최소한 고려 지배층의 안전이라는 측면에서는 그러했다.

    하지만 이것으로 문제가 다 해결된 것은 아니었다. 더 큰 문제가 남아 있었기 때문이다. 수도는 도망칠 수 있을지 몰라도 나라 전체가 도망칠 수는 없다는 것이 바로 그것이었다.

• 新京構屋日滋多 猶似千蠶競作窠 – 이규보 『동국이상국집』

나라가 갑자기
무너지기야 하겠는가?

맹자는 "백성이 가장 귀하고 사직이 그 다음이며 임금이 가장 가볍다"* 라고 말한다. 맹자는 여기서 멈추지 않고 더 확실하게 말한다.

> "임금이 사직을 위태롭게 하면 임금을 바꾸고, 사직에 정성들여 제사를 지냈는데도 가뭄이나 홍수가 계속되면 사직을 허물어 버린다."**

사직을 허물어 버린다는 것은 왕조를 교체한다는 말이다. 왜 이렇게까지 해야 할까? 사직은 바꿀 수 있어도 백성은 바꿀 수 없기 때문이다. 이 구절은 유학자들에게 국가란 무엇인가에 대한 가장 근본적인 통찰을 주는 구절로 오랜 세월 동안 받아들여져 왔다. 국가란 왕도 아니요, 왕조도 아니며 결국 백성인 것이다. 이건 결코 당위적이

• 孟子曰 "民爲貴, 社稷次之, 君爲輕。" - 맹자 『진심장』
•• 諸侯危社稷, 則變置。犧牲旣成, 粢盛旣潔, 祭祀以時, 然而旱乾水溢, 則變置社稷。
  - 맹자 『진심장』

고 도덕적인 권고가 아니다. 왕이나 권력자가 바뀌고 지배집단이 바뀌어도 국가는 유지될 수 있지만 백성이 사라지면 국가가 성립할 수 없다는 너무나도 당연한 사실을 지적한 것이다. 따라서 국가가 존립할 수 있느냐 없느냐의 문제는 그 국가가 백성을 보호할 수 있느냐 없느냐의 문제로 귀결된다. 백성의 입장에서 보자면, 세금을 내고 국방의 의무를 다하는 문제는 국가가 이에 대한 대가로 백성을 지켜줄 수 있느냐 없느냐에 달려 있는 셈이다.

그런데 최이의 강화도 천도는 이 대전제를 무너뜨렸다. 최이는 백성들에게 세금도 계속 내게 하고 국방의 의무도 계속 지웠지만 보호는 해 주지 않았기 때문이다. 방어선도 없고 몽골군과 싸울 생각도 없는데 백성을 보호할 방법은 당연히 있을 리 없지 않은가?

결국 고려의 백성들은 세계에서 가장 잔혹하기로 소문난 몽골군의 칼날 앞에 맨몸으로 내던져졌다. 수도가 섬으로 도망가고 방어선이 사라졌다는 것은 백성들을 지켜줄 존재가 사라졌다는 문제로 끝나지 않았다. 방어선이 사라졌기 때문에 몽골군이 나타났다는 경보도 같이 사라졌다. 언제 어디서 몽골군이 나타날지 백성들은 알 수가 없어진 것이다. 이제부터는 정말 자기 몸은 자기가 지킬 수밖에 없는 상황이 되었다. 국가는 사라지고 각자도생의 시대가 시작된 것이다.

물론 최이도 나름대로 백성들에게 대책이라는 것을 제시하기는 했다. 이른바 산성입보(山城入保)와 해도입보(海島入保)*가 바로 그

---

* 산성입보는 깊은 산속의 성으로 들어가라는 것이고 해도입보는 강화도처럼 섬으로 들어가서 숨으라는 정책이다. 이 정책들도 일관되게 몽골군과는 싸우지 않는다는 최이의 전략을 보여 주는 전략들이다.

것이다. 이건 글자가 말하는 그대로 너희들도 자신들처럼 깊은 산 속이나 섬으로 도망을 가라는 뜻이다. 글자 그대로 시행이 되었다면 수도가 도망가는 것을 넘어서서 나라 전체가 도망을 가는 인류 역사상 초유의 사건이 되었을 것이다. 하지만 너무 당연하게도 문제는 그렇게 간단하게 해결되지 않았다.

왕이나 최이 같은 지배층이야 어차피 직접 생산을 담당하는 사람들이 아니니까 섬으로 도망을 가도 먹고 살길이 있다. 세금을 개경으로 가져가지 말고 강화도로 가져오라고 명령만 내리면 되기 때문이다. 하지만 백성들은 다르다. 그들은 당장 농사를 짓고 물고기를 잡아야만 먹고 살 수 있는 사람들이다. 그러니 최이는 개경을 버릴 수 있을지 몰라도 백성들은 농토나 어장을 버릴 수 없다. 버리는 순간부터 굶어야 하기 때문이다. 혹시 농토를 완전히 버리고 내내 도망가 있으라는 것은 아니라고 반론을 할지도 모르겠다. 어차피 몽골군은 오래 고려 땅에 있을 수 없으니 몽골군이 돌아다니는 동안만 피난을 가 있다가 몽골군이 물러나면 다시 돌아와서 생업에 종사하면 되는 것 아니냐고 말이다. 하지만 이건 농사를 지어보지 않은 자의 탁상공론에 불과하다. 농사는 씨만 뿌려두고 기다리기만 하면 되는 것이 아니다. 특히 논농사는 더욱 그렇다. 잡초를 뽑고 물길을 내주고 거름을 주는 등 1년 내내 보살펴야만 생산이 가능하다. 돌보지 않는 농토는 바로 황무지로 변한다. 더구나 몽골군은 영리하게도 벼가 익을만한 음력 8월에 쳐들어와서 가을과 겨울 내내 국토를 유린하다가 돌아갔다. 이때 농토를 버리라는 것은 굶어 죽으라는 소리와 같다.

문제는 이것만이 아니었다. 산성이라고 하면 보통 남한산성 같은 곳을 생각하는데 몽골군을 피해 들어가야 했던 산성은 남한산성 같이 평야에서 그리 멀지 않은 성이 아니었다. 그런 곳은 피난하기도 쉽고 또 성도 제법 넓어서 많은 인원을 수용할 수 있겠지만 반대로 몽골군이 쫓아오기도 쉬웠다. 따라서 몽골군을 피해서 숨어야 했던 산성은 훨씬 깊은 곳에 있는 산성, 예를 들자면 설악산의 권금성이나 월악산의 덕주산성, 두타산의 두타산성 같은 곳이었다.

이 산성들에는 몽골군과 관련된 전설이 하나씩 있는데 그 전설에는 공통점이 있다. 몽골군이 고려 백성들을 쫓아 산성 근처까지 왔다가 산신령이 보낸 안개나 비바람에 겁을 먹고 물러났다는 식의 이야기다. 전설대로라면 역시 우리 땅의 산신령은 우리 편이구나 싶긴 한데 이런 전설이 알려주는 진실은 그런 것이 아니다. 이런 전설이 알려 주는 진짜 진실은 그 산성들이 그야말로 첩첩산중 외진 곳에 있었다는 것이다. 오죽 깊은 곳이었으면 쫓아 들어온 몽골군이 길을 잃고 돌아갔겠는가? 사정이 이러하니 실제로 이런 곳에 피난할 수 있었던 백성은 그야말로 극소수에 불과했다.

결국 최이가 내세운 '산성입보 해도입보'의 대책이란 일종의 책임 회피에 불과했다. 백성들 입장에서는 오히려 없느니만 못한 대책이었을 것이다. 정부의 대책대로 피난을 가려 해도 실제로 갈 곳이 마땅치 않고 또 피난이 길어지면 굶어죽을 것이 확실하기 때문이다. 따라서 대부분의 백성들은 굶어죽을 가능성이 높은 산성입보나 해도입보를 하느니 혹시라도 몽골군이 지나쳐 주길 바라며 고향땅에 남았다. 몽골군 입장에서는 세상에 이렇게 손쉬운 약탈 대상도 없었을 것이다. 고려군의 공격을 걱정하지 않고 마음대로 고려 영토를 휘젓고 다니며 약탈을 일삼을 수 있었으니 말이다.

하지만 이런 고통도 백성들의 사정일 뿐이었다. 최이와 지배층 입장에서는 그들이 도망간 강화도는 안전했고 강화도로 집중된 기존의 조운망 덕택에 세금도 예전처럼 잘 들어오고 있었다. 강화도의 귀족들은 몽골의 끊임없는 침입에도 불구하고 오히려 태평성대를 노래했다. 최이가 가장 총애하는 문인이었던 이규보는 강화도에 피난 온 고려 지배층의 삶을 다음과 같이 노래하고 있다.

"오랑캐 종족이 사납다지만 어떻게 이 물을 뛰어 건너랴

어리석은 백성들아 놀라지 말고 안심하고 단잠이나 자소

그들은 응당 저절로 물러가리니

나라가 어찌 갑자기 무너지기야 하겠는가?"*

백성들의 고통이야 어찌 되었건 강화도에만 있으면 아무 걱정 없다는 사고방식이 그대로 드러나는 글이 아닐 수 없다. 하지만 과연 이 상태가 영원히 지속될 수 있을까? 지배층이 이렇게 자신의 안전만을 추구해도 국가는 정말 유지되는 걸까? 정말 나라가 갑자기 무너지는 일 따위는 없는 것일까?

다행히 나라는 갑자기 무너지지 않았다. 우리 모두가 알고 있는 것처럼 몽골에 대한 항쟁은 30년이 넘도록 계속되었다. 그런데 좀 이상하지 않은가? 고려 정부는 몽골의 2차 침입부터 더 이상 몽골

---

* 虜種雖云頑 安能飛渡水 愚民且莫驚 高枕甘爾寐 行當自退歸 國業寧遽已
　　– 이규보『동국이상국집』

군과 싸우지 않기로 결정했는데 어떻게 항쟁이 계속될 수 있단 말인
가? 중앙정부가 전쟁을 포기했는데 그 후 30년 동안 고려 땅은 도대
체 누가 지킨 것일까?

대몽항쟁의 진정한 주역들

대몽항쟁의 사적지로 손꼽히는 곳 중 하나는 용인에 있는 처인성이다. 교과서에서 대몽항쟁을 언급할 때마다 나오는 곳이기에 이름이널리 알려져 있어서 제법 큰 성이라고 생각하기 쉬운데 처인성은 큰성이 아니다. 큰 성이 아닌 정도가 아니라 직접 가서 보면 이런 곳을성이라고 불러도 되나 싶을 정도로 작다. 작을 뿐 아니라 허술하기까지 하다. 주변을 논이 둘러싸고 있는데 솔직히 위치를 알고 찾아가지 않으면 그냥 작은 언덕이려니 생각하고 지나칠 정도로 성이라는 느낌이 전혀 들지 않는다. 그나마 흙 언덕을 넘어 요새 안쪽으로들어가면 그래도 주변을 흙 언덕이 막아주고 있어서 방어 시설 안에들어온 느낌이 이제야 들긴 하는데 그래 봤자 조금 큰 참호 정도의느낌이다. 사실 우리가 토성이라고 부르는 곳들은 대부분 이 정도의작은 언덕에 불과하다.

　이런 허술한 토성들이 대몽항쟁 당시 대부분의 고려 백성이 몸을의지해야 했던 곳이다. 직접 가서 언덕 위에 서 보면 이곳에서 몽골

군을 막는다는 것은 기적이 없으면 불가능하겠구나 하는 생각이 든
다. 아니 솔직히 기적이 일어나도 불가능할 것 같아 보인다. 그런데
1232년 겨울에 이곳에서 정말 기적이 일어났다.

강화도 천도가 겨우 마무리될 무렵인 1232년 여름, 고려에서 목
숨을 건지고 달아난 다루가치들을 통해 최이의 변심을 알게 된 몽골
제국은 즉각 응징에 나섰다. 2차 침입이 시작된 것이다. 고려 정부
가 몽골군과의 정면대결을 포기했기 때문에 요격 따위는 걱정할 필
요도 없었다. 정부군의 조직적인 방어선도 없었으므로 대규모 전투
를 벌일 일도 없었다. 8월에 압록강을 건넌 몽골군은 별다른 저항도
받지 않고 고려 땅을 휩쓸고 다녔다. 10월에는 개경이 함락되고 11
월에는 그때는 남경(南京)이라고 불리던 한양을 점령했다. 몽골군은
여기서 그치지 않고 약탈을 일삼으며 남하를 계속했다.

한강을 건너 남하하던 부대가 처인성 부근에 나타난 것은 겨울이
본격적으로 시작된 12월 중순이었다. 몽골군이 나타나자 성 부근의
마을인 처인 부곡(部曲)에 경보가 울리기 시작했다. 하지만 마을사
람들이 몽골군의 등장을 알아챈 시점은 몽골군이 아주 가까이 온 다
음이었다. 일찍 알아차렸더라면 좀 멀리 피난을 갈 수 있었겠지만
방어선이 사라진 상태였기 때문에 몽골군이 어디쯤까지 왔는지를
알아낼 방법은 전혀 없었다. 마을 사람들은 근처에 있는 토성으로
피할 수밖에 없었다.

다가오는 몽골군을 바라보는 마을 사람들의 심정은 어떠했을까?
상대는 유라시아 대륙 전체를 정복한 몽골군이다. 몽골군에 대한 소
문은 마을 사람들도 익히 들어봤을 것이다. 냉정하게 평가해서 싸워

서 이기기를 기대하기는 어려웠다. 혹 이기지는 못해도 구원군이 올 때까지 버티는 방법도 있긴 하지만 당시 마을 사람들에겐 솔직히 그 것도 기대하기 어려웠다. 정부군은 몽골군과의 싸움을 포기했기 때 문이다. 아니 설혹 정부군이 몽골군과 전투를 벌일 생각이 있었다고 하더라도 과연 이곳을 구원하러 왔을지는 의문이다. 처인 부곡이라 는 마을 이름에서 알 수 있는 것처럼 이곳에 몸을 피한 사람들은 천 민 신분인 부곡민들이기 때문이다. 상황을 종합해 보면 다가오는 몽 골군을 보며 절망에 떠는 것이 당연할 상황이었다.

그런데 놀랍게도 마을 사람들은 몽골군과 싸우기로 결정했다. 그 리고 그들이 뽑은 대장이 바로 대몽항쟁의 영웅 김윤후였다. 김윤후 에 대해서는 알려진 것이 없는데 거의 유일한 정보는 그가 백현원이 라는 절의 스님이었다는 것이다. 이후의 활약에 비추어 볼 때 김윤 후는 무예를 할 줄 아는 무승이었던 것 같다. 이런 사람이 어쩌다 시 골 마을까지 흘러 왔는지는 모르지만 이 사람이 하필 이 시점에 처 인 부곡에 있었다는 것이 마을 사람들로서는 더없는 행운이었다. 대 장으로 뽑힌 김윤후는 곧장 마을 사람들에게 무기를 나누어 주고 전 투에 대비했다.

12월 16일, 드디어 전투가 시작되었다. 작고 허름한 성이었던 만 큼 몽골군 사령관 살리타이는 싸움을 가볍게 본 모양이다. 소규모 기병대만으로 공격을 시작했기 때문이다. 하지만 호랑이는 토끼를 잡을 때도 최선을 다한다지 않던가? 살리타이의 방심이 전혀 예상 치 못한 결과를 낳고 말았다. 난전 중에 날아온 화살에 살리타이가 사살된 것이다. 전투과정에 대한 구체적인 기록이 없어서 도대체 누

가 어떤 상황에서 살리타이를 죽였는지는 알 수 없지만 이 살리타이
의 죽음이 마을 사람들을 구원했다. 아니 이 화살은 처인 부곡이라
는 작은 마을 하나만을 구한 것이 아니었다. 고려 전체도 구원했다.
사령관이 예상치 못한 죽음을 당하자 당황한 몽골군이 즉시 군대를
물렸기 때문이다. 이렇게 해서 몽골의 2차 침입이 끝났다.

> "처인성은 정말 작은 성입니다. 전면전을 할 수 있는 곳이 아님에도 몽골군
> 총사령관인 살리타이가 전사할 정도의 전투가 벌어졌어요. 『고려사』는 살
> 리타이가 김윤후의 화살을 맞고 죽었다는 소문이 났다고 전합니다. 그런데
> 김윤후 본인은 자기가 쏘지 않았다면서, 다른 사람에게 공을 돌립니다. 어
> 쨌든 김윤후의 지휘 아래 누군가가 쏜 화살에 죽은 건 분명하죠.
> 그런데 몽골군은 칭기즈칸 같은 몽골의 칸이 죽거나 사령관이 전사하면 전
> 투를 중지하고 돌아가는 풍속이 있어요. 그러니까 살리타이가 화살에 맞고
> 전사하자 고려에 들어와 있던 몽골군 전체가 철수하는 거죠. 그래서 김윤후
> 의 화살이든 그의 부하의 화살이든 김윤후 부대의 전투가 몽골군의 2차 침
> 공을 저지하게 된 것입니다."•

> "전투 중에 몽골군 총사령관이 사살된 일은 고려와 몽골의 28년 전쟁 중에
> 도 유일한 사건입니다. 몽골이 유라시아 대륙을 가로지르는 대제국을 건설
> 하는 동안에도 최고 지휘관의 전사(戰死)라고 하는 것이 또 있었을까 싶을
> 정도로 아주 드문 사례입니다."••

• 임용한(한국역사고전연구소장) 인터뷰 중에서

몽골군이 물러나자 최이는 이 성과를 대대적으로 선전하기 시작했다. 강화도로 천도한 지 반년 만에 몽골제국의 총사령관을 죽이는 엄청난 성과를 얻었으니 자랑할 만한 일임에는 분명하다. 하지만 이게 어디 최씨 무신정권의 업적이겠는가? 도망간 정부를 대신해서 자신의 고향을 지키기 위해 일어선 처인 부곡의 천민들이 있었기에 가능한 일이었다. 그리고 이런 일은 단지 처인 부곡에서만 일어난 일은 아니었다. 충주성에서는 더 극적인 사건이 벌어졌다.

사건은 몽골의 1차 침입이 한창이던 1231년 12월에 벌어졌다. 안북성 전투 이후 파죽지세로 고려 영토를 휩쓸고 다니던 몽골군은 겨울이 시작될 무렵 한강을 건너 충청도 지역으로 진출했다. 특히 충주는 몽골군이 경상도나 전라도 지역으로 진출하기 위해 반드시 거쳐야하는 교통의 요지였으므로 당연히 공격 목표가 되었다. 몽골군이 다가오자 충주성도 방어 준비에 들어갔다.

총 책임자였던 충주부사 우종주는 우선 방어의 핵심전력으로 별초(別抄)를 조직했다. 별초란 글자 그대로 특별히 뽑은 병사들이라는 뜻이다. 다만 몽골군에 대비해 총력전을 해야만 했던 만큼 중심 전력인 양반별초 외에도 노비들로 구성된 노군별초와 다른 상민들로 구성된 잡류별초를 따로 구성했다. 당연히 총 책임자인 우종주는 양반 별초를 지휘했고 판관 유홍익이 노군별초와 잡류별초를 맡았다. 총력 방어체제를 구성한 셈이다. 여기까지는 좋았는데 문제는 몽골군이 가까이 오자 일어났다. 막상 몽골군과의 싸움이 다가오자

•• 이익주(서울시립대학교 국사학과 교수) 인터뷰 중에서

겁을 먹은 지휘관들이 먼저 달아나 버린 것이다. 지휘관이 달아나자 휘하의 양반별초들도 달아났다. 결국 성에 남은 것은 처인성의 부곡민들처럼 사회의 가장 밑바닥에 있던 노비와 천민들이었다. 그런데 놀랍게도 이들은 달아나지 않았다. 달아나기는커녕 오히려 성을 지키기 위해 악착같이 싸웠다. 그리고 신기하게도 이 전투에서도 결국 고려의 천민들이 이겼다. 도저히 성을 함락시킬 수 없었던 몽골군이 퇴각을 결정한 것이다.

여기까지였다면 이야기는 처인성 전투처럼 아름다운 미담으로 끝났을 텐데 불행히도 충주성에서는 여기서 이야기가 끝나지 않았다. 몽골군이 물러난 후 되돌아온 우종주 이하 지휘관들이 엉뚱한 짓을 벌였기 때문이다. 이들은 전투 중에 관아의 은그릇 등이 줄어들었는데 분명히 노군별초들이 훔쳐간 것이라고 주장하며 노군별초의 지휘관들을 잡아 죽이려고 들었다. 아마 적 앞에서 도망친 자신들의 비겁을 감추기 위해서였을 것이다. 노비들을 사람 취급도 안 한 셈인데 이런 일을 당하고도 가만히 있으면 정말 사람이 아니다. 노비들은 당연히 들고 일어났다. 이 반란은 중간에 정부가 반란 지도자들을 회유하는 등 여러 우여곡절이 있었지만 1232년 8월까지 이어져 몽골의 2차 침입이 시작될 무렵에야 진압되었다.

대몽항쟁 기간 중에 벌어진 대부분의 전투들은 이처럼 그 지역의 백성들이 고향땅을 지키기 위해 자발적으로 벌인 전투들이었다. 정부가 한 일이라고는 전투가 끝난 후 전투의 지휘관들에게 포상을 내리거나 소수의 별초들을 파견해서 백성들을 깊은 산속의 산성이나 섬으로 피난시키는 것이 전부였다. 결국 우리가 자랑스럽게 여기는

30년 대몽항쟁의 진정한 주역은 강화도로 도망가 편안히 지내던 무신정권이 아니라 자신의 고향을 지키기 위해 온몸으로 세계 최강의 몽골군과 맞서 싸운 고려의 백성들이었던 셈이다.

이상한 전쟁

지금까지 살펴본 것처럼 대몽항쟁은 다른 전쟁과는 매우 다른 독특하고 이상한 전쟁이었다. 전쟁이 벌어지기까지의 과정도 이상하고 전쟁이 시작된 후의 대응도 이상한 일투성이였다. 전쟁의 진행과정도 이상하기 그지없었다. 정부군은 적군과 싸울 생각이 전혀 없으면서도 전쟁을 계속했으니 말이다. 도대체 최이는 무엇 때문에 이런 전쟁을 계속한 것일까?

그나마 병자호란 때는 또 다른 강대국인 명나라와의 의리가 있어서 청나라에 저항한 것이지만, 당시의 고려는 딱히 의리를 지킬 나라도 없었다. 별다른 은혜도 없었던 금나라는 이미 망한 것이나 마찬가지 상태였고 남쪽의 송나라는 애초에 고려와는 동맹이라고 할 것도 없었다. 또 고구려나 신라처럼 자주성을 지키기 위해 체계적인 방어계획하에 결연하게 싸우는 것이라면 당연히 전쟁의 명분이 있다고 할 수 있지만 최이는 딱히 그런 자세를 보인 것도 아니었다. 최이는 도대체 왜 이런 식의 항전을 계속한 것일까?

사실 최이는 항복을 안 한 것이 아니라 못 한 것이다. 고려가 몽골의 지배를 받아들이게 되면 자신의 지위가 위태로워지기 때문이다.

무엇보다 최이는 비정상적인 권력자다. 왕도 아니고 그렇다고 신하도 아니다. 심지어 최이는 벼슬도 없었다. 그의 호칭은 그냥 영공(令公)이었다. 만약 몽골의 지배가 강화되면 이런 존재는 몽골에게 거추장스러운 존재가 된다. 아무래도 정통성 있는 왕을 통해서 자신들의 지배를 관철하는 게 훨씬 안정적이기 때문이다.

더구나 최이는 무신정권의 권력자다. 그의 권력은 말 그대로 폭력에 기반하고 있는 것이다. 그런데 몽골의 지배 아래에 들어가면 이 폭력이라는 도구는 몽골제국의 손에 넘어간다. 최이 같은 유형의 권력자로서는 권력의 기반을 송두리째 상실하는 것이다. 결국 몽골의 지배가 강화되면 될수록 최이는 제거될 수밖에 없는 운명인 것이다. 따라서 절대 바보가 아니었던 최이로서는 몽골의 지배를 도저히 받아들일 수 없었다. 최이에게 남아 있는 선택지는 몽골제국에 저항하는 길뿐이었다.

"몽골에 대한 항전 결정은 당시 정권의 특수성과 관련되어 있습니다. 그 당시의 정권은 바로 무신정권이었습니다. 이들은 항복이라는 타협 대신 항전을 택합니다. 물론 전쟁과 적절한 수준의 타협이 병행되는 것이 전쟁의 일반적인 귀결이지만, 무신정권은 타협을 하지 않습니다. 국가간에 타협을 한다면 그것은 고려의 왕과 타협을 하는 것이기 때문에 무신정권은 설 자리를 잃게 됩니다. 이것이 몽골에 대한 항전의 배경인 것입니다. 즉, 항전을 포기하면 항전을 포기하는 것으로 끝나는 것이 아니라 그들 자신, 정권이 소멸

되는 위기에 몰리기 때문에 고려라는 나라는 무신정권이 무너질 때까지 결코 항복을 하지 않았던 것입니다."●

　더 큰 문제는 누구이 이야기한 것처럼 최이가 비정상적인 권력자였기 때문에 전쟁을 수행하는 방식도 비정상적인 것이 되었다는 점이다. 신라의 문무왕이나 고려의 현종은 국가 공동체 안에서 자신의 안전을 걱정하지 않아도 되는 정당성 있는 권력자였기 때문에 국가의 운명을 곧 자신의 운명으로 여겼다. 따라서 그들은 국가를 지킴으로써 자신도 지키려고 했다. 하지만 최이는 순서가 반대가 되었다. 최이는 권력의 정당성이라는 소프트파워가 부재한 독재자였기에 국가를 지키는 것이 자신도 지키는 결과가 되리란 보장이 없었기 때문이다. 따라서 자신을 먼저 지키고 다음에 국가를 지킨다는 식이 되어버렸다. 그래서 백성들의 삶이야 어찌되든 자기 몸 하나만은 확실히 지킨다는 태도로 일관한 것이다. 하지만 당연하게도 이런 식의 태도는 결국 자기 자신조차 지켜주지 못한다. 오히려 역사는 자신의 안전만을 바라는 지배자들의 욕망이 얼마나 허망한지를 보여주는 일화로 가득하다. 아마도 스리랑카의 시기리야Sigiriya 유적에 얽힌 이야기가 대표적일 것이다.

　시기리야는 스리랑카의 대표적인 관광지로 광활한 밀림 위에 우뚝 솟아 있는 까마득한 바위산이다. 그 자체로도 절경인 이곳이 유명한 이유는 맨몸으로 올라가기도 어려운 이 거친 바위산 위에 고대

● 윤용혁(공주대 역사교육학과 명예교수) 인터뷰 중에서

도시의 유적이 있기 때문이다. 좁은 바위 계단과 절벽 틈으로 난 길을 따라 한참을 올라가야 도착할 수 있는 바위산의 정상에는 놀랍게도 모든 편의시설이 갖추어진 왕궁이 있다. 신화나 SF 영화에 나올 법한 풍경인데 상식적으로 이해하기 어려운 이 고대 도시가 세워진 것은 서기 5세기의 일이다. 그때 스리랑카에는 카샤파Kashyapa I라는 왕이 있었다. 아버지가 자신이 아닌 이복동생에게 왕위를 물려 주려는 기미를 보였기 때문에 그는 아버지를 죽이고 왕위를 차지하게 되었다. 아버지의 피를 손에 묻힌 대가로 왕좌는 차지했지만 그 다음이 더 문제였다. 맥베스의 현신을 보여 주는 듯한 이 인물은 왕위를 차지한 후에도 불안을 떨칠 수 없었다. 이웃나라인 인도로 도망간 이복동생 때문이었다. 그는 언젠가 이복동생이 돌아와 부친살해라는 패륜을 저지른 자신을 죽이고 왕좌를 빼앗을까봐 악몽에 시달렸다. 그래서 생각해 낸 것이 난공불락의 요새를 짓고 그곳에 틀어박히는 것이었다. 이 요새가 바로 시기리야의 고대 도시다. 사방이 절벽인 바위산 위에 지어진 새 왕궁은 그야말로 난공불락의 요새였다. 비행기를 동원하지 않는 한 지금 봐도 공격 가능한 곳이 보이지 않는다. 자기 한 몸의 안전이라는 점에서는 확실한 곳이라고 할 수 있을 것이다.

그런데 그렇게 해서 이 왕은 행복하게 천수를 누렸을까? 동생이 공격해 오는 것을 걱정하지 않고 재위를 무사히 마쳤을까? 불행히도 그렇지 못했다. 그의 치세는 불과 10년을 넘기지 못했다. 인도로 피신했던 동생이 돌아와 반란을 일으키자 왕은 고립되었고 결국 자결로 생을 마감해야 했기 때문이다.

요새는 그저 요새일 뿐이다. 아무리 난공불락의 요새라도 보급이 유지되지 않으면 무용지물이다. 그 요새로 인해 백성들의 삶이 파괴되면 요새는 더 이상 요새가 될 수 없다. 이때 요새는 오히려 감옥으로 변한다. 최씨 무신정권이 옮겨간 강화도 역시 본질적으로는 스리랑카의 시기리야 유적과 같은 곳이다. 물리적 방어력은 완벽할지 몰라도 자신들이 지켜야 하는 백성의 삶 따위는 안중에도 없는, 오직 권력자의 안전만을 지키기 위한 요새이기 때문이다. 그리고 카샤파의 시기리야처럼 그런 요새는 자신의 안전만을 바라는 지배자의 이기적인 욕망조차 지켜주지 못한다. 전쟁이 길어지면서 고려에도 서서히 천혜의 요새가 감옥으로 변하는 순간이 다가오기 시작했다.

파국

고려에 대한 침입이 이어지는 동안 다른 지역에서도 몽골제국의 확대는 계속되고 있었다. 다른 지역에서 벌어지는 몽골제국의 정복전쟁은 항상 고려에 대한 침입의 중요 변수가 되어왔기 때문에 이 부분은 함께 살펴볼 필요가 있다. 1234년 끈질기게 저항하던 금나라가 멸망하자 몽골제국은 즉시 다음 정복전쟁을 위한 쿠릴타이를 개최했다. 당시 몽골제국의 침공이 가능한 후보지로는 우선 중국의 남송과 인도, 서남아시아와 유럽이 있었다. 이 중 특히 남송과 유럽을 놓고 격론이 벌어졌는데 이유는 대칸의 직할지인 몽골초원에 가까운 남송을 먼저 점령하고 싶어하는 우구데이칸과 서쪽에 영지를 가지고 있어 최대한 서쪽으로 확장하고 싶어하는 주치 가문의 바투가 대립했기 때문이다. 쉽게 결론이 나지 않던 쿠릴타이는 양자의 주장을 모두 반영하여 두 곳을 한꺼번에 공격하는 것으로 결론이 났다. 1235년, 드디어 유럽과 남송을 향한 정벌군이 몽골제국의 수도 카라코룸을 떠났다.

남송을 향해 전선이 남하하는 것을 따라 몽골군도 모두 남쪽으로 갔으면 좋으련만 몽골군은 항상 동시다발적으로 전쟁을 치렀고 이 번에도 예방전쟁 차원에서 고려에도 쳐들어왔다. 남송 공격과 동시에 시작된 3차 침입에서 몽골군은 남하를 거듭하여 경상도 깊숙이까지 쳐들어왔다. 경주의 황룡사가 불탄 것이 바로 이때의 일이다. 이후 무려 3년이나 계속된 3차 침입은 1238년에 끝났지만 남송에 대한 정복전쟁과 병행하여 고려에 대한 침공도 계속되었다. 1247년, 1253년, 1254년, 1255년, 1257년, 1258년에 이르기까지 몽골군은 정말 지치지도 않고 계속해서 고려를 유린했다. 그리고 전쟁이 계속됨에 따라 몽골군의 칼날을 온몸으로 막아내야 했던 고려의 백성들도 서서히 생각이 바뀌기 시작했다.

처음에는 백성들도 국가를 위해 혹은 자신의 고향을 지키기 위해 전쟁을 견뎌냈다. 심지어 최이와 귀족들이 강화도로 도망친 후에도

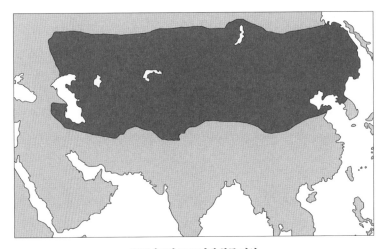

몽골제국의 1230년대 활동 영역

이들은 몽골과의 전쟁에서 자신들의 몫을 묵묵히 감당해 냈다. 처인
성 전투나 충주성 전투처럼 기적 같은 승리도 일구어 냈다. 그런데
도대체 이 전쟁은 끝이 나질 않았다. 또 아무리 몽골군과 싸워도 도
와주러 오는 구원군은 하나도 없었다. 더구나 전쟁 때문에 농사도
제대로 지을 수 없는데 강화도의 최이와 귀족들을 위한 세금은 그대
로 내야만 했다. 아니 사실은 세금을 걷을 수 있는 지역이 갈수록 줄
어들고 있었기 때문에 목표량을 채우기 위해 세금 징수는 더 가혹해
졌다. 이런 상태가 10년을 넘어 20년 이상 지속된다면 백성들로서
도 다른 마음을 먹을 수밖에 없지 않겠는가? 서서히 몽골군을 반기
는 백성들이 나타나기 시작했다. 세금을 걷으러 나오는 조정의 관리
를 몽골군이 쫓아주기 때문이다. 백성들에게는 세금이 몽골군보다
더 무서운 존재가 된 것이다. 특히 몽골군의 침입을 온몸으로 막아
내야 했던 북방의 백성들은 대몽항쟁 말기에 이르자 아예 중앙정부
에 반란을 일으키고 몽골에 항복하기까지 했다. 동녕부와 쌍성총관
부가 바로 그것이다. 지금의 함경도와 평안도 지역인 이 두 지역이
몽골 지배하에 들어간 것은 몽골이 빼앗아간 것이 아니라 이 지역민
들이 더 이상 견디지 못하고 투항한 결과라는 것을 우리는 잊지 말
아야 한다. 일이 이 지경에 이르자 강화도의 무신정권도 고립을 면
할 수 없었다. 문제는 여기서 그치지 않았다. 몽골군이 강화정부의
숨통을 끊어놓기 위해 새로운 전술을 들고 나왔기 때문이다.

　1251년에는 몽골에 새로운 칸이 등장했다. 몽골제국의 네 번째
대칸인 몽케칸이었다. 칭기즈칸 사후 등장한 칸들 중에서 가장 뛰어
난 군주였던 그는 지지부진한 고려와의 전쟁도 끝장을 보기로 했다.

그렇다고 대군을 동원해서 본격적으로 끝을 본다는 뜻은 아니었다. 여전히 몽골군은 세계 곳곳에서 전투를 벌이고 있었고 몽케칸의 시대에도 서남아시아와 남송에서 동시에 전쟁을 치르느라 주력군을 고려에 보낼 수는 없었기 때문이다. 침략군은 예전처럼 동방 3왕가에서 차출한 병력 위주로 구성되었다.* 바뀐 것은 공격의 방향이었다. 지금까지 몽골군은 주로 내륙지방을 휩쓸고 다녔지만 몽케칸이 즉위한 이후부터는 서해안의 도서지방을 공격하는 것으로 방향을 바꿨기 때문이다. 1253년에 발생한 5차 침입이 그 시작이었다.

그런데 왜 서해안 지방의 섬들을 공격하는 것으로 공격방향을 바꾼 것일까? 이와 관련해서는 5차 침입 당시 몽골에 파견되었던 사신 이현이라는 인물의 배신이 큰 역할을 했다. 이현은 5차 침입이 있기 직전 평화 교섭을 위해 몽골에 파견된 사신이었다. 교섭은 실패했고 이현은 몽골에 억류되었는데 무슨 생각이었는지 적극적으로 몽골의 앞잡이 노릇을 시작했다. 5차 침입의 길잡이 노릇을 자청했을 뿐 아니라 고려의 아킬레스건까지 일러바친 것이다. 강화도는 외부의 물자에 의존해서만 버틸 수 있으니 외부의 물자가 들어가는 길을 끊어 버리면 버틸 수 없다는 것이 바로 그것이다. 몽골군은 즉각 이현의 전략을 채택했다. 이 때문에 서해의 연안 도서들을 직접 공격하는 것으로 공격 방향을 바꾼 것이다.

앞서 설명한 것처럼 강화도가 피난처로 선택된 가장 큰 이유는 조운이다. 고려의 모든 물자는 강을 타고 남해안이나 서해안으로 나온

---

* 5차 침입의 사령관은 예케라는 인물로, 그는 동방 3왕가 중 하나인 카사르 가문의 장남이었다.

뒤 연안 항로를 따라 강화도로 모이기 때문에 피난처로 선택된 것이다. 다만 물자를 실은 배들이 단번에 개경까지는 들어올 수 없으므로 중간 중간에 배를 정박할 거점이 필요했다. 이 조운망의 주요 거점들을 조창(漕倉)이라고 한다. 조창은 일종의 대형 창고로 수로로 운송한 물자들을 모아두었다가 강화도로 운송하는 역할을 했다. 그래서 조창의 대부분은 큰 강의 하류인 서해안과 남해안에 분포되어 있었다.* 그런데 이 거점들을 몽골군이 점령해 버리면 조운망은 붕괴될 수밖에 없다. 그리고 조운망이 붕괴되면 강화도의 조정은 물자 공급을 받지 못 하게 되어 재정난에 봉착하게 된다. 왕과 귀족들도 굶을 수밖에 없다는 뜻이다. 이것이 바로 몽골군의 새로운 전략이 노리는 것이었다. 5차 침입에서 효과를 확인한 몽골군은 6차 침입부터 본격적으로 연안 도서들을 공격하기 시작했다.

연안 도서에 대한 공격은 단지 조운에만 국한된 것이 아니었다. 연안 도서에 대한 공격을 통해 바닷길을 장악하기 시작한 몽골군은 드디어 강화도에 대해서도 직접적인 압박을 시작했다. 6차 침입이 한창이던 1255년 정월 강화도의 맞은편에 위치한 승천부에 드디어 몽골군이 모습을 드러낸 것이다. 강화도로 천도한 이래 고려 조정이 직접 몽골군의 위협에 노출된 것은 이때가 처음이었다. 강화도의 조정은 난리가 났다. 다행히 이때의 몽골군은 소수에 불과했지만 이때를 기점으로 몽골군이 강화도 주변에도 수시로 출몰하기 시작했다.

---

* 고려시대의 조창은 모두 13개로 이 중 1개의 조창만이 개경보다 북쪽에 있으며 나머지는 모두 남해안과 서해안에 분포한다. 대부분 만의 깊숙한 안쪽 포구에 위치하고 있어서 육지 쪽에서 쉽게 공략할 수 있다.

　이뿐만이 아니었다. 몽골군은 본격적으로 선박 건조에도 나서기 시작했다. 강화도 공격도 공격이지만 서해안 조운망에 대한 봉쇄를 확실히 하기 위해서였을 것이다. 백성들이 약탈당할 때는 수수방관하던 무신정권도 자신의 목줄을 직접 노리는 몽골군의 시도는 그대로 둘 수 없었는지 전라도 지역에 수군을 급파했다. 이것이 2차 침입 이후 처음으로 정부에서 몽골군에 대항하기 위해 정부군을 파견한 사례이다. 다행히 이 전투에서 고려군이 승리를 거두기는 했지만 이미 대세는 이 정도의 소규모 승리로 되돌릴 수 있는 상태가 아니었다. 강화도는 서서히 그리고 확실하게 고립되기 시작했다. 요새가 감옥으로 변하기 시작한 것이다.

　"결국 고려가 몽골에 항복하게 된 것에는 몇 가지 이유가 있습니다. 첫째는 국가가 백성을 보호하지 못한 상태에서 수탈 체제는 계속 되었기 때문에 백성으로서는 국가의 존재 의의에 대해서 의문을 가질 수밖에 없었습니다. 그래서 백성들의 이반(離反)이 가속화되고 있었죠. 또 하나의 이유는 특히 6차 침략 이후에 몽골 군대의 공략 방식이 보다 직접적으로 변했다는 겁니다. 몽골군은 경기도 연안지역을 직접적으로 압박해서 강화도 정부를 직접적으로 위협했습니다. 그리하여 고려 정부는 직접적인 군사적 위협과 함께 조운을 통한 수취 체계도 위협을 받게 되었습니다. 그래서 전쟁도, 항전도 더 이상 지속할 수가 없게 된 거죠."•

• 이삼성(한림대학교 정치행정학과 교수) 인터뷰 중에서

결국 강화도의 식량창고도 바닥을 드러내기 시작했다. 몽골군이 강화도 연안에 나타나기 시작한 1255년부터는 국고가 바닥을 드러내 임금이 식사를 줄여야 할 정도였다. 임금이 배를 곯을 정도였으니 일반 백성들이나 병사들은 말할 필요도 없었다. 이렇게 배를 곯기 시작하자 그나마 우호적이었던 강화도의 인심도 변하기 시작했다. 최씨 정권은 이제 강화도 안에서조차 고립되기 시작한 것이다. 이런 상태에서는 아무리 강압적인 독재자라도 배겨 낼 방법이 없다. 결국 1258년 최씨 무신정권의 마지막 권력자였던 최의가 부하들의 손에 살해됨으로써 4대 60년에 걸친 최씨 정권도 붕괴한다. 이어서 길고 길었던 몽골과의 이상한 전쟁도 끝이 나게 된다.●

● 물론 최의 이후에도 김준이나 임연, 임유무 같은 최씨 집안의 가병 출신의 무장들이 돌아가며 정권을 잡긴 하지만 이들은 그저 최씨 정권의 잔당일 뿐이었다. 대세를 되돌릴 힘은 없이 그저 몽골의 압박에 전전긍긍하며 시간을 끌 뿐이었다.

좋은 군대가 있는 곳에는
좋은 정부가 있다

니콜로 마키아벨리Niccolò Machiavelli의 가장 중요한 두 저작인 『군주론』과 『로마사 논고』에 공통적으로 등장하는 문장이 있다.

"좋은 군대가 있는 곳에는 항상 좋은 정부가 있다."•

강력한 국방력이란 결국 좋은 정부의 결과물이지 그 반대인 경우는 없다는 것이다. 그런데 마키아벨리도 지적했듯이 사람들은 이 두 가지를 별개의 문제로 바라보는 실수를 쉽게 저지른다. 좋은 정부가 없어도 강력한 국방력은 가능하고, 이 힘만 있으면 어지간한 문제는 다 해결할 수 있다고 생각하는 것이다. 강력한 독재자의 존재가 외부의 위협에 효과적이라는 잘못된 믿음은 그런 실수 탓이다. 그런데

• "나는 운명과 군사제도야말로 로마가 강성해진 원천이었다는 점을 부정하지 않는다. 하지만 나와 의견이 상반된 자들은 좋은 군대가 있는 곳에는 으레 좋은 정부가 있다는 점, 그리고 그런 도시가 행운을 갖지 못하는 경우란 좀처럼 없다는 점을 깨닫지 못하고 있는 것이 틀림없다."
  – 니콜로 마키아벨리 『로마사 논고』 제1권 4장

이런 잘못된 믿음은 왜 생기게 되는 것일까? 아마도 다음과 같은 착각 때문일 것이다.

독재자에 대한 첫 번째 착각은 강력한 리더십으로 국론을 통일시킬 수 있다는 것이다. 물론 독재자는 대개 다른 의견을 용납하지 않는다. 따라서 국론이 통일되어 있는 것처럼 보인다. 하지만 이건 착각이다. 국론은 통일되어 있는 것이 아니다. 그저 독재자의 폭력이 두려워 반대자들이 숨죽이고 있을 뿐이다. 치명적인 분열이 감추어져 있는 것이다. 독재자가 어리석을 경우 이런 허상에 만족하고 방심하다가 어이없이 제거되고는 한다. 불과 4~5년 간격으로 제거된 초기의 무신권력 집권자들이 이런 예일 것이다. 반면 영리한 독재자는 이런 상황의 위험성을 잘 알고 있다. 따라서 반대 세력이 준동할 가능성을 아예 싹부터 잘라버리려고 한다. 자신의 권력과 권한을 누구에게도 나누어주지 않으면서 만에 하나 정적이 될 가능성이 있는 자들을 수시로 제거한다. 또 군사력을 가지고 있는 자들에 대한 감시와 견제도 잊지 않는다. 최충헌과 최이가 바로 이런 경우일 것이다. 덕분에 이들은 천수를 누릴 수 있었다. 하지만 이런 영리한 독재자의 존재 역시 대가가 따른다. 다만 그 대가는 독재자 대신 국가가 치른다. 끝없는 숙청으로 인해 양심적이고 능력 있는 인재들이 남아나지 않게 되고, 왜곡된 권한 배분 구조로 인해 국가 시스템이 붕괴되기 때문이다.

독재자에 대한 두 번째 착각은 이들이 대개 완력에 자신 있는 자들이어서 왠지 싸움을 잘할 것 같다고 생각하는 것이다. 이 역시 착각이다. 독재자가 자신 있어 하는 완력이란 공동체 내부의 정적들을 제거하는 완력일 뿐이고 오직 자기 자신을 지키기 위한 완력일 뿐이다. 국가 안보와는 애초에 아무 관련이 없다. 국가 안보는 독재자의 정적 사냥과 자신의 안전에 대한 과도한 집착 때문에 오히려 허약해지기 십상이다.

독재자가 가진 이러한 문제점들이 적나라하게 드러난 경우가 바로 최씨 무신정권이다. 최이는 자신의 정권을 지키기 위해 국가를 지켜야 할 정예병들을 자신의 사병으로 빼돌렸고, 혹시라도 자신에게 위협이 될까 두려워 적군을 방어하기 위한 노력을 포기하도록 만들었다. 최이가 지킨 것은 오직 자기 자신과 측근들의 안전이었으며 국가의 안전은 아니었다. 국가의 안전은 오히려 방기되었고 그나마 자신의 고장을 지키기 위해 일어섰던 민초들마저 등을 돌리기 시작하자 몽골에 대한 항쟁은 계속될 수 없었다.

이에 비해 정당성을 가진 '좋은 정부'는 여러 가지 면에서 국가 안보에 도움을 준다. 거란전쟁을 성공적으로 수행했던 현종의 경우를 생각해 보자. 최소한의 호위병만으로도 안전에 어떤 염려도 할 필요가 없었던 현종은 거리낌없이 모든 병력을 전선으로 보낼 수 있었다. 정예 병력을 빼돌리기 급급했던 최충헌이나 최이와 달리 현종은 자신의 호위부대까지 모두 전방으로 보냈다. 국가 안보에 최우선 순위를 부여하는 이런 당연한 결정이 가능했던 것은 현종이 이끄는 고려 정부가 정당성이나 권위라는 이름의 소프트파워를 가진 '좋은 정부'였기 때문이다.

적절한 권한 배분이라는 면에서도 '좋은 정부'는 이점을 가진다. 현종은 거란이 침입해 올 기미만 보여도 즉각 군대를 최전방으로 파견하여 요격에 나설 수 있었다. 반란을 걱정할 필요가 거의 없었기 때문이다. 압록강 선에서부터 적을 요격하여 숨 돌릴 틈을 주지 않는 것과 적이 몇 개의 성을 함락하여 이미 근거지를 마련한 후에 싸움을 하는 것 중 어느 편이 유리한지는 병법을 모르는 사람이 봐도 명확한 것이다. 전투가 일단 벌어진 후에도 마찬가지다. 자칫 항명으로 몰릴까봐 전전긍긍해야 했던 최씨 정권 시절의 장군들과 전권을 부여받은 현종 대의 강감찬 중에서 어느 쪽이 능력을 발휘할 수 있을지는 불을 보듯 분명하다.

물론 이런 조건들이 다 갖추어진다 할지라도 몽골과의 전쟁에서 고려가 승리할 수 있었을지는 장담하기 어렵다. 아마 쉽지 않았을 것이다. 몽골군이 예외적일 정도로 강한 군대이기 때문이다. 하지만 그렇다 하더라도 최소한 대몽항쟁 과정에서 나타났던 어이없는 실책들은 없었을 것이다. 더불어 대몽항쟁 말기에 일어났던 동녕부와 쌍성총관부의 투항 같은 비극도 없지 않았을까?

결국 항복을 하든 항쟁을 하든 중요한 것은 권력자가 정당성을 가진 존재여야 한다는 것이다. 권력자가 정당성 없는 독재자일 경우 최씨 무신정권의 경우처럼 장기적 전망이나 국가 안보에 대한 고려 없이 자신의 안전만을 우선시하는 비겁한 대책을 사용하게 되기 때문이다. 이것이야말로 30년 대몽항쟁이 남긴 진정한 교훈일 것이다.

IV

병자호란,
궁지에 몰린
중립외교

"두 강대국이 격돌하는 패권교체기가 오면 사람들은 너무나도 쉽게 중립을 이야기하곤 한다. 하지만 사람들의 순진한 믿음과 달리 중립은 대개 화를 피하지 못한다. 조선시대 최대의 비극 중 하나인 병자호란의 전개과정은 이 사실을 분명히 보여 줄 것이다. 그렇다면 강자의 틈바구니에 낀 약소국 혹은 약자들은 무엇을 선택해야만 하는가?"

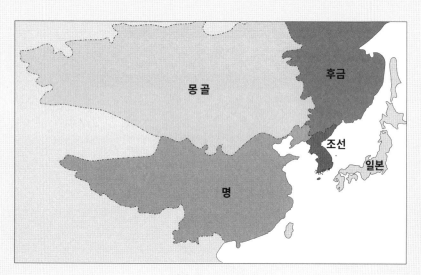

17세기 초의 동북아시아

조선에서 온 이상한 사신들

1636년 4월 11일. 아직 해가 떠오르지도 않았는데 후금의 수도인 심양은 부산한 움직임으로 가득했다. 후금의 칸인 홍타이지가 대청제국(大淸帝國)의 황제로 즉위하는 날이기 때문이다. 해가 떠오르는 시간에 맞추어 하늘에 제사를 지낸 홍타이지는 제사가 끝나자 곧 제단 동편으로 자리를 옮겨 즉위식을 거행했다. 칸이라는 칭호가 유목민의 수장이라는 느낌을 강하게 준다면. 황제가 된다는 것은 유목민과 정주민(定主民) 모두를 아우르는 천하의 주인이 된다는 뜻이다. 최소한 후금의 영역 안에서는 천하의 주인이 공식적으로 바뀐 것이다. 광장에 도열한 만주족과 몽골족의 신하들, 버일러들● 그리고 정복된 한족들이 새로 즉위하는 황제에게 삼궤구고두례(三跪九叩頭禮)를 올리기 시작했다.●●

● 만주족과 몽골족의 족장들, 귀족들 혹은 부왕을 뜻한다.

●● 한 번 절할 때마다 머리를 세 번 조아리는 인사법으로 청나라에서 시행된 황제에 대한 공식 의례였다.

그런데 식장 한 쪽에서 경사스러운 분위기에 찬물을 끼얹는 행동을 하는 두 사람이 있었다. 식장 안의 모든 이들이 새로운 황제에게 예를 올리고 있는 상황에서 이들은 꼿꼿이 허리를 편 채 버티고 서 있었다. 절을 하지 않는 것 외에 딱히 적대적인 행동을 하는 건 아니었지만 그렇다 하더라도 명백한 도발일 수밖에 없었다. 주변의 관료들과 병사들이 흥분하기 시작했다. 곧이어 주먹질과 발길질이 두 사람에게 향했다. 자신들의 황제가 모욕당했다는 생각에 흥분한 만주족들은 두 사람을 당장 죽여버리라고 소리치기 시작했다. 새로운 황제에게 충성심을 보여 줄 기회를 잡은 몽골족이나 한족들도 덩달아 흥분하기 시작했다. 무자비한 구타가 두 사람에게 날아들었다. 다행히 홍타이지의 만류로 목숨을 건지기는 했지만 두 사람은 정말 죽기 직전까지 두들겨 맞았다. 어느 정도 예상했을지 모르겠지만 황제의 즉위식에 찬물을 끼얹은 두 사람의 정체는 바로 조선의 사신 나덕헌과 이확이었다.

그런데 좀 이상한 점이 있다. 새 황제에게 절을 할 생각조차 없으면서 이들은 식장에는 왜 참석한 것일까? 더 나아가 조선 정부는 복종할 생각도 없으면서 황제의 즉위식이 열리는 심양에 왜 사신을 보낸 것일까? 맞아 죽지 않은 것이 다행인 상황까지 감수하며 새 황제에게 절을 하지 않은 두 사람의 용기는 분명 대단하지만 이 어정쩡한 태도는 도대체 무슨 이유였을까? 앞으로 차차 살펴보겠지만 언뜻 이해가 가지 않는 이 두 사람의 태도에는 사실 당시 조선 정부가 처한 난감한 처지가 그대로 드러나 있었다. 아무튼 홍타이지의 호의(?)로 두 사람의 목숨은 건졌지만 이 사건으로 촉발된 일련의 외교적 위기는 결국 전쟁으로 귀결되었다. 즉위식이 있었던 그해 그러니까 1636년 겨울에 결국 청나라의 침공이 시작된 것이다. 바로 병자호란이다.

그런데 병자호란에 대해서는 널리 알려진 신화가 존재한다. 탁월한 외교력을 가진 광해군이 명과 후금(청) 사이에서 중립외교를 통해 전쟁을 막고 있었는데 광해군을 쫓아내고 집권한 인조와 서인 세력이 숭명배금 정책을 추진했기 때문에 전쟁이 일어났다는 신화다. 워낙 널리 퍼져있는 이야기이고 상당히 그럴듯해 보이기도 하지만 사실 이 이야기는 사실을 지나치게 단순화한 것이고 좀 더 엄격하게 말하자면 거짓에 가깝다.

우선 이 주장이 성립하기 위해서는 명나라나 청나라가 조선의 중립을 용인해주고 있었다는 것이 전제되어야 하는데 세상의 어떤 강자도 약자의 중립 의사를 존중해 주는 경우는 없다. 역사상 가장 유명한 현실주의자인 마키아벨리는 이렇게 말했다.

"승자는 시련이 닥쳤을 때 도움이 될지 알 수 없는 의심스러운 자와 동맹을 맺지 않으려 하고, 패자는 운명을 걸고 군사적 지원을 하지 않은 자를 지키려고 하지 않을 것이기 분명하다. 우유부단한 군주는 현재의 위험을 피하기 위해 대부분 중립으로 남고자 하는데, 이는 오히려 파멸의 원인이 된다."•

또 인조가 노골적인 친명 사대주의 노선을 추구했다는 것도 사

• 니콜로 마키아벨리 『군주론』 21장

실과는 많이 다른 주장이다. 사실은 인조 정권도 나름대로 청나라의 비위를 거스르지 않기 위해 많은 노력을 기울이고 있었다. 인조와 집권 서인들도 다들 그렇게 막무가내는 아니었다. 청나라 황제의 즉위식 자리에 조선의 사신이 참석할 수밖에 없었던 것도 그런 예이다. 그럼에도 불구하고 죽기 직전까지 두들겨 맞은 사신들처럼 조선도 결국 전쟁을 피하지 못했다.

그렇다면 병자호란의 비극이 일어난 진짜 원인은 대체 무엇일까? 이 질문에 대한 대답을 찾는 것이 이번 글의 목표이다. 미리 한마디만 하자면 이 해답을 찾는 과정에서 우리는 약자가 생존을 위해 선택해야 하는 것이 단지 중립만이 아니라는 것을 알게 될 것이다. 오히려 수동적인 중립은 마키아벨리의 통찰처럼 더 위험하기까지 하다. '중립이냐 아니냐' 정도의 단순한 이분법에서 벗어날 때 우리는 병자호란이 가르쳐 주는 진정한 교훈에 도달할 수 있을 것이다.

사르후 전투

조선이라는 나라 이름과 함께 떠오르는 외교원칙을 하나만 꼽으라고 한다면 사람들은 무엇을 꼽을까? 아마도 많은 사람들이 대국을 받든다는 뜻을 가진 '사대(事大)'를 꼽을 것이다. 물론 이론의 여지없는 사실이다. 조공책봉 관계는 동아시아를 지배해 온 보편적인 외교 관계이고 이 관계를 약소국의 입장에서 수용한 것이 '사대교린(事大交隣)'인 것이야 어느 나라나 마찬가지지만 그중에서도 조선은 유난히 사대의 원칙에 충실했다. 예를 들어 고려나 신라는 그래도 간헐적으로 독자적인 연호를 쓰기도 했고 국내에서 사용하는 용어들은 황제가 쓰는 용어에 준해서 쓰기도 했지만 조선은 제후국이라는 입장을 상당히 일관되게 지켰다. 이 때문에 조선은 근대 이후 정말 많은 비난의 대상이 되었다. '사대(事大)'는 썩어빠진 조선 사대부들의 어리석은 정책으로 치부되기 일쑤였고 조선의 기본 이념인 성리

• 중국 중심의 동아시아 국제 질서 속에서 확립된 기본 외교 정책. 큰 나라는 섬기고, 이웃 나라와는 평화롭게 사귄다는 뜻을 가지고 있다.

학이 가진 관념성을 상징하는 단어가 되었다.

　물론 민족의 자주성을 강조하는 입장에서만 말한다면 많은 아쉬움이 있을 수도 있다. 실현 가능성은 논외로 치더라도 고려말 조선 초에 논란이 되었던 요동정벌의 경우처럼 고구려의 당당한 기상을 살려 만주를 경영하고 대륙국가와 자웅을 겨루어야 했다는 관점에 선다면 조선의 외교정책은 비판받을 수 있다. 하지만 관념적이고 현실적이지 못하다는 비판은 상당히 억울한 비판이다. 당시 조선의 입장에서 보자면 '사대'보다 더 현실적인 외교정책은 없었기 때문이다. 혹자는 이렇게 반문할 수도 있다. 똑같은 한반도 국가여도 고려는 훨씬 자주적이지 않았냐고. 물론 그렇다. 고려 초에는 나름 독자적인 연호를 사용하기도 했고 몽골의 지배를 받기 전까지는 왕실용어나 관직명도 대체로 황제가 쓰는 명칭을 사용했다.• 그러니 왕실용어나 관직명까지 스스로 알아서 격을 낮춘 조선의 방식이 고려에 비해 지나쳐 보이는 것도 당연하다. 하지만 결론부터 이야기하자면 조선의 입장은 고려와 많이 다르다. 고려는 할 수 있는 일도 조선은 하지 못했다. 두 나라를 둘러싼 국제관계가 전혀 달랐기 때문이다.

　우선 고려시대의 국제관계는 매우 유동적이었다. 몽골제국을 예외로 한다면 늘 두셋의 국가가 패권을 다투고 있었으며 중원과 유목지대를 동시에 장악한 강력한 제국은 나오지 않았다. 건국 초에는 송나라와 거란이 대립하고 있었고 고려 중기에는 금과 송이 대립하

• 예를 들어 고려는 중앙관청명이 중국의 명칭에 준해서 2성(省) 6부(部)였고 임금의 호칭도 폐하, 왕위 계승자의 호칭도 태자였다. 하지만 고려 말 이후에는 격을 한 단계씩 낮추어 1부(部)와 6조(曹), 전하와 세자 등으로 바꾸었으며 여타의 호칭도 이에 준하여 격을 낮추었다.

고 있었다. 덕분에 고려는 전쟁도 많이 겪었지만 독자적으로 행동할 여지도 어느 정도 있었다. 반면 조선시대의 국제관계는 예외적일 정도로 안정적이었다. 항상 단일한 패권국가가 있었기 때문이다.

우리는 중국에 성립된 왕조들의 힘이 다 거기서 거기일 것이라고 생각하기 쉬운데 패권국가로서의 능력이라는 점에서 보면 결코 그렇지 않다. 그 가늠자는 앞에서도 잠시 언급했듯이 만주를 차지하고 있느냐 아니냐이다. 우선 중원에서 시작된 한족 국가가 만주까지 차지하게 되면 매우 강력한 패권의 행사가 가능해진다. 북방 유목민족과 한반도에 대한 효과적인 통제가 가능해지기 때문이다. 이 때문에 당나라가 그토록 집요하게 고구려를 공격한 것이다. 그런데 당나라 이후 만주를 차지하는 데 성공한 중원국가는 오직 명나라뿐이다. 명나라는 고려가 상대한 송나라와 달리 강력한 군사력을 가진 패권국가였다는 뜻이다. 반대로 유목국가가 만주와 중원을 동시에 장악하면 두말할 필요도 없이 막강한 패권국가가 된다. 최초로 이런 힘을 발휘한 유목제국이 바로 몽골제국이다. 그리고 몽골제국 이후 이런 위치에 도달한 또 하나의 제국이 바로 청나라이다. 상황이 이러하니 당나라와 몽골제국 때 우리가 어떤 꼴을 당했는지를 돌이켜 본다면 조선의 처지를 이해할 수 있을 것이다. 오히려 현실주의라는 관점에서 보면 조선시대에 사대 이외에 다른 대안은 없었다.

다만 문제는 워낙 안정적이고 강력한 패권국가와 함께 살아간 탓에 이 시대의 원리가 내면화되었다는 점일 것이다. 특히 임진왜란으로 조선 정부가 궁지에 몰렸을 때 명나라의 구원을 받아 왜군을 물리친 일은 조선 초에는 냉철한 현실주의의 산물이었던 명나라에 대한 사대를 거스를 수 없는 도덕적 원칙으로 만들었다. 막강한 패권 국가인 미국의 도움으로 6·25전쟁에서 살아남은 한국사회의 분위기를 돌아본다면 아마도 당시 조선사회의 분위기를 이해할 수 있을 것이다. 그런데 하필 이 시점에, 그러니까 명나라에 대한 사대가 더욱 내면화되기 시작한 시점에 어이없게도 명나라는 내부에서부터 무너지기 시작했고 새로운 강자들이 명나라의 패권에 도전하기 시작했다. 이 점이 조선으로서는 비극이었다. 만력제 이래 명나라가 내부로부터 붕괴하는 과정은 무척 흥미진진하고 기괴하지만 이 책에서 다루기에는 적절하지 않다. 다만 만력제 이래 태창제, 천계제에 이르기까지 무능하고 이기적인 황제들이 연달아 즉위하면서 명나라의 국가 시스템이 붕괴했다는 점만 지적하고 넘어가도록 하겠다.

명나라의 패권이 흔들리기 시작하자 당장 주변의 유목민족들이 준동하기 시작했다. 그리고 그 선두에는 누르하치가 이끄는 여진족이 있었다. 젊은 시절 명나라의 후원을 받아 세력을 확대하던 누르하치는 임진왜란 이후 만력제의 실정이 극에 달하고 명나라의 세력이 쇠퇴하기 시작하자 곧장 자립하여 후금을 건국하고 명나라에 선전포고를 했다. 누르하치의 재능을 미처 알아보지 못하고 방치했던 명나라는 그제야 부랴부랴 토벌에 나섰다. 만력제 말년인 1618년의 일이다.

누르하치 토벌작전을 책임지게 된 총사령관 양호는 우리 역사와도 관계가 깊은 인물이다. 임진왜란 때 명나라 군대를 이끌고 참전한 장군 중 한 사람이기 때문이다. 특히 울산성 전투에서 권율과 함께 가토 기요마사를 공격한 적이 있었는데 이때의 패전으로 파직된 경험이 있었다. 『징비록』을 보면 유성룡이 그가 적을 너무 가볍게 보는 경향이 있다고 걱정하는 장면이 있는데 사르후 전투의 전개과정을 보면 양호가 적을 경시하는 태도는 울산성 전투에만 국한된 것은 아닌 것 같다. 아무튼 사령관에 임명된 양호는 만주 여기저기에 흩어진 명군을 총동원하고 이에 더해 주변국들에도 원군을 청했다. 특히 여진족 내에서 누르하치와 대립하고 있던 해서여진과 만주에 바로 인접해 있는 조선이 중요한 참전 요청 대상이 되었다.

　당시 조선의 임금은 광해군이었다. 명의 참전 요청을 받은 광해군은 참전 여부를 두고 고민에 빠졌다. 다만 이때 광해군이 고민한 것은 명과 후금 사이에서 중립을 지킬 것이냐 말 것이냐가 아니었다. 최소한 이 시점까지는 조선이 중립을 고민할 필요는 없었다. 당시로선 건국한 지 불과 3년밖에 안 된 신생 국가 후금이 조만간 명나라를 대체하리라고는 생각하기 어려웠다. 따라서 광해군은 중립 여부를 고민했다기보다는 출병으로 인한 막대한 재정 부담과 병력 손실을 우려했을 뿐이다. 명의 참전 요청에 따라 열린 조정 논의에서도 주된 논점은 출병으로 인한 재정 부담과 서북지방의 방어력 약화였다.•

　보통 광해군을 높이 평가할 때 중립외교를 칭찬하고는 하는데 광해군에게 훌륭한 점이 있다면 그건 중립외교가 아니다. 오히려 임진왜란 때 명나라의 상당한 도움을 받았음에도 불구하고 국제관계에

• 『조선왕조실록』 광해군 10년 5월 5일자 기사에 따르면 조정 신하들의 반응은 대체로 다음과 같았다.
　"7천의 병력을 뽑다 보면 형세상 자연히 1만 명에 육박하는 결과를 빚을 것인데 여기에 군량을 운송하는 인원은 포함되어 있지도 않습니다. 또 전마(戰馬)나 태마(駄馬) 그리고 전량(錢糧)까지 마련해야 할 텐데 지금의 재정으로 어떻게 조처해 낼 수 있겠습니까. 게다가 1만 병력이 강을 건너 적의 소굴로 몰려 들어갈 경우 무사히 갔다 돌아올 수 있으리라고 어떻게 보장하겠습니까." - 윤휘의 발언 중에서

서는 "세상에 믿을 놈 하나도 없다"는 사실을 자각하고 있었다는 점이다. 때문에 광해군은 은인이라고 할 수 있는 명나라의 요구에 대해서도 냉정하게 대처했으며 또 상당한 무리를 해 가면서까지 군사력 강화에 관심을 기울였다. 명나라의 도움 없이도 버틸 수 있는 힘이 필요하다고 생각했기 때문이다. 덕분인지 광해군 대의 조선군에 대한 평가는 결코 낮은 편이 아니었다. 특히 왜란 이후 조선군의 주력이 된 조총병에 대한 평가는 명나라와 후금 양쪽으로부터 매우 높았다. 명나라 총사령관인 양호가 조선 쪽에 특별히 요청한 것도 바로 조총병의 파병이었다.

아무튼 광해군은 이런저런 핑계로 어떻게든 파병을 피하려고 노력했지만 이런 노력에는 한계가 있을 수밖에 없었다. 무엇보다 불과 20년 전에 대규모 병력을 파견하여 조선을 위기에서 구한 명나라의 요청을 별다른 이유도 없이 계속 거절하기는 어려웠을 것이다. 이는 지금 우리가 미국의 파병 요구를 거절하기 어려운 사정과 마찬가지다. 결국 이듬해인 1619년 2월 1일, 강홍립을 도원수로 조총병 5천을 포함한 1만의 조선군이 압록강을 건너 명과 후금의 전쟁에 참전했다.

누르하치 토벌에 임하는 양호의 작전 계획은 일종의 포위 섬멸전이었다. 상대적으로 우위에 있는 병력을 기반으로 동서남북 네 방향에서 동시에 후금의 수도인 허투알라를 공격해 함락시킨다는 작전이었다. 대개의 경우 병력면에서 상대방보다 압도적인 우위를 자랑했던 중원국가다운 작전 계획이다. 하지만 이번 경우에는 문제가 좀 달랐다. 이건 스스로의 능력은 지나치게 과대평가하고 상대방인 후금의 전투 능력을 너무 과소평가한 계획이었다. 이 정도의 포위작전을 수행하려면 최소한 적에 비해 3~4배 이상의 병력이 필요한 게 상식인데 약 6만에 이르는 후금 쪽 병력에 대해 당시 명나라가 동원할 수 있는 병력은 조선군을 포함해도 10만에 불과했다. 더군다나 4개 군단이 각자 진군해서 약속한 날짜에 허투알라에서 만나는 방식이었으므로 군단 간에 유기적인 협력은 기대하기 어려웠다. 심지어 진군 속도도 제각각이어서 두송의 서로군은 공을 다투어 남들보다 하루 먼저 진격 중이었던 반면, 신중한 편이었던 이여백의 남로군은 다른 군단보다 뒤처져서 진격하고 있었다. 각 군의 진격 속도에 최대 2~3일의 차이가 있었던 것이다.

　명군에 맞선 누르하치의 작전 계획은 각개격파였다. 비록 총병력에서는 명나라 쪽에 비해 소수였지만 유목민 특유의 기동력을 살린다면 각각의 군단에 대해서는 다수가 될 수 있었다. 더군다나 명나라의 군단들이 진군 속도조차 제각각이었으므로 각개격파 작전에는 최상의 상태이기까지 했다. 누르하치는 먼저 진격 속도가 빠른 두송의 서로군에게 팔기군(八旗軍)*을 집중시켰다.

　전투에서 병력집중의 중요성을 설명해 주는 이론으로 '란체스터의 법칙Lanchester's laws'이라는 것이 있다. 영국의 항공공학자인 란체스터가 발견한 원리인데 다른 조건이 동일할 경우 전투력은 병력 수혹은 전차나 비행기 수의 제곱에 비례한다는 것이다. 다시 말해서 4:2로 싸울 경우 전투력의 차이는 2배가 아니라 제곱 값인 16:4, 곧

* 청나라를 세운 만주족(여진족)의 군사 및 행정체계로 만주족 전체는 8개의 집단으로 구분되었으며 깃발의 색깔이 모두 달라서 팔기군이라고 한다. 깃발은 남색, 황색, 백색, 홍색 4가지 색을 가지며, 깃발 전체가 단색인 정람기, 정황기, 정백기, 정홍기와 깃발에 붉은 띠를 두른 양람기, 양황기, 양백기, 양홍기 총 8개 기가 있어 팔기라고 했다.

4배 차이가 난다는 뜻이다.* 두송의 군대와 누르하치의 본대가 충돌한 사르후에서 바로 이런 상황이 벌어졌다. 1619년 3월 1일, 단 하루의 전투로 사령관 두송은 전사하고 2만 5천의 서로군은 몰살당했다. 다음엔 북로군 차례였다. 사르후에서 두송이 전사한 다음날인 3월 2일에 이미 누르하치의 본대가 북로군 앞에 나타난 것이다. 결과는 마찬가지였다. 북로군도 팔기군의 제물이 되었다. 서로군과 북로군을 제거한 누르하치는 말머리를 곧장 유정의 동로군으로 향했다. 바로 이 동로군에 강홍립의 조선군이 참가하고 있었다.

팔기군의 공격이 시작되자 먼저 유정이 이끄는 동로군의 선봉 부대가 제물이 되었다. 3월 4일에 벌어진 세 번째 전투에서 명군은 힘도 써보지 못하고 괴멸되었고 사령관 유정은 화약더미에 불을 붙여 자폭했다.

불과 3~4일 사이에 전체 병력의 반 이상을 잃은 명나라는 전의를 완전히 상실했다. 명군 총사령관 양호는 패배를 인정하고 전군에 후퇴를 명했다. 의도적이었는지 우연이었는지는 모르겠지만 가장 진격이 늦었던 이여백 부대만이 온전한 모습으로 후퇴할 수 있었다.

하지만 유정의 부대를 따라 진군하던 조선군은 후퇴하지 못했다. 이여백의 부대에 비해 빠른 속도로 진군하던 유정을 뒤따르던 터라 후퇴하기도 전에 홍타이지가 이끄는 후금 선봉대를 만난 것이다. 조선군은 주특기인 조총과 장창으로 방어선을 구축하고 방어에 나섰다. 하지만 전황은 암담했다. 우선 명나라의 4개 군단 중 3개 군단은

---

* 이런 상황을 빗대어 나폴레옹은 "대군에게 병법은 필요 없다"는 말을 남겼다.

이미 전멸했고 남은 하나의 군단은 후퇴하고 있었다. 구원은 기대할
수 없다는 말이다. 이제 남은 것은 애꿎은 남의 나라 전쟁에 끌려와
서 몰살당하는 것뿐이었다. 첫 전투만으로 벌써 5천 이상의 병력을
잃은 상태였다.

　만약 조선군이 아니라 명군이었다면 그대로 몰살당했겠지만 다
행스럽게도 후금은 명나라 군대와 달리 조선군에 대해서는 회유를
할 생각을 가지고 있었다. 이 차이가 조선군을 살렸다. 현장에 종군
했던 조선 장수 이민환의 『책중일록(柵中日錄)』은 당시 상황을 이렇
게 전하고 있다.

> "거의 몰살당한 좌영의 한 군졸이 달려와 '적이 좌영에 와서 거듭 역관을
> 찾았으나 역관이 없어 답하지 못했다'라고 보고하자 강홍립이 역관 황연해
> 를 보냈다. 적이 '우리가 명과는 원한이 있으나 너희 나라와는 그렇지 않다.
> 그런데 왜 우리를 치러 왔느냐?'고 힐문하자, 황연해가 '두 나라 사이에는
> 원한이 없었다. 이번 출병은 부득이한 것이다'라고 응답했다. 황연해가 두
> 세 차례 왕복한 뒤 적이 다시 사람을 보내와 화약을 맺자고 청했다."•

　몰살이냐 항복이냐의 갈림길에서 강홍립은 항복을 선택했다. 그나
마 남아 있는 병사들을 살리기 위한 어쩔 수 없는 선택이었을 것이다.
그런데 이 항복에 대해서도 엉뚱한 신화가 존재한다. 광해군이 참전
하는 강홍립에게 형세를 보아 유리한 쪽에 붙으라는 밀지를 내렸고

• 이민환 『책중일록』

이에 따라 강홍립이 후금과 연락하여 조선군을 보존하고 항복했다는 신화이다. 결론부터 말하자면 말도 안 되는 신화이다. 우선 당시 시점에서는 중립을 고려할 상황이 전혀 아니었다. 비록 쇠락의 기운이 있다 하여도 300년을 이어 온 초강대국과 건국한 지 3년도 채 되지 않은 신생국 사이에서 양다리를 걸친다는 건 생각하기 어려운 일이다. 또 전투에 임하는 강홍립과 조선군의 자세를 보아도 눈치껏 항복할 기회를 보는 행동과는 거리가 멀었다. 강홍립은 전체 병력의 절반 이상을 잃을 때까지 정말 사력을 다해 싸웠다. 그렇게 싸운 다음에야 어쩔 수 없이 항복을 한 것이다. 이런 행동의 어디에 눈치를 보고 적과 내통하는 기미가 보인다는 말인가? 더구나 이때 포로가 된 조선의 병사들 중 돌아온 이는 거의 없고 대부분 후금군에 편입되거나 노역에 동원되다가 타향에서 죽었으니 만약 내통을 하고도 이 꼴을 당했다면 정말 어이없는 거래를 한 셈이다. 광해군의 밀지는 없었다는 것이 상식에 부합하는 해석일 것이다.

사실관계를 따지자면 광해군 밀지설은 오히려 광해군을 몰아내고 권력을 잡은 인조 정권에서 날조한 것이다. 광해군과는 불구대천의 원수지간이었던 인목대비가 내린 광해군 폐위교서에 "광해는 배은망덕하여 천명을 두려워하지 않고 속으로 다른 뜻을 품고 오랑캐에게 성의를 베풀었으며, 기미년(1619년) 오랑캐를 정벌할 때에는 은밀히 수신(帥臣)을 시켜 동태를 보아 행동하게 하여 끝내 전군이 오랑캐에게 투항함으로써 추한 소문이 사해에 펼쳐지게 하였다"[*]라

• 『조선왕조실록』 인조 1년 3월 14일자 기사

는 구절이 있는데 이것이 광해군 밀지와 관련된 가장 강력한 근거가 되었다. 결국 현대의 '광해군 밀지설'은 인조 정권이 광해군을 음해하기 위해 사용한 유언비어를 가지고 오히려 광해군을 옹호하고 있는 셈이다. 아이러니라고 하지 않을 수 없다.

아무튼 사르후 전투는 후금의 압도적인 승리로 끝났다. 후금의 수도인 허투알라를 향해 기세 좋게 진격하던 4개 군단 중 3개 군단이 몰살당했으니 더 말할 필요도 없을 것이다. 더군다나 명나라에게 이 전투는 '전투에서의 패배는 병가지상사'라고 위안할 수 있는 그런 평범한 패배로 끝나지 않았다. 후금과 명 사이의 운명을 가름하는 결정적인 전투가 되었기 때문이다. 우선 요동에 주둔하고 있던 명의 주력군이 몰살당했기 때문에 명나라로서는 요동의 주요거점을 방어하는 것이 불가능해졌다. 3월의 충격적인 패배 이후 명나라가 전열을 수습하기도 전에 개원, 철령 등의 요새지역이 누르하치의 손에 넘어갔다. 2년 후인 1621년에는 요동의 양대 거점인 심양과 요양까지 후금의 영토가 되었다. 뿐만 아니었다. 여진족 내에서 누르하치에게 저항하던 잔존 세력이 이 전투를 계기로 일소되었다. 이들 반누르하치 세력에게 뒷배가 되어 준 명나라가 참패를 당한 이상 당연한 결과였을 것이다. 이로써 누르하치는 영토적으로도 민족적으로도 요하 동쪽의 만주를 완벽하게 통일하게 된다. 만주에 대한 명나라의 통제력이 완전히 사라진 것이다. 동아시아 패권투쟁에서 만주의 중요성을 고려할 때 명나라의 패권시대는 끝이 난 것이나 마찬가지였다.

요동 지역에서 명나라의 세력이 사라지자 조선도 고립되었다. 육로로 명나라와 연결되는 길이 끊어졌기 때문이다. 더구나 사르후 전투에 참전했던 조선군 병력의 대부분은 평안도와 황해도 같은 서북 지역에서 차출한 병력이었던 만큼 평안도에서 후금을 상대할 병력도 태부족인 상태가 되고 말았다. 이제 조선으로서도 중립이라는 단어를 진지하게 고민해야 할 순간이 온 것이다.

홍타이지의 고민

심양과 요양을 점령하고 아예 수도까지 심양으로 옮긴 누르하치의
진격은 여기서 멈추지 않았다. 1622년에는 드디어 요하를 넘어 요
서지방으로 진출하기 시작했다. 먼저 요서지방의 현관문 역할을 하
던 광녕이 누르하치의 손에 들어갔으며 곧이어 영원성(寧遠城)이 공
격 목표가 되었다. 영원성은 만리장성의 관문인 산해관에서 불과
200리 정도 밖에 떨어져 있지 않은, 말하자면 산해관의 방패 같은 성
이었다. 후금 입장에서 보자면 이 영원성을 차지해야만 만리장성의
관문인 산해관을 돌파할 수 있고 산해관을 돌파해야만 중원을 장악
할 수 있다는 뜻이기도 했다.

그런데 바로 그 영원성에서 누르하치의 진격에 제동이 걸리고 말
았다. 명나라 최후의 명장 원숭환이 누르하치의 진격을 막아섰기 때
문이다. 거듭되는 패전으로 구멍이 날대로 난 요동전선의 최전방 책
임자로 기용된 원숭환은 허세 투성이 작전으로 참패를 당한 양호와
달리 냉철한 인물이었다. 허풍이나 호기보다는 현실을 직시할 수 있

는 눈을 가지고 있었다는 뜻이다. 그는 우선 섣부른 야전으로 후금과 대결하는 기존의 방식을 버렸다. 더 이상 명나라의 힘이 야전을 두려워하지 않아도 되는 초강대국이 아니라는 사실을 인정한 것이다. 대신 성곽 전투에서 승부를 보기로 했다. 아직은 우위가 분명한 화력을 최대한 활용해서 성을 지키는 방식으로 후금에 대항하기로 한 것이다. 이 전략에 따라 후금군과 일전을 벌일 결전의 장소로 점찍은 곳이 바로 영원성이다. 산해관의 관문인 영원성을 지킬 수 있다면 산해관을 지킬 수 있을 것이고 산해관을 지킬 수 있다면 후금은 결코 중원으로 진출할 수 없기 때문이다. 곧 영원성에 대한 대대적인 화력보강이 시작되었다. 당시로서는 최신 무기였던 홍이포(紅夷砲)*가 동아시아의 전쟁터에 처음 등장한 것도 바로 이때였다.

　지키는 입장에서 영원성이 반드시 지켜야할 곳이라면 공격하는 입장에서도 반드시 빼앗아야 할 곳이다. 누르하치도 16만에 이르는 휘하 병력을 총 동원하여 영원성으로 향했다. 사르후 전투 7년만인 1626년의 일이다. 명나라에 대항해서 궐기한 이래 단 한 번도 패배한 적이 없었던 만큼 누르하치는 이번에도 자신만만했다. 반면 영원성을 지키고 있던 원숭환이 동원할 수 있는 병력은 2만 남짓이었다. 대대적인 화력보강이 있었다고 하지만 패배를 모르는 후금의 철기군에게 이 정도의 화력으로 승리할 수 있을지는 의문이었다.

● 서양식 대포로 유럽에서의 명칭은 캘버린이다. 명 말기에 베이징에 체류하던 독일 출신 신부 아담 샬이 명의 예부상서 서광계에게 제작기법을 전해줬고, 명 조정이 홍이포를 수입해 자체 제작이 가능하도록 기술을 완성했다. 처음 대포를 가지고 온 네덜란드인들을 명나라에서는 홍모이(紅毛夷: 붉은 털의 오랑캐)라고 불렸기 때문에 이런 이름이 붙었다.

1626년 1월 14일, 철기군(鐵騎軍)을 앞세운 후금군은 영원성을 둘러싸고 맹공을 퍼붓기 시작했다. 언제나처럼 철기군의 뒤에는 환갑이 훨씬 넘은 누르하치가 흰머리를 날리며 병사들을 독려하고 있었을 것이다. 하지만 영원성의 성곽과 대포 앞에는 철기군의 용맹도 무용지물이었다. 하루종일 지속된 맹렬한 공격에도 불구하고 후금은 막대한 병력 손실만을 입은 채 병력을 물려야 했다. 두 번째 날의 전투는 더욱 치열했다. 끝장을 봐야겠다고 결심한 누르하치가 직접 나섰기 때문이다. 그러나 누르하치의 저돌성에도 불구하고 결과는 마찬가지였다. 잘 조직화된 성곽에서 쏘아대는 명나라의 화력에 누르하치는 처음으로 참혹한 패배를 맛본 것이다. 더 이상의 병력 손

영원성에서 대치한 후금과 명

실을 감당하기 어렵다고 판단한 누르하치는 결국 패배를 인정하고 후퇴를 명했다.

후금군이 물러서기 시작하자 명나라 군대의 추격전이 시작되었다. 전쟁터에서 한 번도 후금군에게 승리해 본 적이 없었던 명나라는 실로 오랜만에 후퇴하는 후금군을 쫓아 30리를 추격한 다음에야 군대를 거두었다. 난생 처음 패배를 맛본 누르하치는 하늘을 우러러 다음과 같이 탄식했다고 한다.

"짐은 25세부터 군사를 일으켜, 정벌한 이래 싸워서 이기지 못한 적이 없으며, 공격하여 극복하지 못한 적이 없었다. 어찌, 이 영원성 하나를 끝내 떨어뜨리지 못하는가. 어찌, 하늘의 뜻이 아니겠는가?"

패배의 충격은 컸다. 무엇보다 거병한 이후 단 한 번의 패배도 몰랐던 후금의 철기병도 패배할 수 있다는 것을 보여줬기 때문이다. 더욱이 전투가 있던 그해에 패배의 충격을 극복하지 못하고 누르하치마저 사망했다. 이제 다 넘어갈 것처럼 보이던 명나라였지만 300년을 이어온 노제국의 힘이 결코 호락호락하지 않다는 것을 보여준 셈이다.

영원성에서의 기적적인 승리와 누르하치의 사망으로 명나라 조정은 큰 안도감을 느꼈다. 누르하치가 궐기한 이후 한 번도 제대로 된 승리를 해 본 적이 없던 명나라의 첫 승리였을 뿐 아니라 적의 수괴까지 제거하는 쾌거를 거두었기 때문이다. 조만간 요동을 수복할 수도 있다는 섣부른 기대가 터져 나오는 것도 무리가 아니었다. 하지만 누르하치의 뒤를 이어 즉위한 홍타이지는 생각보다 만만치 않은 인물이라는 것이 곧 증명되었다. 그는 비록 아버지만큼 저돌적인 용사는 아닐지 몰라도 훨씬 노련하고 교묘한 정치가였다. 결국 명나라의 안도가 다시 공포로 바뀌는 데는 그리 오랜 시간이 걸리지 않았다. 하지만 이건 제법 시간이 흐른 뒤의 일이고 칸의 자리를 물려받은 직후의 홍타이지는 누르하치가 죽자마자 터져 나오기 시작한 내부의 문제를 정리하는 데도 시간이 모자랄 지경이었다.

홍타이지가 당면하고 있던 문제는 한두 가지가 아니었다. 겉으로는 막강해 보이는 후금제국이었지만 생각보다 그 내실은 취약했기 때문이다. 우선 홍타이지 자신의 권력 기반부터가 상당히 취약했다. 누르하치의 첫아들인 츄잉, 둘째 아들인 다이샨이 차례로 아버지의 신임을 잃은 후 세 번째로 후계자에 지명된 홍타이지였지만 두 번이나 실망을 맛본 누르하치는 자신이 죽은 이후의 권력구조를 아예 집단지도체제로 바꿔 버렸다. 팔기군의 수장들인 버일러들이 합의해서 국가를 운영하도록 한 것이다. 이래서는 칸의 지위가 버일러들 중에서 선임인 의장 정도에 불과하게 된다. 아버지가 누렸던 무소불위의 권력과는 천지차이가 나는 것이다. 심지어 홍타이지는 칸의 자리에 오른 직후 자신보다 연장자인 팔기의 버일러들 그러니까 다이샨, 아민, 망굴타이에게 세 번의 절을 올리기도 했다. 임금이 신하에게 절을 올린 셈인데 혈연상으로는 아무리 형들이라 하더라도 전제군주국에서 이런 일은 유례를 찾기 어려운 일이었다. 뿐만 아니라 집권 초기에는 자신의 세 형과 나란히 앉아 신하들에게 하례를 받기도 했다고 한다. 이름만 칸일 뿐, 허수아비나 다름없었던 셈이다.

권력 기반만 취약한 것이 아니었다. 단기간에 여진족만의 부족국

가에서 여진족과 몽골족 그리고 한족을 아우르는 다민족국가가 된
만큼 민족 간의 화합도 매우 위태로웠다. 특히 아버지 누르하치는
정복된 한족들에 대해서 유목민의 전통대로 약탈자로 행동했기 때
문에 후금 영역 안의 한족들은 노예로 전락하거나 기껏해야 약탈의
대상을 벗어나지 못했다. 당연히 제국에 대한 한족들의 충성도는 없
는 것이나 마찬가지였고 반란의 움직임도 심심치 않게 있었다.

　하지만 역시 가장 큰 문제는 원숭환이 지키고 있는 영원성이었다.
누르하치를 죽음으로 몰아넣은 영원성 전투를 통해 드러난 것처럼
명나라는 이제 성을 확실히 지키는 쪽으로 전략을 바꾼 상태였다.
이렇게 되면 화력에서 뒤떨어지는 후금이 명나라와의 전쟁에서 우
위를 차지하기는 쉽지 않은 일이었다. 그리고 이렇게 전쟁터에서 확
실한 우위를 차지하지 못하면 누르하치가 단기간에 건설한 제국은
생각보다 쉽게 무너질 수도 있었다. 유목제국이 가지고 있는 근본적
인 취약성 때문이었다.

　잘 알려져 있다시피 유목민의 경제력이란 뻔한 것이어서 중국이
나 조선 같은 정주민의 나라와는 큰 차이가 날 수밖에 없다. 한마디
로 잉여생산물이라고 할 만한 것이 별로 없다는 뜻이다. 그리고 잉
여생산물이 부족하다는 것은 안정적인 국가 시스템, 다시 말해서 관
료조직을 유지할 수가 없다는 것을 의미한다. 관료 조직의 도움 없
이 제국을 유지하는 것은 불가능하다. 그렇다고 단기간에 유목지역
의 생산력을 높이는 것도 어려운 일이다. 심지어 과학기술의 시대인
20세기 이후에도 유목지역에서 생산력을 높이는 것이 어려운 일인
데 전근대 사회에서는 말할 필요도 없을 것이다. 따라서 유목제국이

한창 팽창할 때는 군사력의 우위를 이용한 약탈을 통해 제국을 유지하는 것이 일반적인 방식이었다. 유목제국의 창업자들인 야율아보기나 누르하치가 약탈자의 면모를 보일 수밖에 없었던 이유다. 그런데 당연한 이야기지만 이런 약탈만으로는 안정적인 제국을 유지할 수가 없다. 따라서 반드시 건국 초의 성장기에 중원을 공략하여 농경지대를 점령해야만 한다. 그래야 안정적인 제국이 될 수 있다. 금나라나 몽골제국의 경우 이런 과정을 거쳐 일급의 왕조가 될 수 있었다. 말하자면 유목제국의 업그레이드가 필요한 것이다. 후금의 경우에는 2대째인 홍타이지가 즉위한 시점이 바로 이 업그레이드가 필요한 시점이었다.

문제는 업그레이드가 실패할 경우다. 중원 진출에 실패하는 것인데 이 경우 유목제국은 의외로 쉽게 붕괴할 수도 있었다. 농경지대를 장악하지 못하면 계속해서 약탈에 의존해야 한다는 뜻인데 약탈은 경제적인 측면에서 보자면 투기적인 행위이므로 안정성을 보장할 수 없기 때문이다. 더군다나 홍타이지가 당면한 상황처럼 상대방의 방어가 튼튼해지면 약탈의 투자대비 효율은 더 떨어진다. 약탈도 일종의 경제행위라고 본다면 불황상태에 빠지는 것이다. 실제로 명나라의 방비가 단단해지고 약탈전쟁의 효율성이 떨어지기 시작한 1620년대가 되면 후금의 경제 상황은 공황 직전이라고 해도 될 만큼 엉망이었다.

"누르하치가 죽고 홍타이지가 즉위한 다음에도 원숭환이 영원성을 지키고 있는 한, 후금의 군대가 영원성을 돌파하기란 굉장히 어려웠습니다. 그런데 다가 홍타이지란 인물은 누르하치의 장남이 아닌, 8번째 아들입니다. 칸으로 즉위하는 과정에서 그의 형들이 자신을 추대를 했지만 권력을 독점적으로 장악하지 못하고, 결국 홍타이지와 형 3명이 일종의 연립정부를 구성하게 되죠. 홍타이지 스스로의 존재감 내지는 권력을 확보하기 위해서는 자신의 지도력을 보여줘야 될 정치적 절박성이 굉장히 컸던 겁니다.

경제 상황도 좋지 않았습니다. 농업 부문의 생산이 상당히 저조했고 명나라와 전쟁을 계속하느라 명과의 무역이 끊기는 바람에 생필품을 비롯한 각종 물자가 유입이 막히는 것입니다. 이제 막 칸의 자리에 오른 홍타이지는 정치적·경제적 위기를 돌파해야 한다는 책임감을 갖고 있었습니다. 그 때문에 이런 복합적인 난관들을 돌파하기 위한 수단이 필요한 상황이었습니다."*

"1627년 후금은 심각한 경제적 재앙의 문턱에 있었습니다. 1626년의 대규모 전투(영원성 전투)에서 최초로 명나라에게 패하면서 제국의 취약성이 드러났습니다. 초원의 유목민 연맹체는 약탈을 통해 전리품을 얻고 그 전리품을 구성원들에게 분배함으로써 초기에는 폭발적으로 성장합니다. 그런데 이 약탈이 불가능해지면 급속히 붕괴할 가능성이 있습니다. 1627년의 상황이 그러했습니다. 곡물 값은 1623년보다 8배나 올랐고 도처에서 식량부족으로 인한 소요가 있었습니다. 한족들의 불온한 움직임도 있었죠. 우물에 독을 탄다는 소문이 돌았습니다. 일반적인 예상과 달리 만주 국가(후금)는 매우 취약해진 상태였습니다."**

---

* 한명기(명지대 사학과 교수) 인터뷰 중에서
** 피터 퍼듀(예일대 역사학과 교수) 인터뷰 중에서

　이 복합적인 문제들을 해결하는 것은 권력 기반도 취약한 홍타이지에겐 결코 쉽지 않은 일이었다. 홍타이지는 우선 할 수 있는 일부터 하나씩 해결하기로 했다. 문제 해결의 우선순위를 정한 것이다. 근본적인 해결책이야 물론 중원을 공략하는 것이지만 원숭환이 영원성에 버티고 있는 한 해결이 가장 어려운 문제였다. 이 문제를 일단 뒤로 미룬 홍타이지는 먼저 당장 할 수 있는 일부터 시작했다.

　홍타이지가 먼저 주목한 대상은 한족이었다. 약탈의 대상으로 취급받던 한족에 대한 처우를 개선하고 우대정책을 편 것이다. 한족을 위한 별도의 거주구역이 만들어지고 관직에 진출할 기회도 확대되었다. 표면적으로는 민족갈등을 완화하고 한족의 체계적인 국가운영방식을 배움으로써 제국의 안정에 기여할 수 있다는 점을 이유로 내세웠다. 물론 이 명분도 사실이기는 했다. 하지만 노련한 정치가였던 홍타이지는 한 가지 효과만을 노리고 정책을 추진하지 않았다. 홍타이지의 실제 노림수는 이것만이 아니었다는 뜻이다. 한족은 후금의 근간을 이루는 여진족과 달리 제국에 새로 유입된 이들이었다. 기존의 버일러들이나 부족장들과는 아무런 연관이 없다는 말이다. 따라서 이들이 후금제국의 틀 안으로 들어오면 이들은 자연스럽게 새로운 칸인 홍타이지의 지지기반이 될 수밖에 없었다. 이를 통해 세력을 확대하게 되면 자연스럽게 홍타이지는 다른 버일러들에 대해 압도적인 우위에 서게 된다. 이는 마치 몽골제국에서 쿠빌라이칸이 한족이라는 막대한 물적 기반을 통해 경쟁자들을 제압했던 것을 연상시키는 교묘한 정책이었다. 더구나 홍타이지의 한족 우대정책은 다른 방면에서도 효과를 나타냈다. 명나라의 미래에 불안해하던 한족 지식인이나 장군들이 더 적극적으로 후금으로 귀순하는 현상이 발생한 것이다. 여러모로 홍타이지의 한족 우대는 제국의 안정과 홍타이지의 권력 강화에 기여하기 시작했다.

홍타이지의 두 번째 해결책은 명나라 공략이 어려워진 상태를 타개하기 위해 새로운 공격 목표를 찾는 것이었다. 홍타이지가 주목한 대상은 바로 조선이었다. 조선은 여러 측면에서 당시의 홍타이지에게 매력적인 공격 대상이었다. 우선 앞서 언급한 경제적 어려움을 해결할 수 있었다. 명나라에 비할 수는 없지만 조선도 상당히 안정되고 높은 생산성을 가진 농경 국가였다. 조선을 약탈하여 전리품을 획득할 수 있다면 후금의 경제적 어려움을 상당히 해소할 수 있을 것이었다. 조선 정벌이 성공할 경우의 이점은 이것만이 아니었다. 조선은 전통적으로 중원국가에게 가장 중요한 동맹국이었다. 이런 나라가 후금에게 굴복한다면 명나라를 대신하고자 하는 후금으로서는 상당히 고무적인 성과가 될 것이다. 여기에 더해 조선 정벌은 배후의 화근을 제거한다는 이점도 있었다. 후금이 명나라와 일전을 벌이려고 할 때 조선이 후금의 배후를 치면 큰일이기 때문이다. 이점은 또 있었다. 명나라나 몽골에 비해 상대적으로 용이한 조선 정벌에 성공하고 후금이 겪고 있는 경제적 문제의 해결에 성공한다면 홍타이지의 권위는 올라가고 권력 강화에도 큰 도움이 될 것이라는 점이었다. 그야말로 일석사조의 효과를 거둘 수 있는 공격 목표였다. 조선으로서는 전혀 예기치 않은 전쟁의 먹구름이 몰려오기 시작한 것이다.

정묘호란과 인조의 중립외교

명나라에 대한 후금의 공세가 한창 강화되고 만주가 혼란에 빠져있던 1623년, 조선 역시 혼란에 빠져 있었다. 반정이 일어나 광해군이 쫓겨나고 인조가 즉위했기 때문이다. 이른바 '인조반정'이다. 광해군을 무도한 폭군으로 몰아 쫓아 낸 반정세력들이 보기에 광해군의 시대는 인륜이 땅에 떨어진 금수(禽獸)의 시대였다. 따라서 이들은 "금수의 땅을 다시 사람의 땅으로 바꾸는"● 것을 시정방침으로 삼았다. 그렇다면 광해군의 시대는 도대체 어떤 이유에서 금수의 시대라고 단죄 받은 것일까?

　이들이 보기에 광해군이 저지른 짐승의 행각은 크게 세 가지였다. 우선 폐모살제(廢母殺弟). 법률상의 어머니인 인목대비를 폐하여 유폐시키고 이복동생인 영창대군을 죽인 일을 일컫는 것이다. 정치적 필요성 문제는 논외로 치더라도 윤리적인 면만 따진다면 광해군으

● 『조선왕조실록』 인조 1년 3월 17일 기사 중에서 인조의 발언

로서는 변명할 여지가 없는 죄목이었다.

　이 부분을 바로잡는 것은 죄목이 명쾌한 만큼 비교적으로 쉬운 일이었다. 적통의 왕자인 영창대군은 이미 죽었으니 정치적 부담도 없었다. 인조는 유폐된 인목대비를 복권시키고 죽은 영창대군에겐 박탈된 관작을 회복시켰다.

　광해군의 두 번째 죄목은 지나친 토목공사로 백성의 고혈을 짠 것이다. 광해군을 옹호하는 사람들에게는 좀 곤혹스러운 일인데 광해군이 지나친 토목 공사를 벌인 것은 명백한 사실이다. 광해군은 즉위한 이후 지속적으로 궁궐을 새로 지었다. 즉위 초 종묘를 다시 세우고 창덕궁을 다시 지은 것이야 임진왜란으로 파괴된 궁궐을 복원하여 국가의 체통을 세우는 일이니 당연하다고 볼 수 있다. 하지만 광해군은 이후에도 궁터가 불길하다며 완성된 창덕궁에는 들어가지 않고 궁궐 짓기를 계속했다. 경덕궁(경희궁)과 인경궁, 자수궁 등이 연이어 지어졌다. 이때는 아직 임진왜란이 끝난 지 20년 남짓밖에 되지 않은 시점이었다. 전쟁으로 파탄난 조선의 경제력이 아직 회복되지 않은 상태였다는 말이다. 이런 상태에서 이렇게 많은 궁궐을 세웠으니 분명 무리한 공사였고 민심이 광해군을 떠나는 결정적 계기가 되었다.

　이 문제에 대한 해법도 비교적 간단했다. 광해군이 궁궐을 워낙 많이 지어놓은 탓에 더 이상 공사를 할 일도 없었고 따라서 궁궐 공사를 위한 부역과 세금은 모두 폐지되었다.

　문제는 광해군의 세 번째 패륜이었다. "부모와 같은 명나라 천자의 은혜를 배신하고" 후금과 화친하여 명나라의 파병요청을 거절한 죄를 말하는 것이다. 광해군은 비록 1619년 사르후 전투에 이르기까지는 명나라의 파병 요청에 호응하여 병력을 파견하였지만 사르후 전투로 조선군이 심각한 타격을 입고 만주에 대한 후금의 패권이 확립되자 만주의 분쟁에 가능한 한 개입하지 않으려는 정책을 일관되게 유지했다. 이것이 널리 알려진 광해군 식의 중립외교였다. 다만 이 정책은 국내의 사대부들에게는 인기가 없었다. 심지어 광해군의 정치적 동반자였던 대북파(大北派)들조차 이 문제에 대해서만은 광해군과 대립각을 세웠다. 인조 정권은 광해군을 쫓아낸 직후 이를 바로잡는다는 명목으로 반정 직후 대대적인 숙청을 벌였다. 광해군 정권하에서 후금과의 교섭을 담당하던 평안감사 박엽, 의주부윤 정준과 같은 이들이 이 죄목에 걸려 처형되었다. 이른바 숭명배금 정책이 시작된 것이다.

> "인조 정권은 광해군에 대한 정변을 통해 등장하면서 정권의 정통성을 확보하기 위해서 친명사대를 내세웠고 또 정권의 정통성을 명나라로부터의 승인에서 찾았기 때문에 숭명배금에 대한 입장이 뚜렷했던 것은 사실입니다. 이러한 차원에서 광해군의 중립외교 내지는 후금에 대한 실용적 외교정책을 뒷받침했던 박엽, 정준 같은 관료들이 표적이 됩니다. 인조 정권이 등장하면서 광해군이 명나라를 배신한 정책을 이들이 뒷받침했다고 하여 처형당하게 되는 것입니다."*

---

* 이삼성(한림대학교 정치행정학과 교수) 인터뷰 중에서

"인조 정권의 대외정책을 이해하기 위해선 광해군 정권을 먼저 돌아보아야
합니다. 인조 정권은 반정으로 광해군과 대북파를 몰아내면서 3가지 명분
을 내세우죠.

첫째로, 동생을 죽이고 어머니를 덕수궁에 유폐시켰다는 폐모살제가 가장
큰 윤리적 명분이었습니다. 두 번째는 광해군이 궁궐 건설을 포함한 과도한
토목공사로 국가 재정과 민생을 망쳤다는 것이었습니다. 마지막 명분은 왜
란 때 조선을 원조해 준 명나라의 은혜를 배신하고 후금과도 화친을 시도했
다는 것이었습니다.

인조 정권은 정권의 명분을 굳건히 하기 위해 안으로는 광해군 정권이 망쳤
다라고 하는 민생과 재정을 재건해야 했고, 밖으로는 명나라의 은혜를 갚고
후금과 대결하자는, 이른바 친명배금의 슬로건을 분명히 내걸게 됩니다."•

  하지만 앞의 두 가지 잘못을 바로잡는 일이 일사천리로 진행된 것
에 비해 마지막 잘못을 바로잡는 일은 그리 간단하지 않았다. 악평
으로 가득하고, 또 뒤집는다고 손해 볼 사람도 없는 정책을 뒤집기
만 하면 되는 두 가지 잘못과 달리 이 세 번째 잘못은 상대방인 후금
이 눈을 시퍼렇게 뜨고 있었기 때문이다. 그나마 숭명배금(崇明拜金)
이라는 구호 중 앞의 쪽 그러니까 명나라에 대한 지극한 사대는 정
권의 정당성 차원에서라도 그럭저럭 진행되었지만 후금과의 군사
적 대결이라는 구호는 시작부터 흐지부지되기 시작했다. 더구나 집
권 초기에 벌어진 일련의 실책이 겹쳐지면서 후금과의 군사적 대결

은 더욱 불가능한 일이 되어갔다.

　인조 정권이 저지른 실책이란 우선 후금과의 교섭을 담당하던 박엽이나 정준 같은 실무형 관료들을 처형한 것이다. 이들은 모두 평양과 의주 같은 서북면의 주요 거점에서 후금에 대한 대책을 담당하고 있었다. 이 대책에는 물론 외교적 교섭이 포함되지만 후금에 대한 군사적 대비 역시 포함될 수밖에 없다. 이들이 처형되자 후금에 대한 경험과 정보가 함께 사라지고 말았다. 당연히 서북면의 방어 태세는 이완되기 시작했다. 이것만이 아니었다. 집권 초기 정권내부의 갈등으로 이괄의 난이 일어나자 서북면의 방어태세는 더욱 약화되었다.

　이괄은 원래 반정군을 선봉에서 이끌고 거사를 성공시킨 행동대장이었다. 거사 당일의 공으로만 따진다면 당연히 가장 공이 큰 인물이다. 반정 직후에는 병조판서감이라는 평가가 자자했다. 이괄 자신도 그렇게 믿어 의심치 않았다. 하지만 반정이 성공한 이후의 논공행상에서 이괄은 큰 좌절을 맛보게 된다. 반정 당일 겁에 질려 별다른 공도 세우지 못한 김류 같은 이들이 1등 공신이 된 것에 비해 이괄은 2등 공신에 이름을 겨우 올린 것이다. 더구나 겨우 배려해 준 관직도 평안도 병마절도사라는 외직이었다. 이괄이 기대했던 병조판서에 한참 미치지 못한 것이다. 결국 이괄은 임지인 영변에서 서북면의 병사들을 거느리고 반란을 일으켰다.

　반란은 인조 정권을 궁지로 몰아넣었다. 정권 탄생의 주역 중 하나가 반란을 일으켰으니 전 정권의 탓을 할 수도 없었다. 더구나 반란을 진압하는 과정에서 이괄의 휘하 부대였던 서북면의 병사들과 장수들이 다수 희생된 점은 향후 후금과의 대결에서 치명적인 약점이 되고 말았다. 저돌적인 맹장이었던 이괄의 휘하 병력은 일종의 기동타격대로 후금이 침공할 경우 야전에서 이들을 맞아 싸우는 부대였다. 전투력이 뛰어난 공격용 부대였다는 의미다. 우리가 북방 유목민족을 맞아 싸우는 기본 전술은 언제나 성을 지키는 공성전이지만 그렇다 하더라도 반드시 이런 요격용 부대가 있어야만 효과적인 공성전이 가능하다. 요격의 위험이 없다면 구태여 산성을 공격할 필요 없이 그냥 지나치면 되기 때문이다. 그런데 이 부대가 내전으로 사라진 것이다. 이 부대가 사라짐으로써 그렇지 않아도 감당하기 어려운 후금과의 야전은 아예 엄두도 내지 못할 일이 되고 말았다.•

결국 인조 정권은 제대로 해내지도 못할 '숭명배금'이라는 구호 때문에 후금에게는 침략의 명분만을 제공하고 막상 후금을 막아낼 서북면의 방어 태세는 자신의 손으로 무너뜨리는 우를 범하고 만 것이다. 나중에 살펴보겠지만 이 문제야말로 '중립이냐 아니냐'의 문제보다 더 치명적인 인조 정권의 실책이 된다.

그렇지 않아도 조선을 호시탐탐 노리고 있던 홍타이지는 이 기회를 놓치지 않았다. 1627년 1월. 홍타이지는 조선에 대한 전쟁을 선포했다. 바로 정묘호란이다. 1월 13일 홍타이지의 사촌형인 아민을 사령관으로 삼은 후금군 3만이 압록강을 건너 의주성을 공격하기 시작했다. 이미 바닥을 드러낸 서북면의 방어능력으로 후금군을 막는 것은 불가능했다. 3일 만에 의주를 점령한 후금군은 열흘 만에 안주와 평양을 함락시키고 황해도로 진출했다. 이렇게 전광석화 같은

• 이괄의 난 진압 직후인 『조선왕조실록』 인조 2년 3월 14일자 기사를 보면 서북면의 책임자로 임명된 남이흥과 정충신 역시 이 부분을 우려하고 있다.

후금의 침략 소식이 한양에 전해진 것은 1월 17일이었다. 그런데 침공 소식을 들은 인조의 반응은 좀 의외였다. 기록에 따르면 보고를 받은 인조는 "후금이 모문룡을 잡아가려고 하는 것이냐? 우리나라를 침략하려고 하는 것이냐?"*라고 물었다고 한다. 여기서 모문룡은 당시 압록강 하구의 가도(椵島)라는 곳에 주둔하고 있던 명나라의 장수를 말한다. 당연히 후금으로서는 제거해야 할 눈엣가시 같은 존재였다. 인조로서는 자신이 딱히 후금에게 적대적인 대응을 한 적이 없었기 때문에 후금이 쳐들어올 이유가 없으니 아마도 모문룡을 제거하려고 가도로 가는 중이라고 생각한 모양이다. 하지만 우리가 적대행위를 하든 하지 않든 강대국이 필요하다고 판단하면 전쟁은 언제든지 일어난다. 우리는 잘못한 것도 없는데 당했다고 아무리 항변해봤자 이미 도륙당한 백성들의 생명은 무엇으로도 보상 받을 수 없다. 결국 서북면의 방어망에 구멍이 난 상태에서 인조가 할 수 있는 선택은 별로 없었다. 조정은 즉시 강화도로의 천도를 결정했다.

그런데 파죽지세로 황해도까지 진출한 후금군이 이상한 움직임을 보이기 시작했다. 아니 사실 침략군의 동태가 이상한 것은 전쟁을 시작한 직후부터였다. 우선 총사령관인 아민은 의주를 함락한 직후에 이미 평안감사인 윤훤에게 서신을 보내 강화 협상을 제의했다. 항복 요구가 아닌 강화 협상이라는 사실에 주목하자. 별다른 저항도 없이 평양까지 점령한 이후에도 아민의 태도는 변하지 않았다. 이

• 『조선왕조실록』 인조 5년 1월 17일 기사. 후금은 조선에 수시로 모문룡의 퇴거를 요청했지만 조선으로서도 어쩔 수 있는 문제는 아니었다. 모문룡은 이후에도 계속 조선 땅에 주둔하면서 백성을 약탈하는 등 골치를 썩이다가 요동경략 원숭환에 의해 제거된다.

정도로 쉽게 전과를 올리고 있다면 뭔가 욕심을 낼 만도 한데 아민은 더 이상의 남하를 자제하고 황해도와 평안도 접경지역인 중화에 자리를 잡은 채 조선 조정의 답변을 기다렸다. 거듭되는 후금군의 승전에 비추어 볼 때 후금군의 동태는 이해하기 어려운 것이었다. 후금군의 머뭇거림에는 분명 이유가 있을 것이다. 후금군은 왜 이렇게 신중하게 행동한 것일까?

우선 고려해야 할 것은 후금군의 규모다. 후금은 이번 전쟁에 아민이 거느리고 있는 양람기(鑲藍旗)*를 중심으로 3만의 병력만을 파견했다. 당시 후금의 군사력이 16만에서 20만 사이였을 것으로 추정된다는 점에 비추어 볼 때 20%도 안 되는 병력을 동원한 것이다. 비록 조선이 명이나 후금과 대등한 힘을 가진 것은 아니지만 그래도 조선 정도의 규모의 나라를 점령하기 위한 병력으로는 너무 적다. 이것은 어느 모로 보아도 아직 후금이 조선을 상대로 전면전을 할 생각이 없었다는 것을 의미했다.

후금이 이 시점에서 전면전을 하지 않은 이유는 우선 영원성에서 후금을 견제하고 있는 원숭환을 의식하지 않을 수 없었기 때문이다. 만약 조선 전선에 대군을 보냈다가 전쟁이 장기화되기라도 하면 후금으로서는 원숭환의 역습을 걱정해야 하는 처지에 내몰리게 된다. 실제로 후금이 조선 정벌에 나섰다는 소식이 전해지자 명나라에서는 이번 기회에 후금을 공격해야 한다는 의논이 일기도 했다. 때문에 후금은 팔기군 중 한 기인 양람기만을 동원한 제한된 전쟁을 벌인

---

* 후금의 핵심부대인 팔기 중 하나로 남색 바탕에 홍색의 띠를 두른 깃발을 상징으로 사용한다.

것이다. 따라서 전쟁에 임하는 후금의 목표도 제한될 수밖에 없었다.

　유목민이 벌이는 제한된 전쟁이라면 우선은 약탈이다. 당시 후금은 명나라의 경제제제와 방어태세 강화로 큰 어려움을 겪고 있었다. 따라서 조선에 대한 약탈은 경제적 어려움에 처한 후금의 입장에서 꼭 필요한 돌파구였다. 그리고 약탈이 목적이라면 오히려 병력이 너무 많지 않은 것이 유리하기도 했다. 두 번째 목표도 제한된 것이었다. 전쟁 이후 조선과 교역관계를 회복하는 것이다. 명나라에 의한 경제제제로 중국산 물품을 구할 수 없는 후금으로서는 조선과의 교역이라도 가능하게 만들어서 물자를 확보하는 것이 꼭 필요했다. 이렇게 조선과 교역을 할 수 있게 된다면 중국산 물자 역시 간접적으로 확보할 수 있을 것이다. 세 번째 목표도 그리 크지 않았다. 조선으로 하여금 향후 후금에 대한 적대행위를 하지 않겠다는 약속을 받는 것이다. 조선은 당시 명나라의 가장 중요한 동맹국이었다. 따라서 조선을 동맹에서 이탈시켜 후금에 대한 적대행위를 종식시킬 수 있다면 그것만으로도 의미 있는 성과가 될 수 있었다.

　이에 따라 후금의 강화조건도 당시의 전황을 고려하면 매우 온건한 것이었다. 명나라와의 관계를 끊고 후금과 화친하되 후금이 형이 되고 조선이 동생이 되는 형식을 취하자는 것이 요구조건의 전부였다. 이 정도 조건이라면 딱히 후금과 정면 대결할 생각도 없었던 인조 정권으로서는 못 받아들일 이유가 없었다. 인조는 즉각 강화협정에 동의했다. 다만 명나라에 대한 의리는 끊을 수 없다는 사실을 후금에 전달하여 양해를 구했다. 이 부분에 대해서는 후금의 입장도 매우 유연해서 결국 전쟁이 일어난 지 채 두 달이 지나지 않아 형제의 맹세를 하늘에 고하고 전쟁은 끝이 났다. 별다른 전쟁 준비도 되어있지 않던 조선으로서는 그나마 큰 피해 없이 전쟁을 끝낼 수 있었던 셈이다. 그저 문제가 하나 있다면 그동안 입으로라도 외치던 숭명배금의 구호를 이제 입으로도 외치기 어려운 상태가 되었다는 것뿐이었다.

전쟁 이후에도 후금의 요구는 주로 경제적인 것이었다. 정묘호란의 원인 중 하나가 명나라의 경제 제제로 인한 어려움을 해소하는 것이었으므로 어쩌면 당연한 결과였을 것이다. 특히 중국 쪽의 물자를 확보하기 위한 창구로 조선을 활용하기 시작했다. 명나라와 후금의 경제 교류는 막혀있는 상태였으므로 조선이 명과 교역하여 확보한 물자를 다시 후금과의 교역을 통해 건네주는 형태가 자리 잡았다. 조선으로서는 의도하지 않게 삼각무역의 중계기지가 된 셈이다. 물론 후금이 원한 것이 명나라의 물자만은 아니었다. 곡물이나 농기구 등은 조선의 물건이 거래되었다. 재미있는 것은 거래품 중 과일이 있었다는 것이다. 만주는 아무래도 과일이 귀한 만큼 조선의 과일은 후금에서 높은 대접을 받았다. 특히 배와 홍시에 대한 반응이 열광적이어서 조선에 들어오는 후금의 사신들은 무엇보다 먼저 배와 홍시를 구했다고 한다.

이렇게 해서 정묘호란 이후 후금과 조선의 상태는 평화를 되찾게 되었다. 사실상 광해군의 시대로 돌아간 것이다. 홍타이지는 만족스러운 수준은 아니지만 전쟁을 통해 조선과의 교역도 가능하게 되었고, 자신들에 대한 조선의 적대 정책을 완화시킨 만큼 당분간은 조선 문제에 손을 떼고 진정한 강적들인 명나라와 몽골문제에 집중하기로 했다. 조선의 인조 정권도 정묘호란으로 호된 경험을 한 만큼 이젠 입으로라도 숭명배금을 외치지 않았다. 오히려 명나라와 후금 모두와 외교관계를 맺은 상태에서 가능한 한 갈등을 유발하지 않으려고 최선을 다했다. 광해군 시대에 준하는 인조 식의 중립외교가 시작된 것이다. 후금을 형으로 모시게 되었다는 점을 고려한다면 오히려 광해군 대보다 더 진전된 중립외교라 할 수도 있을 것이다.

공유덕의 반란

그토록 비난하던 광해군과 똑같이 오랑캐인 후금과 우호관계를 맺었으니 인조로서는 체면이 말이 아니게 되었다. 당연히 여론도 좋지 않았다. 그래도 이 정도 선까지는 이런저런 변명으로 어찌 넘겨볼 여지는 있었다. 어려운 상황에서도 명나라에 대한 사대는 유지하고 있었고 후금을 형으로 삼아 우호관계를 맺은 것은 일종의 교린정책*이라고 우길 수 있기 때문이었다. 아마 인조는 이 정도 상태로라도 현상이 유지되기를 바랐을 것이다. 하지만 격동의 상태로 돌입한 동북아시아의 정세변화는 이런 소강상태를 그대로 내버려두지 않았다. 무엇보다 팽창하고 있던 후금의 야망이 현상유지를 전혀 원하지 않았기 때문이다.

　홍타이지는 조선 문제가 어느 정도 해결되자 이제 본격적으로 명

---

* 종속적인 외교 관계를 맺는 중국과의 관계와 달리 교린(交鄰)은 중국의 책봉을 받은 소국끼리 맺는 대등한 외교관계를 뜻한다. 하지만 논리적으로만 따지자면 이 시점에서 후금은 이미 명나라와의 사대관계를 끊고 명나라와 대립하고 있었으므로 사대를 전제로 한 개념인 교린 관계는 이미 불가능한 것이었다.

나라에 대한 전략에 몰두하기 시작했다. 이건 딱히 홍타이지가 호전적인 인물이어서가 아니다. 앞서 언급한 것처럼 중원 진출에 성공하지 못하면 유목제국의 특성상 제국이 언제 무너질지 장담할 수 없기 때문이다. 하지만 원숭환이 버티고 있는 명나라를 공격하는 것은 방비태세가 무너진 조선을 공략하는 것과는 차원이 다른 문제였다. 홍타이지는 깊은 고민에 빠졌다.

요서지방에서 명나라와 후금이 대립하고 있던 시점에서 후금이 만리장성을 넘어 명나라를 공략할 수 있는 방법은 오직 하나 영원성과 산해관을 돌파해서 북경으로 진입하는 것이었다. 하지만 누르하치의 실패에서도 알 수 있듯이 명나라가 작심하고 성을 지키는 전략으로 나오면 당시 후금의 군사력으로 이 지역을 돌파한다는 것은 불가능한 일이었다. 무모하게 정면 공격을 감행했다가는 오히려 후금쪽이 당할 수도 있었다.

다른 대안이 있다면 산해관을 우회해서 몽골초원 쪽에서 북경을 공격하는 것인데 이 길도 당시로서는 두 가지 이유에서 문제가 있었다. 우선 몽골초원은 아직 후금의 영역이 아니었다. 물론 누르하치이래 후금은 같은 유목민족인 몽골에 대해 강온 양면전술을 구사하여 꾸준히 영향력을 확대하고 있었지만 아직까지 몽골의 주인은 칭기즈칸의 후손인 릭단 칸이었다. 또 설혹 릭단 칸의 견제를 극복하더라도 초원과 사막을 통과해야 하는 이 통로는 정복전쟁을 위한 통로로는 적당하지 않았다. 역사상 가장 강력한 제국이었던 몽골제국도 중국을 제패하는 데 50년이 걸렸다는 점을 생각해 보라. 중국에 대한 정복전쟁은 반드시 장기전이 될 수밖에 없었다. 그런데 이 우회로는 대규모 병력의 이동이나 보급선 유지에 문제가 많았다. 정복 전쟁을 위한 통로로는 한계가 있다는 뜻이다. 결국 몽골 우회로의 가치는 기습공격이나 약탈을 위한 통로를 벗어나지 못했다.

또 다른 대안이 있다면 바다를 통해 공격하는 것이다. 당나라가 발해만을 건너 고구려를 공격한 루트를 뒤집어서 만주 쪽에서 발해만을 건너 중국을 공격하는 것이다. 배를 이용하는 만큼 대규모 병력을 투입하는 것도 가능했다. 하지만 이 방법은 몽골 우회로보다 더 큰 문제가 있었다. 바다를 이용하기 위해서는 대규모 수군이 필요한데 후금에는 수군이라는 게 아예 없었기 때문이다. 유목민족이라는 태생적 한계로 인해 명나라와 어깨를 견줄 정도로 성장한 상태에서도 후금은 수군을 보유하지 못하고 있었다. 수군이 없다 보니 심지어는 이미 제패가 끝난 요동 반도에서도 해안선에 붙어있는 명나라의 수군 요새들은 공략을 못하고 있을 정도였다. 20세기 초에 러일전쟁의 주요 전장이 되는 여순(旅順)*이 대표적인 곳인데 바다 쪽으로의 공격로를 확보하지 못한 후금은 자신들의 영토 한복판에 있는데도 여순항에 명나라의 수군이 주둔하고 있는 상황을 그대로 보고만 있을 정도였다. 이런 상황에서 바다를 건너 명나라를 공격한다는 것은 꿈도 못 꿀 일이었다. 그래서 궁여지책으로 생각해 낸 방법이 수군이 강하다고 정평이 난 조선에 수군 지원을 요청하는 것**

---

* 요동 반도 끝자락의 대련시에 있는 항구. 청일전쟁과 러일전쟁 때도 군항으로서의 가치 때문에 대규모 전투가 벌어졌지만 명나라 때도 이미 명나라 수군의 군항으로 사용되고 있었다.

** 임진왜란 당시 이순신 장군의 활약 덕분에 17세기에 조선은 수군이 강한 나라로 정평이 나있었다. 후금만이 아니라 명나라를 비롯한 주변의 모든 나라들이 그렇게 인식하고 있었다.

이었지만 조선이 그런 요청을 들어줄 리 없었다. 결국 바다 쪽에서 명나라를 공격하는 루트는 아예 없는 길이나 마찬가지였다. 이런 이유들 때문에 영원성과 산해관을 돌파하는 정면 공격만이 후금이 선택할 수 있는 유일한 길이 되고 말았다. 홍타이지로서는 쉽게 해결책을 찾을 수 없는 답답한 상황이었을 것이다. 그런데 이런 답답한 상황에 기대하지도 않았던 엉뚱한 곳에서 길이 열리기 시작했다. 그 시작은 공유덕과 경중명의 반란 사건이었다.

공유덕과 경중명은 원래 압록강 하구의 가도에 주둔하고 있던 모문룡의 부하장수들이었다. 조선에 대해 온갖 패악질을 일삼던 모문룡 휘하에 있었던 탓인지 이들도 그리 건실한 장수는 되지 못했다. 군량이나 착복하고 전투를 회피한 채 변명이나 늘어놓는 것이 이들이 보여준 재주의 전부였다. 원숭환에 의해 모문룡이 제거된 뒤에는 산동 지역을 담당하고 있던 등래순무 손원화의 휘하에 있었다. 그리고 반란이 있던 1631년, 후금이 요서지방의 대릉하성을 공격하자 구원군으로 차출되었다. 해로를 통해 즉각 요서지방으로 출동하라는 명령이 떨어진 것이다. 이들은 곧 본색을 드러냈다. 무시무시한 후금군과 싸울 자신이 없었던지 역풍이 분다는 핑계를 대며 빠른 해로를 포기하고 느린 육로를 통해 대릉하성으로 가겠다고 나선 것이다. 이들에게 출동명령이 떨어진 이유가 수군을 이용해서 신속하게 대릉하성을 구원할 수 있기 때문인데 육로로 이동하게 되면 이런 의미가 모두 사라진다. 아무튼 어떻게 허락을 받았는지 공유덕 부대는 육로를 이용해서 북상하기 시작했다. 하지만 육로로의 이동은 너무 시간이 오래 걸리는 길이었다. 결국 육로를 이용해서 북상하던 공유덕군은 군량이 떨어지자 곧 도적떼로 변했고 도적질이 뒷감당을 할 수 없을 만큼 커지자 반란군으로 변했다.

이렇게 어이없이 시작된 반란은 주변의 불평세력을 끌어들이면서 생각보다 세가 커지기 시작했다. 이듬해인 1632년 1월에는 산동 반도 최대의 수군기지였던 등주까지 점령하면서 기세를 올렸다. 등주를 차지하자 공유덕의 반란군은 그저 소규모 반란군의 수준을 넘어섰다. 등주는 수당전쟁 당시부터 요동을 공격하기 위한 수군기지로 사용되던 곳이다. 당연히 이때도 요동에 위치한 후금을 공격하기 위한 전진 기지 역할을 하고 있었다. 때문에 후금에 대항하기 위한 대규모 수군과 홍이포 등의 막대한 화약무기들이 등주에 배치되어 있었다. 이 대규모 수군과 막대한 화기들이 반란군의 손에 넘어간 것이다. 이제 반란군은 강력한 수군과 최신 무기로 무장한 무시할 수 없는 세력이 되었다.

하지만 반란군의 행운은 거기까지였다. 명나라 조정이 본격적인 토벌에 나서자 별다른 명분도 지지 세력도 없었던 반란군은 금방 수세에 몰리고 말았다. 점령지는 순식간에 정부군의 손에 넘어갔고 등주성에 틀어박힌 반란군은 정부군에 포위된 채 최후를 기다려야 하는 신세가 되었다.

그런데 공유덕은 궁지에 몰리자 의외의 선택을 했다. 자신의 수군을 이용해 바다로 탈출을 감행한 것이다. 1632년 9월의 일이다.

바다로 탈출하는 데는 성공했지만 그 다음이 더 큰 문제였다. 갈 곳이 없었기 때문이다. 앞서 설명한 것처럼 발해만은 아직 명나라의 바다였다. 산동 반도의 수군기지들은 물론이거니와 요동 반도의 여순이나 요서지방의 영원등에서도 추격군이 출동했다. 점점 좁혀오는 포위망 속에서 공유덕의 반란군은 산동 반도와 요동 반도 사이에 있는 작은 섬들을 전전하며 얼마 남지 않은 생명을 연장할 뿐이었다.

그런데 거의 끝나간다고 생각되었던 반란군에게 기대하지 못한 동아줄이 내려왔다. 홍타이지의 심복이었던 한인 관료 범문정이 찾아온 것이다. 범문정은 공유덕에게 후금으로 귀순할 것을 권유했다.

홍타이지가 공유덕의 반란군에 주목한 것은 물론 수군 때문이다. 산동 반도 최대의 수군기지였던 등주의 수군이 모두 가담한 만큼 공유덕의 군대는 명나라 최대의 수군 중 하나였다. 만약 이들을 후금의 군대에 편입시킬 수만 있다면 바다를 통해 명나라를 공격하는 루트가 뚫리는 것이다. 더구나 등주에 쌓여있던 홍이포 등의 화약무기들도 잔뜩 실려 있는 상태였으므로 후금의 약점인 화력 보강도 가능해진다. 후금의 입장에서는 두 사람의 귀순으로 이중 삼중으로 횡재를 하게 된 것이다. 명나라에 별다른 충성심도 없고 딱히 갈 곳도 없었던 공유덕과 경중명은 고민할 필요도 없이 귀순을 결심했다. 반란군은 즉각 기수를 돌렸다.

공유덕이 후금으로 방향을 돌린 사실이 알려지자 명나라 조정은 그야말로 비상이 걸렸다. 명나라 최대 수군 중 하나를 후금에 그대로 갖다 바치게 생겼으니 난리가 난 것이다. 공유덕의 수군이 후금에 합류하는 것을 막기 위한 필사의 추격전이 시작되었다. 이제 이 추격전의 결과에 따라 후금에게 막강한 수군이 생기느냐 마느냐가 결정나게 된 것이다.

"홍타이지가 등장한 이후로 후금의 군사력은 계속 강해집니다. 그 와중에 명나라는 1629년에 엉뚱하게도 후금을 막고 있던 원숭환이 후금의 반간계에 휘말려 처형을 당합니다. 그 당시 최고의 장수였던 원숭환이 사라지면서 명나라의 육지 방어력은 엄청나게 저하되게 됩니다. 유일하게 믿을 수 있던 곳이 철옹성인 산해관인데, 홍타이지가 산해관을 우회할 수 있는 해군과 군선을 보유하게 되면 산해관이 의미가 없어지는 거죠. 후금군이 압록강에서 수로를 타고 천진이나 혹은 산동성의 등주 쪽에 상륙을 해 북경을 공략할 수 있게 되면, 명나라의 안보는 무너지게 되는 것이었습니다."•

이때 공유덕이 향한 목적지는 압록강이었다. 산동 반도에서 후금의 영토로 가려면 그냥 요동 반도 어딘가로 향하면 될 것 같지만 지금까지 설명한 것처럼 당시 후금은 수군이라는 것이 아예 없었다. 따라서 요동 반도의 해안선에 대한 제해권도 명나라가 가지고 있었다. 후금은 정말 땅만 가지고 있었던 것이다. 따라서 공유덕군이 후금의 영토로 진입하려면 그나마 중립국인 조선과 후금이 접하고 있는 압록강까지 와서 강을 거슬러 올라 내륙으로 들어와야만 했다. 일이 이렇게 되자 불똥은 엉뚱하게 조선으로 튀기 시작했다. 명나라 내부 문제였던 공유덕과 경중명의 반란이 이젠 후금과 조선까지 끼어 든 국제문제가 된 것이다.

명나라는 당연히 동맹국인 조선에 도움을 요청했다. 명나라의 반란군이 압록강으로 진입하고 있으니 이를 요격해서 진입을 막아달

• 한명기(명지대 사학과 교수) 인터뷰 중에서

라는 것이었다. 더불어 공유덕군을 추격하고 있는 명나라 군대에 대한 식량 지원도 요청했다. 조선으로서는 호응하지 않을 도리가 없었다. 동맹국 쪽에서 반란군이 당신네 나라로 가고 있으니 요격해달라고 하는데 거절할 명분이 없지 않은가? 조선은 즉시 요격 준비에 들어갔다. 문제는 조선에 도움을 요청한 동맹국이 명나라만이 아니라는 것이었다.

홍타이지는 공유덕이 귀순하겠다는 의사를 밝히자 쾌재를 불렀다. 드디어 수군의 부재라는 후금의 치명적인 약점을 해결할 길이 열린 것이다. 더불어 공유덕군이 보유하고 있는 최신 화기들을 손에 넣을 수 있다면 철옹성과 같은 영원성이나 산해관에 대한 공략도 용이하게 될 것이다. 그런데 문제는 이렇게 귀중한 존재인 공유덕군을 도울 방법이 홍타이지에게는 전혀 없다는 것이었다. 바다에서 도망치고 있는 공유덕을 지원하려면 후금도 바다로 나가야 하는데 후금에겐 바다로 나갈 방법이 없었다. 결국 후금이 생각해 낸 방법도 조선에 도움을 요청하는 것이었다. 이 시점에서는 후금도 어엿한 조선의 동맹국이라는 사실을 기억하자.

"명나라를 공격하는 것도 아니고 공해상에서 도망치고 있는 공유덕을 돕는 것쯤은 조선도 얼마든지 할 수 있는 일이 아닐까? 아니 이 정도는 해 줘야 동맹국이라고 할 수 있는 것 아닌가?"

이것이 홍타이지의 생각이었다. 공유덕에게 군량 지원을 해달라는 요청을 담은 후금의 국서가 즉시 조선으로 보내졌다.

불가능한 중립

조선은 그야말로 진퇴양난의 상황에 빠졌다. 만약 명나라의 요청을 받아들여 공유덕군을 요격한다면 이건 후금에 대한 적대행위가 된다. 공유덕이 이미 후금에 귀순의사를 밝힌 만큼 이들도 어엿한 후금의 군대이기 때문이다. 그렇다고 후금의 요청을 받아들여 공유덕군을 지원하게 되면 이건 그야말로 300년 동맹인 명나라에 대한 배신 행위다. 명나라가 가만히 있지 않을 것이다. 그렇다고 양쪽의 요청을 모두 거절하는 것도 길이 아니다. 그랬다가는 명나라와 후금 모두로부터 원망을 받을 것이 분명하기 때문이다.

"인조 정권은 친명배금을 내세웠지만 실제로는 자신의 권력을 유지하기 위해서 후금과의 군사적인 대결이나 모험을 섣불리 벌이는 것은 철저하게 회피를 했습니다. 하지만 문제는 당시가 명청교체기라는 것입니다. 조선의 의지와는 관계없는 조선 외부에서의 힘의 교체가 한반도에 엄청난 영향을 미치던 시점이었습니다. 인조가 친명배금을 내세우거나 현재의 상태를 유지하려는 정책을 취한다고 하더라도 명과 후금의 대결구도가 지속되게 되면 결국 조선은 어느 순간 명과 후금 사이에 한 쪽을 선택할 수밖에 없는 기로로 내몰리게 되는 것이죠. 인조 정권의 입장에서는 그런 상황을 미리 염두에 두고 대비를 했어야 합니다. 하지만 이괄의 난 이후에는 어렵게 잡은 권력을 유지하는 데 급급한 나머지 외교정책에 대한 청사진을 새로이 제시하기가 근본적으로 곤란하지 않았나, 이런 생각을 합니다."•

"저에게 중립이란 아주 위태로운 것으로 보입니다. 왜냐하면 중립은 당사국인 그 나라에게만 달린 문제라기보다는 이해관계가 얽힌 다른 국가들에 달려 있는 문제이기 때문입니다. 강력한 국가들이 잘난 듯이 날뛸 때면 그냥 계속 날뛰어버리기 때문입니다. 예를 들어 일본에 의해 지배되기 전의 한국도 많은 부분에서 독립적이고 중립을 지키길 바랐습니다. 서양, 중국을 포함한 어떤 세력의 개입도 원하지 않았었죠. 그렇지만 패권국들은 침략을 했고, 서양은 한국을 개방시켰다고 말하지만, 한국은 개방을 원하지 않았으며 그것을 강요받았습니다. 작은 국가들은 그런 취급을 많이 받죠. 하고 싶지 않은 일을 하도록 강요를 받기 일쑤입니다."••

"특정한 지역에 중간국이 자리 잡고 있습니다. 중간국은 당연히 전쟁에 휘말리기를 원치 않습니다. 하지만 전쟁을 원치 않는다고 해서 전쟁을 피할 수는 없습니다. 세상에는 공격적인 주변 국가와, 약탈 세력이 존재하기 때

• 한명기(명지대 사학과 교수) 인터뷰 중에서
•• 제임스 에드워드 호어(영국 왕립국제문제연구소, 전 평양 주재대사) 인터뷰 중에서

문입니다. 중립 정책을 내세워 싸우지 않겠다는 국가가 있다면 이를 악용하는 약탈자들이 존재합니다. 야생의 정글에 사슴 한 마리가 있었습니다. 사슴은 호랑이에게 싸우지 않을 것이라 말합니다. 하지만 호랑이는 결코 물러서지 않고 공격할 것입니다."•

앞서 인용한 마키아벨리의 말처럼 양다리나 눈치 보기라는 차원의 중립은 불가능하다. 이런 식의 중립이 가능하기 위해서는 상대방인 강대국이 약소국의 중립을 용인해 주어야 하는데 세상에 약소국의 중립을 좋아하는 강대국은 존재하지 않기 때문이다. 결국 양다리나 눈치 보기 차원의 중립은 오히려 약소국을 위기로 몰아넣는다. 역사는 이런 식의 수동적인 중립을 선포했다가 결국 강대국에 의해 처참한 화를 당한 약소국들의 예로 가득하다. 아마 1차 세계대전 당시의 벨기에가 대표적일 것이다.

우리가 베네룩스Benelux 삼국이라고 불리는 벨기에, 네덜란드, 룩셈부르크 지역은 전통적으로 강대국 사이에 끼인 신세를 면치 못하는 나라들이었다. 유럽의 가장 대표적인 강국들인 독일과 프랑스, 그리고 영국의 중간에 있기 때문이다. 그중에서도 특히 벨기에는 독일의 입장에서 보면 프랑스를 공격하기 위한 가장 좋은 공격 루트였고, 프랑스 입장에서 보면 반대로 독일을 공격하기 위한 최상의 루트였다. 물론 영국의 입장에서도 벨기에가 적대국의 손에 넘어가면 바로 영국 본토가 위협받을 수밖에 없는 전략적 이해가 걸린 지역이

• 칼 아이켄베리(스텐퍼드대 국제관계학 교수) 인터뷰 중에서

었다. 한반도보다 더하면 더했지 결코 덜하지 않은 지정학적인 지옥인 셈이다. 때문에 벨기에는 1830년 독립하자마자 중립을 선포하고 어느 쪽 동맹에도 가담하지 않겠다는 뜻을 밝혔다. 1831년과 1839년에는 런던조약으로 주변 강대국들로부터 중립을 지켜주겠다는 약속까지 받았다. 이것만이 아니었다. 1907년에는 헤이그 국제평화회의*에서는 "중립이 영세 또는 영구하다는 개념은 상황과 사건에 따라 흔들려서는 안 되며 어느 때 어떤 경우에도 예외 없이 중립은 지켜져야 된다"는 원칙까지 재확인되었다. 이중 삼중의 안전장치를 확보한 것이다. 하지만 강대국이 강대국인 이유는 약소국과의 약속 정도는 아무렇지도 않게 어길 수 있기 때문이다. 유럽의 패권을 놓고 다투던 독일, 영국, 프랑스는 애초에 벨기에의 중립을 존중해 줄 마음 따위는 없었다. 그리고 그 사실은 1917년 1차 세계대전이 일어나자마자 현실로 나타났다.

우선 독일은 슐리펜 계획Schlieffen Plan이라는 전쟁 계획을 수립하고 있었는데 그 내용은 벨기에를 통과해서 프랑스를 기습한다는 것이었다. 물론 전쟁이 일어나자마자 독일은 계획대로 벨기에를 유린했다. 여기서 독일이 다른 작전을 써 보다가 어쩔 수 없이 마지막 수단으로 벨기에를 통해 공격한 것이 아니라는 사실을 명심해야 한다. 독일은 처음부터 벨기에의 중립 따위는 안중에도 없었던 것이다. 영국이나 프랑스라고 해서 사정이 다르지는 않았다. 이 두 나라도 일단 유사시 벨기에로 진입해서 독일군과 전투를 벌인다는 작전 계획

---

* 고종이 헤이그밀사를 파견했던 바로 그 회의이다.

을 전쟁 이전부터 가지고 있었다. 자국 영토가 피해를 입는 것을 최소화하기 위한 조치이다. 사정이 이러하니 벨기에의 중립선언이란 모두가 가짜라는 것을 알면서도 진짜인 척 연기를 하는 위선이었던 셈이다. 결국 1차 대전을 계기로 벨기에는 중립을 포기한다.

아무리 그럴듯하게 포장된 중립이라도 이해당사자들인 강대국들 사이에 충돌이 벌어지면 무용지물이 될 뿐이다. 강대국들 사이에 충돌의사가 없을 때만 약소국의 중립의사는 존중 받을 수 있다. 그나마 근대 유럽에서는 여러 개의 강대국이 동시에 존재했고, 이들 사이에 세력균형이라는 개념이 존재했으며, 또 이 세력균형을 뒷받침하는 영국이라는 나라도 있었기 때문에 약소국의 중립이 한동안이

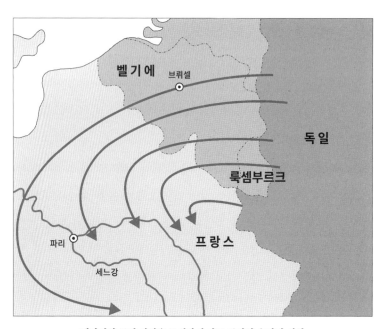

벨기에의 중립 선언을 무색하게 만든 독일의 슐리펜 계획

라도 보장받았다. 하지만 오직 하나의 패권국가만이 존재해 온 동아
시아의 전통사회에서 이런 식의 중립은 불가능한 일이었다. 이른바
투키디데스의 함정Tuchididdes Trap*을 벗어날 수 없는 것이다.

> "중립은 당사국 스스로의 힘으로 결정을 내려야 합니다. 원한다고 중립국
> 으로 남을 수 있다는 보장은 없습니다. 예컨대 제2차 세계대전 때 스웨덴은
> 중립을 지키고자 했습니다. 하지만 독일은 스웨덴 영토를 지나가게 해달라
> 고 요구했습니다. 중립을 선언했지만 스웨덴은 이를 막을 실질적인 힘이 없
> 었습니다. 특정 국가가 중립을 지키는 것은 참으로 어려운 일입니다. 특히
> 여러 나라가 각기 다른 압력을 가하는 위태로운 상황에서는 말입니다."**

조선으로서는 결코 오지 않기를 바랐던 순간이 기어코 오고야 만
것이다. 인조 정권은 선택을 해야 했다. 명나라냐? 후금이냐? 선택의
결과가 무엇일지는 생각만 해도 두려운 일이었지만 결국 조선은 명
나라를 선택했다. 공유덕의 반란군을 추격하는 명나라 군대에게 군
량을 제공하고 임경업 휘하의 조총병을 파견하여 압록강으로 진입
하는 공유덕의 반란군에게 총격을 가한 것이다. 물론 공유덕군에게
군량을 제공하라는 후금의 요구는 거절했다. 총질을 해댄 상대에게

---

* 아테네 출신의 역사학자 투키디데스가 펠로폰네소스 전쟁을 분석하면서 제시한 것으로 펠로
폰네소스 전쟁 때의 아테네처럼 빠르게 부상하는 신흥 강국이 기존의 세력판도를 뒤흔들고
이런 불균형을 해소하는 과정에서 패권국과 신흥국이 무력 충돌하는 경향이 있다는 걸 일컫
는다. 하버드대 벨퍼센터의 연구결과에 따르면 지난 500년간 투키디데스의 함정을 적용할 수
있는 사례는 총 16차례였는데 그 중 12개는 결국 전쟁으로 이어졌다.
** T.J.펨펠(버클리대학교 정치학 교수) 인터뷰 중에서

먹을 것을 줄 수는 없는 일이 아니겠는가? 기어이 1627년 이후 살얼음처럼 아슬아슬하게 유지되고 있던 후금과 조선의 우호관계에 금이 가기 시작했다.

그나마 애처로운 것은 조선군까지 동원해서 요격에 나섰는데도 불구하고 공유덕의 수군이 후금으로 귀순하는 것을 막지 못했다는 것이다. 명나라가 심혈을 기울여 키운 등주의 수군함대와 홍이포 등의 최신 화기들은 결국 통째로 홍타이지 소유가 되고 말았다.

홍타이지는 공유덕의 수군이 무사히 귀순에 성공하자 그야말로 크게 고무되었다. 드디어 후금에도 제대로 된 수군이 생긴 것이다. 앞으로 명나라와의 전쟁에서 홍타이지는 강력한 카드를 하나 더 가지게 되었다. 홍타이지는 귀순한 공유덕과 경중명에게 그야말로 최고의 대접을 해 주었다. 1633년 6월 3일 공유덕과 경중명이 심양에 도착하자 홍타이지는 10리 밖까지 몸소 행차해서 이들을 맞았다. 심지어 신하라면 당연히 해야 할 삼궤구고두례도 시키지 않았다. 절은 커녕 홍타이지가 직접 얼싸안는 것으로 인사를 대신했다. 귀순 이후의 대우도 상상을 초월하는 것이었다. 공유덕은 즉각 도원수, 경중명은 총병관에 임명되었으며 '부귀를 영원히 보장하고 죄를 지어도 모두 사면해 주겠다'는 약속까지 내려 주었다. 이들의 귀순에 홍타이지가 얼마나 크게 고무되었는지를 알 수 있을 것이다.

흥미로운 사실은 군량이나 착복하고 민간인 약탈이나 할 줄 알던 이 질 낮은 장수들이 후금에 귀순하고 난 다음에는 면목을 일신해서 충성스러운 장수가 되었다는 점이다. 공유덕은 이후 명나라를 정복하는 과정에서 수많은 공을 세웠으며 특히 기마군단이 활동하기 어려운 중국 남부에 대한 정복전쟁에서 혁혁한 공을 세워 정남왕(定南王)에 봉해질 정도였다. 경중명도 마찬가지다. 병자호란 때에는 도르곤 밑에서 강화도 공략을 맡아 초기에 강화도를 점령하는 데 공을 세웠고 입관 이후에도 화남에서 저항 세력 정벌에 적극 참여하여 정남왕(靖南王)이 되었다. 이것이 명나라 숭정제와 홍타이지의 리더십 차이인지 혹은 망해가는 명나라 군대와 흥기하는 청나라 군대의 기풍 차이인지는 알 수 없지만 흥미로운 결과라고 하지 않을 수 없다.

　이제 후금과 명나라 사이의 힘의 균형은 확실히 후금 쪽으로 기울기 시작했다. 공유덕이 귀순하자마자 홍타이지는 곧장 눈엣가시와도 같던 여순에 대한 공격을 시작했다. 수군이 전무한 후금의 특수성 덕분에 요동이 통째로 후금에게 넘어간 다음에도 건재하던 여순은 공유덕의 수군까지 합세한 후금의 공격에 순식간에 함락되었다. 이제 더 이상 발해만은 명나라의 바다가 아니었다. 여순까지 후금의 손에 넘어가자 명나라는 비상이 걸렸다. 여순에서 출발한 후금의 수군이 발해만을 넘어 공격에 나선다면 북경의 입구인 천진도 안전하다고 할 수 없었다. 심지어 안전한 후방이라고 믿었던 강남 지역도 안전을 보장할 수 없게 된다.

　비상이 걸린 것은 명나라만이 아니었다. 조선 역시 심각한 안보상의 위협에 직면했다. 후금의 군사적 협박이 있을 때마다 조선이 철석같이 믿고 있었던 것은 오직 강화도로의 피난뿐이었다. 고려 말 대몽항쟁의 시대 이후 강화도는 북방 유목민족의 침략에 대한 가장 믿을 만한 대책이었기 때문이다. 그런데 후금에게 수군이 생기고 나면 강화도의 전략적 가치는 현격하게 떨어질 수밖에 없었다. 적에게

바다를 건널 방법이 생겼기 때문이다. 하지만 훗날 조선의 대응을
살펴보면 공유덕 부대의 귀순이 몰고 올 이런 자명한 상황의 변화를
오직 조선 정부만은 모르고 있었던 것으로 보인다.

홍타이지의 황제 즉위

공유덕의 귀순으로 홍타이지는 그야말로 호랑이가 날개를 얻은 격
이 되었다. 수군의 부재라는 전략적 핸디캡까지 극복한 홍타이지 입
장에서는 이제 본격적으로 정복전쟁을 벌일 순간이 온 것이다. 공유
덕 등이 귀순한 1633년 6월, 홍타이지는 주요 신료들을 불러 전략
회의를 개최했다. 정복전쟁의 다음 목표에 대한 논의가 시작된 것이
다. 공유덕의 귀순 직후였던 만큼 후금의 수뇌부는 후금의 식량 지
원을 거절하고 공유덕 군에게 총질을 해댄 조선에 분개하고 있었다.
이번 사건을 통해 조선이 결국 누구 편인지가 명확해진 상태였다.
지금은 양쪽 모두와 우호관계를 맺고 있지만 결정적인 순간이 오면
결국은 명나라의 편을 들 것이라는 점이 분명해진 것이다. 후금의
수뇌부는 조선을 언제고 반드시 손봐 줘야 할 대상으로 인식하기 시
작했다. 조선에 전쟁의 먹구름이 다시 몰려들기 시작했다.

　이 시점에서 후금이 공략 가능한 방향은 크게 셋이었다. 첫 번째
는 물론 요서지방을 통과하여 명나라를 직접 공격하는 것이다. 영원

성과 산해관만 돌파할 수 있다면 바로 북경이었다. 그리고 북경을 차지하게 되면 그 다음으로 중원을 차지하는 것은 산해관 돌파에 비해 훨씬 간단한 일이었다. 더구나 명나라는 후금을 막고 있던 명장 원숭환을 처형해 버린 어이없는 자해행위를 한 상태였다. 원숭환이 사라진 이상 예전보다는 명나라의 방비도 약해져 있을 것이다. 하지만 결론부터 이야기하자면 원숭환이 사라진 이후에도 요서 지역, 특히 산해관과 영원성의 방어 태세는 완벽했다. 원숭환은 사라졌어도 그가 남긴 방어망은 여전히 작동하고 있었기 때문이다. 따라서 이 지역을 정면 돌파하려면 후금은 막대한 출혈을 각오해야 했다. 신흥 제국인 후금의 체력은 아직 그 정도에 이르지는 못했다.

두 번째는 남쪽에 위치한 조선이었다. 다만 당시 시점에서 시급한 과제는 아니었다. 지난번 정묘호란으로 조선의 군사력이 자신들에게 위협이 될 정도는 아니라는 것도 분명히 알게 되었다. 조선에 대한 공략 역시 뒤로 미루어졌다.

남아 있는 세 번째 선택지는 몽골이었다. 명나라의 패권이 후퇴하기 시작한 이후 후금과 몽골은 힘의 진공상태에 빠진 북방의 패권을 놓고 경쟁하고 있었다. 다만 누르하치 시절부터 강온 양면전략으로 몽골의 여러 부족을 포섭해 온 후금의 정책이 성과를 보여 많은 부족이 이미 후금에 통합된 상태이기는 했다. 하지만 정작 몽골제국의 본가라고 할 수 있는 차하르 몽골은 후금에 대해 완강하게 저항하고 있었다. 특히 정묘호란이 있던 1627년에는 내몽골 지역에서 후금에게 패배한 차하르 몽골의 릭단칸이 휘하세력을 이끌고 서몽골로 이주하여 후금에게 끝까지 저항할 것이라는 점을 분명히 한 상태였다.

몽골은 같은 유목민족이었던 만큼 명나라나 조선에 비해 훨씬 위협
적인 적이었다. 하지만 이 말은 반대로 릭단칸을 굴복시켜 전 몽골
지역을 통일할 경우 홍타이지는 더욱 큰 규모의 유목 군단을 동원할
수 있게 된다는 것을 의미했다. 또 기존의 영원성과 산해관을 통한
공격로와 공유덕의 귀순으로 확보하게 된 해상으로부터의 공격로
외에 몽골초원 쪽에서의 기습공격로도 완벽하게 확보할 수 있다는
이점도 있었다.

　결국 후금의 다음 전략은 먼저 차하르 몽골을 제압한 후 이 방면
으로 명나라 북부를 공격하는 것으로 결정되었다. 이듬해인 1634년
홍타이지는 대군을 이끌고 차하르 몽골을 거쳐 명나라의 북방 요새
인 선부와 대동을 공격하기 시작했다. 원정은 성공적이었다. 압도적
인 병력의 후금이 다가오자 차하르의 여러 부족들은 별다른 전투도
없이 홍타이지에게 귀순해왔다. 명나라에 대한 공격도 성공적이었
다. 명나라의 정예 병력은 모두 요서 지역에 집중되어 있었기 때문
에 우회로에 해당하는 선부와 대동의 명군은 후금의 상대가 되지 못
했다. 다만 이 공격 루트는 앞에서도 이야기한 것처럼 약탈 전쟁을
위한 루트 이상이 되기 어려웠다. 결국 하북성과 산서성 일대를 마
음껏 약탈한 후금군은 막대한 전리품을 가지고 심양으로 귀환했다.

　원정의 성공은 이것으로 끝이 아니었다. 휘하의 부족들이 모두 후
금에게 귀순하자 고립된 릭단칸은 계속 서쪽으로 도망치다가 결국
병사했다. 홍타이지로서는 강력한 경쟁자가 사라진 것이다. 더구나
릭단칸의 아들이자 계승자였던 에제이칸은 완전히 고립되어서 어
머니와 함께 도망치다가 이듬해인 1635년 2월에 결국 후금에게 투

항했다. 이로써 차하르 몽골은 완전히 멸망하고 북방 유목세계는 홍타이지에 의해 통일되었다.

홍타이지에게 더욱 고무적이었던 일은 투항한 에제이칸이 대원제국의 옥새를 가지고 왔다는 점이다. 대원제국의 마지막 황제인 순제가 가지고 있었다는 이 옥새는 한동안 행방이 묘연했다가 우연히 양치기에 의해 발견되어 릭단칸의 차지가 되었는데 이 옥새를 에제이칸이 홍타이지에게 바친 것이다. 홍타아지로서는 천명이 드디어 자신에게로 왔다고 느낄 만한 사건이었다. 옥새를 얻은 홍타이지는 즉시 하늘에 제사를 올려 옥새를 얻은 사실을 고했다. 옥새 획득을 통해 자신에게 천명이 내렸다는 프로파간다를 펼치기 시작한 것이다.

보통 천명이 내리게 되면 묘하게도 여러 가지 상서로운 징후가 겹치게 마련인데 이때도 예외가 아니었다. 대원제국의 옥새가 홍타이지의 손에 들어온 그때 마침 요양의 옛 절터에서도 쿠빌라이칸 시대에 제작되어 봉안된 금불상이 출토되었다. 이런 상서로운 징후가 이렇게 절묘한 시점에 우연히 겹쳐질 가능성은 아무리 생각해도 높지 않겠지만 중요한 것은 이런 징후들의 사실 여부가 아니다. 차하르 몽골의 굴복으로 자신감을 얻은 홍타이지가 착착 다음 단계로 나아가기 시작했다는 것이 중요하다.

다음 단계라면 역시 황제가 되는 것이다. 옥새를 얻고 금불상이 발견되는 등 분위기가 무르익은 가운데 드디어 1635년 12월 28일 후금의 주요 신하들과 버일러들이 심양의 궁궐로 모여들기 시작했다. 대전 앞에 모여든 이들은 홍타이지에게 황제의 자리에 오를 것을 청원했다. 이후 의례적인 줄다리기가 시작되었다. 제위에 오를 것을 촉구하는 신하들과 아직 자격이 없다며 사양하는 홍타이지 사이의 줄다리기는 다음 날까지 이어졌다. 홍타이지가 계속 사양하자 여진족, 몽골족, 한족을 아우르는 모든 신하들과 버일러들까지 몰려들었다. 계속되는 청원에 홍타이지는 못 이기는 척 자신의 의사를 밝혔다.

홍타이지는 신하들의 청이 워낙 간곡하여 거절하기 어렵다고 하면서도 자신이 황제의 자리에 오르기 위해서는 좀 더 모양새를 갖출 것을 주문했다. 특히 동아시아 패권국가의 가장 중요한 제후국인 조선의 의사를 확인하라고 했다. "조선과는 형제의 나라가 되었으니 의논하지 않을 수 없다"* 는 것이었다. 곧장 조선으로 보내는 사신이 심양을 출발했다.

이젠 정말 조선의 입장이 막다른 곳에 몰리게 되었다. 그나마 유지하고 있던 중립이라는 입장이 불가능해졌기 때문이다. 그동안 조선은 명나라는 아버지의 나라로, 후금은 형의 나라로 대우하면서 어렵게 양국과의 우호관계를 유지하고 있었다. 힘없는 약소국 입장이었던 조선으로서는 아마 최선의 선택이었을 것이다. 문제는 아버지와 형이 늘 싸우고 있다는 것이었지만 그래도 이 정도라면 어떻게든 꾸려갈 수는 있었다. 그런데 갑자기 형이 아버지가 되겠다고 나선 것이다. 이렇게 되면 조선은 둘 중의 하나를 버릴 수밖에 없다. 아버지가 둘이 될 수는 없는 것이 아니겠는가? 이건 단지 유교적인 윤리의 문제가 아니다. 무엇보다 아버지 쪽에서 자식이 두 아버지를 모시는 것을 절대 용납하지 않을 것이기 때문이다. 홍타이지의 국서를

• 『조선왕조실록』 인조 14년(1636년) 2월 24일 기사 중 사신으로 온 용골대의 발언

받아든 인조는 아마도 심장이 타들어 가는 심정이었을 것이다.

조선의 사정을 아는지 모르는지 사신을 파견한 홍타이지는 황제의 자리에 오를 준비를 착착 진행하고 있었다. 국호도 여진족 국가라는 느낌이 강한 금(金)에서 몽골족과 한족을 아우르는 다민족 국가답게 청(淸)으로 고쳤으며 여진족이라는 종족명도 만주족(滿洲族)*으로 바꾸었다.

홍타이지가 제위에 오를 준비를 하는 동안 조선도 결국 결단을 내렸다. 능동적으로 상황을 개척하기보다는 등 떠밀려서 어쩔 수 없이 내린 결단이라는 느낌이 강했지만 어쨌든 명나라의 편에 서기로 결정을 한 것이다. 이런 결정이 가지는 의미는 당연히 전쟁이었다. 조선도 이런 사실을 모르지는 않았다. 인조는 후금(청)과의 단교를 결정하고 전쟁에 대비하기 위해 다음과 같은 명령을 팔도에 하달했다.

"우리나라가 갑자기 정묘호란을 당하여 부득이 임시로 기미(羈縻)될 것을 허락했는데, 오랑캐의 욕구는 한이 없어서 공갈이 날로 심해지고 있다. (중략) 요즈음 이 오랑캐가 더욱 창궐하여 감히 참람된 칭호를 가지고 의논한다고 핑계를 대면서 갑자기 글을 가지고 나왔다. 이것이 어찌 우리나라 군신이 차마 들을 수 있는 것이겠는가. 이에 강약과 존망의 형세를 헤아리지 않고 한결같이 정의로 결단을 내려 그 글을 물리치고 받아들이지 않았다. (중략) 충의로운 선비는 각기 있는 책략을 다하고 용감한 사람은 종군을 자

---

* 만주라는 호칭의 어원에 대해서는 여러 가지 학설이 있지만 청나라의 공식적인 입장은 문수보살(文殊菩薩)의 문수에서 따온 것이라고 한다.

원하여 다 함께 어려운 난국을 구제해 나라의 은혜에 보답하라."•

이 글만 읽어보면 인조가 확실히 싸울 각오를 다진 것 같지만 사실은 꼭 그렇지도 않았다. 정묘호란 때도 겪어 봤지만 후금의 군사력은 역시 무서웠다. 조선 정부는 큰 탈 없이 상황을 넘기고 싶은 마음이 더 컸다. 그래서 한편으로는 싸움을 독려하면서도 다른 한편으로는 후금에 사신을 보내 상황을 파악하기로 했다. 이 때문에 홍타이지의 황제 즉위식에 조선의 사신인 나덕헌과 이확이 참석하게 된 것이다.

"당시 후금에 이확과 나덕헌이라는 외교관이 파견되어 있었는데 마침 그때 청 태종이 황제 즉위식을 하게 됩니다. 두 사람이 황제 즉위식에 참여해서 절을 하라고 하는 요구를 거부하고 저항하다가 죽기 일보 직전까지 갔었죠. 그때 명을 섬긴다고 하는 것은 국가의 대원칙이고 그 대원칙은 현장에 파견된 이확이나 나덕헌 같은 외교관이 개인적으로 어기거나 달리 행동하거나 할 수 있는 것이 아닙니다. 그래서 그들은 개인의 생각이 어땠을지는 모르겠지만 국가 운영의 대원칙을 위해서 목숨을 걸고 절하지 않겠다고 하는 고집을 부렸던 것입니다."••

"후금(청)이 보기엔 인조 정권은 명분론의 입장에 서서 청나라를 황제국으

• 『조선왕조실록』 인조 14년(1636년) 3월 1일 기사

•• 오수창(서울대 국사학과 교수) 인터뷰 중에서

로 인정하지 않는 것으로 보였죠. 조선이 중립을 표방했다고 하더라도 그 중립을 믿을 수가 없었던 겁니다. 그래서 '명나라를 최종적으로 공격하기 전에 조선에 대해서는 철저하게 굴복시켜야 된다. 그리고 군사를 동원한 정복전쟁이 유일한 수단'이라고 봤겠죠. 즉, '이 사회에 대한 징벌적인 전쟁을 통해서 천하에 본보기를 보일 수밖에 없다'는 것이었습니다."•

사신 파견의 결과는 좋지 않았다. 나덕헌과 이확으로서는 도저히 청나라 황제에게 절을 할 수는 없었던 것이다. 그렇다고 당당하게 선전포고를 할 입장도 아니었다. 조선 정부가 결코 전쟁을 원하지 않는다는 것을 그들도 알고 있었기 때문이다. 결국 두 사람은 황제를 칭한 홍타이지가 조선에 보내는 국서를 받아올 수밖에 없었다.

국서의 내용은 절망적이었다. 홍타이지는 작심한 듯 그동안 조선의 행동을 하나하나 거론하며 비난했다. 사르후 전투에 조선군이 참전한 일부터 시작해서 귀순하는 공유덕군에게 총격을 가한 일, 홍타이지가 파견한 사신을 홀대한 일과 팔도에 후금(청)과의 결전을 준비하라는 명령을 최근에 내린 사실까지 일일이 거론하며 조선을 협박했다. 이어서 홍타이지는 인조에게 왕자를 인질로 보내지 않으면 자신이 직접 쳐들어가겠다며 양자택일을 요구했다. 심지어 너희들의 대책이란 기껏 섬으로 도망가는 것이겠지만 이번엔 통하지 않을 것이라는 말까지 했다. 문자 그대로의 최후통첩을 보낸 것이다.

• 이삼성(한림대학교 정치행정학과 교수) 인터뷰 중에서

문명과 야만의 이분법

이제 조선의 발등에 불이 떨어졌다. 차하르 몽골을 완전히 굴복시킴으로써 강적 하나를 제거한 홍타이지는 이번 기회에 조선 문제를 근본적으로 해결하기로 결심한 듯 했다. 전쟁의 기운은 확실하게 조선을 감싸기 시작했다. 조선으로서는 어느 때보다 냉정하게 상황을 판단해야 할 시기가 온 것이다. 하지만 조선은 오히려 분노로 더욱 불타오르기 시작했다.

우선 참람하게도 황제를 칭한 오랑캐의 국서를 그대로 받아온 나덕헌과 이확을 죽여야 한다는 상소가 빗발치기 시작했다. 비록 두 사람이 홍타이지에게 절을 하지 않음으로써 홍타이지의 황제 즉위를 인정하지 않는다는 의사를 표시하기는 했지만 그렇다 하더라도 황제를 칭한 자의 국서를 그냥 받아왔다는 것은 상대방의 황제 즉위를 수동적으로라도 용납한 것처럼 보일 수 있기 때문에 두 사람을 살려두어서는 안 된다는 것이다. 심지어 두 사람의 목을 베어서 홍타이지의 국서와 함께 돌려보내야 한다는 주장까지 제기되었다. 홍타이지의 황제 즉위를 계기로 그동안 억눌려왔던 이른바 오랑캐에 대한 분노가 폭발하기 시작한 것이다. 한 번 강경 대응의 고삐가 풀리자 강경 발언이 또 다른 강경 발언을 불러오는 도미노 현상까지 겹쳐지면서 조야는 그야말로 흥분으로 달아올랐다. 가까스로 두 사람에 대한 처분은 귀양을 보내는 것으로 끝났지만, 당장 청나라와 전쟁을 벌여야 한다는 주장이 난무하는 흥분된 분위기 속에 이제 청나라와의 전쟁은 피할 수 없는 현실이 되기 시작했다.

"당시 대명 사대론자들의 명분론을 뒷받침한 것은 중화주의였죠. 중화주의는 중국을 중심에 두고 주변부 사회들을 야만시하는 문명과 야만의 이분법에 기초하고 있습니다. 그런데 이런 문명과 야만의 이분법이 전쟁과 평화를 결정하는 위치에 있는 위정자들의 사고를 지배하게 될 때 문제가 생깁니다. 다른 사회와 집단에 대해 습관적인 타자화를 하게 된다는 겁니다. 우리와 다른 저들은 야만이라고 습관적으로 생각하거나 심지어 악마화까지 하는 것이죠. 그럼으로써 주변 사회들과 평화적으로 공존할 수 있는 정책과 사상을 개발하는 능력은 극히 제한되고 그들 사회와의 관계에서 갈등이 폭력으로 표출되는 상태를 방치하는 경향이 생깁니다. 그리하여 전쟁이라는 파괴적인 양상을 필연적으로 만드는 결과를 낳을 수밖에 없는 것입니다.

다른 사회와 그 집단을 평화적으로 공존할 가까운 이웃 사회로 인정하는 것이 아니라 근본적인 이질성이 존재한다고 믿게 만드는 거죠. 그것은 우리가 평화적으로 공존하는 능력을 갖추는 데 근본적인 장애가 될 수 있습니다."●

● 이삼성(한림대학교 정치행정학과 교수) 인터뷰 중에서

　문명과 야만, 순수와 타락을 나누고 이를 절대화하는 사고방식이 냉정해져야 할 순간에 오히려 조선의 조야에 불을 붙이고 있었던 셈이다. 문제는 이런 식의 흑백논리로 세상을 바라보면 오히려 정확하게 사물을 바라보는 눈이 망가진다는 것이다. 보고 싶은 현실만 보는 눈뜬장님이 되는 것이다.

　때문에 후금 혹은 청에게 굴복하는 것은 단지 상위 동맹국을 바꾸는 현실적인 문제가 아니라 지옥의 악마에게 영혼을 파는 일이 되어버렸다. 이렇게 되면 자연스러운 결과지만 냉정해지려야 도저히 냉정해질 수 없게 된다. 약자가 가져야 할 최대의 덕목 중 하나가 '정확한 눈'이라는 점에 비추어 볼 때 이는 약자가 스스로를 파멸의 구렁텅이로 몰아넣는 결과를 만들고 만다.

"이러한 문명과 야만의 이분법을 통해 세상을 바라보면 이 이분법을 통해서 보는 것만이 진실인 것처럼 보이지만 실제 역사는 반드시 그렇지 않았다는 것을 보여줍니다.

고려가 초기에 그토록 야만시했던 거란은 건국 초기부터 한인들, 중국 문명에 익숙한 한인들을 많이 포용해서 공존하는 다문화 사회를 이루고 있었어요. 그들은 한국보다 더 일찍 자신들만의 문자를 창안하고, 그 문자를 이용해 시 창작 문화도 꽃피웠습니다. 또한 거란의 초기 지배자들은 중국 사회보다도 더 혁신적인 정치 사회적인 모델을 개발하는 노력을 했습니다. 그것이 거란을 강대국으로 만든 요인이었죠.

후금도 그렇습니다. 조선 위정자들의 문명과 야만의 이분법에 기초하면 굉장히 야만적인 사회지만 많은 학자들이 지적하고 있는 것처럼, 후금은 스스로를 강대국으로 만들 수 있는 혁신적인 정치 사회적인 모델을 창안해서 발전하고 있었습니다. 단순히 강력한 군사력으로만 강대국이 된 것이 아니라 강력한 군사력을 건설할 수 있는 그 저변의 혁신이 있었던 것이죠.

문명과 야만의 이분법은 다른 사회들을 야만시할 뿐 아니라 그 사회들이 내면적으로 얼마나 성숙하고, 어떻게 발전해 나가고 있으며, 어느 정도의 잠재력을 가지고 있는지를 근본적으로 폄하하게 만듭니다. 다른 사회가 역동적으로 변화해 나갈 수 있는 가능성을 제대로 인식하지 못하게 하고, 그들의 내면에 축적되어 가는 힘의 기초, 나아가 그들이 강대국으로 성장할 수 있는 가능성을 얕잡아보게 되는 거죠.

외부에 대한 섣부른 평가도 문제지만 스스로에 대한 오만한 평가를 내릴 수도 있어 문제입니다. 다른 집단을 그저 무시하면서 그들에 대한 군사적인 대비도 게을리 하게 됩니다."•

실제로 전쟁이 일어난 다음인 1636년 12월 16일 청군 진영에 파견되어 그들을 살피고 온 윤휘의 보고를 보면 당시 조선 지식인들이 청나라에 대해 얼마나 어이없을 정도의 편견을 가지고 있었는지를 알 수 있다.

"신이 생각건대 이상한 점이 있습니다. 오랑캐의 성품은 몹시 탐욕스러운데 어찌 된 일인지 피난민의 물건을 일절 약탈하지 않습니다. 뿐만 아니라 그들의 대오는 아주 잘 정돈되어 있고, 전마(戰馬)는 멀리서 왔음에도 불구

• 이삼성(한림대학교 정치행정학과 교수) 인터뷰 중에서

하고 조금도 피곤해 보이지 않습니다. 참으로 괴이하고 흉특한 일이 아닐
수 없습니다."•

　　오랑캐들이라면 당연히 대오도 무질서하고 민간인에 대한 약탈
로 눈이 뒤집혀져야 하는데 오히려 질서정연하고 군기도 잘 잡혀있
는 데다 민간인에 대한 약탈도 하지 않으니 아무리 생각해도 이해할
수가 없으며 뭔가 흉계가 있는 게 분명하다는 소리다. 이 정도면 청
나라와 만주족에 대한 조선 지식인들의 편견이 어느 정도였는지를
알 수 있을 것이다.

　　이 일화를 보고 당시의 조선인들이 어리석었다고만 생각한다면
그건 사물의 한 쪽만을 보는 것이다. 지금이라고 해서 우리의 인식
이 크게 다른 것도 아니기 때문이다. 생각해 보면 문명과 야만의 이
분법은 20세기 이후로도 한국을 계속 지배하고 있다. 이는 미국과
북한 혹은 중국에 대한 태도를 보면 알 수 있다. 20세기 한국 역시 17
세기 조선처럼 절대 강국인 미국에 의해 6·25 전쟁에서 살아남았고
이를 통해 오직 미국의 시선으로 세상을 바라보도록 길들여졌다. 때
문에 우리는 오직 미국의 방식만이 선하고 나머지 방식들 혹은 나머
지 사회들은 악하다는 식으로 세상을 바라봐 왔다. 미국의 반대편에
있는 나라들, 특히 북한과 중국은 지나치게 악마화하는 경향이 강했
던 것이다. 미국 중심의 세계질서에서 일면 어쩔 수 없었던 점도 있
었지만 현실을 정확하게 바라보는 눈이 누구보다도 필요한 우리의

• 한명기『역사평설, 병자호란』에서 재인용

입장에서 매우 위험한 일이 될 수도 있다. 미국 이외의 나라들을 악
마화 할 경우 우리의 국익이 이들 나라들과 가질 수 있는 차이를 과
대평가하게 만들고 그것을 뭔가 근본적인 갈등과 이질성의 표현인
것처럼 생각하게 만들기 때문이다. 이렇게 되면 문제를 대화와 협상
을 통해서 건설적이고 평화적으로 타결해 나갈 수 있는 가능성에 대
해 의심하게 되고 결국 평화적인 외교적 노력의 가치를 훼손하게 된
다. 문명과 야만의 이분법에 대한 반성은 단지 역사의 문제가 아닌
것이다.

싸울 것인가 도망갈 것인가

우리는 역사적 사실을 바라볼 때 항상 모든 일이 끝난 다음 그 사실을 바라보기 때문에 이후 벌어진 역사의 진행을 너무 당연시 여기는 경향이 있다. 병자호란도 마찬가지다. 청나라는 조만간 명나라를 정복하고 천하를 통일할 정도였으니 압도적으로 강했을 것이고 조선군은 당연히 상대도 되지 않았을 것이라 생각한다. 하지만 후대의 결과를 생각하지 않고 당시 시점으로 돌아가 살펴보면 상황은 그렇게 간단하지 않았다.

　우선 명나라와 청나라의 대결은 아직 끝난 것이 아니었다는 사실을 명심해야 한다. 물론 명나라는 수세였고 늘 공세를 취하는 쪽은 청나라였지만 1644년 명나라가 내부 반란으로 붕괴될 때까지 청나라는 산해관은 물론이거니와 영원성조차 돌파하지 못하고 있었다. 만약 이자성의 난으로 명나라가 먼저 망하지 않았다면 제풀에 꼬꾸라지는 쪽은 청나라였을지도 모르는 일이었다. 실제로 예일대 피터 퍼듀 교수의 분석에 따르면, 연이은 경제난으로 인해 겉으로는 강력

해 보이는 청나라가 오히려 위기에 빠져있었다. 만약 1644년 일어
난 이자성의 난으로 명나라가 자멸하지 않았다면 청나라는 거의 무
너지기 직전이었다고 한다.[*]

　따라서 조선에 대한 청나라의 공격도 절대로 장기전이 될 수 없
었다. 그랬다가는 명나라에게 배후를 공격 당해 그동안 겨우 쌓아올
린 기반이 송두리째 무너질 수도 있었기 때문이다. 조선의 입장에서
보자면 이 전쟁에서 꼭 이기려고 할 필요가 없었다는 말이다. 배후
가 걱정스러운 청나라가 결국 적당한 선에서 타협하고 물러날 것이
었기 때문에 항복하지 않고 버티기만 해도 되는 상황이었다. 그리고
이런 상황이 반복된다면 청나라는 명나라를 공격하기 전에 먼저 조
선을 공격한다는 계획을 포기할 수도 있었다. 마치 고려시대의 거란
처럼 말이다. 문제는 당시 조선이 그 정도의 군사력이라도 보유하고
있었는가 하는 점이었다.

　결론부터 이야기하자면 불행하게도 당시 조선의 군사력은 엉망
이라고 해도 과언이 아닌 수준이었다. 물론 애초부터 그렇게까지 엉
망이었던 것은 아니었다. 임진왜란이라는 비참한 전란을 겪은 이후
조선은 무너진 방어체제를 구축하기 위해 많은 노력을 기울였다. 비
록 만족할 만한 수준은 아니었지만 전쟁 전에 비해서는 확실히 진전
된 방어력을 갖추게 되었다. 특히 누르하치가 성장하기 시작한 선조
말부터 광해군 재위 시까지 북방에 대한 경계와 방어태세를 늦추지
않았기에 조선의 군사력은 그렇게 만만한 수준이 아니었다. 때문에

---

[*] 피터 퍼듀『중국의 서진』166P~167P 참조

명나라도 요동 지역에서 작전을 펼칠 때마다 반드시 조선에 원군을 요청하였고 조선도 1만이 넘는 병력을 파병할 수 있었던 것이다. 아마 후금과의 전쟁에 대비해 서북면의 군사력을 꾸준히 증강하고 있던 광해군 시절의 군사력만 보유하고 있었어도 홍타이지는 쉽게 조선 정벌을 결정하지 못했을 것이다.

하지만 17세기 초 몇 차례의 파란을 겪으면서 이 지역의 방어력은 현격하게 약화되기 시작했다. 몇 차례의 파란이란 우선 1619년에 벌어진 사르후 전투를 들 수 있다. 무려 1만이 넘는 병력을 후금과의 전쟁에 동원한 조선은 이 전투에서 모든 병력을 잃었다. 그런데 이들 중 대부분은 평안도나 황해도 같은 서북면 출신이었으므로 서북면의 병력 손실이 특히 심했다. 여기에 인조반정과 이괄의 난을 거치면서 군에 대한 대대적인 숙청이 이루어졌는데 이때 피해를 입은 지역 또한 이괄의 근거지였던 서북면이다. 이렇게 이중으로 타격을 받아 바닥을 드러낸 서북면의 방어력에 마지막 타격을 입힌 것은 정묘호란이었다. 후금군의 진격로에 위치한 만큼 서북면의 병력이 정묘호란의 가장 큰 피해를 입을 것은 불가피했기 때문이다. 결국 병자호란 직전인 1636년 서북면의 총병력은 도병마사가 주둔한 안주의 수천 병력이 전부인 상태로까지 악화되었다.

물론 인조가 의지만 있었다면 훈련도감 등에 배속된 중앙군을 서북면의 방어선에 파병하는 방법도 있었겠지만 인조반정과 이괄의 난이라는 정치적 혼란 속에서 이들 중앙군은 대부분 왕실이나 공신들의 호위를 위해 차출된 상태였다. 따라서 이들을 전선으로 보낸다는 것은 정권 안보에 자신이 없었던 인조와 공신들로서는 생각할 수도 없는 일이었다.

결국 1636년의 조선군은 도저히 청나라와 맞대결하기 어려운 상
태까지 약화되어 있었다. 당연히 인조와 그의 신하들도 이 사실은
잘 알고 있었다. 이 사실을 알고도 청나라와의 전쟁을 선포한 것이
다. 이 때문인지 흥분된 분위기 속에 전쟁을 선포해 놓고도 인조의
태도는 그야말로 어정쩡했다. 무엇보다 전쟁이 기정사실이 된 5월
이후에도 인조는 전쟁을 위해 별다른 준비를 하지 않았다. 도대체
무슨 생각으로 인조는 전쟁이 목전에 다가온 상황에서도 별다른 전
쟁 준비를 하지 않은 것일까?

사실 인조에게는 따로 믿는 구석이 있었기 때문이다. 믿는 구석
이란 물론 강화도였다. 고려 무신정권 이래의 고전적인 대책 그대로
물에 약한 유목민의 특성만을 믿고 섬으로 도망을 치는 것이 인조의
유일한 대책이었다. 지난번 정묘호란 때도 인조는 강화도로 피신해
난을 피했다. 청나라와 전쟁불사를 외치기 시작한 1636년에도 인조
는 곧장 강화도 천도를 준비했다.

하지만 청나라에는 불과 3년 전에 귀순한 수군 함대가 있었다. 바
로 공유덕과 경중명의 부대다. 더 이상 강화도는 안전지대가 아니었
다. 조선 정부도 직접 총격까지 가한 공유덕의 수군이 어디에 있는
지 모르지는 않았을 것이다. 그럼에도 불구하고 강화도만을 철석같
이 믿고 있었으니 이 부분만은 안일했다는 생각이 드는 것도 무리는
아닐 것이다.

인조가 제대로 된 전쟁 준비도 하지 않은 채 강화도로의 피난에
만 골몰하자 그래도 양심과 소신을 가지고 있었던 일부 척화파 대신

들이 반발하기 시작했다. 특히 대사간 윤황과 부제학 정온은 툭하면 강화도로 도망갈 궁리를 하는 인조를 강하게 비판했다. 먼저 윤황은 인조에게 강화도로 들어가려는 생각부터 먼저 버리라고 요구했다. 나라가 망한다면 임금과 종사가 안전한들 무슨 소용이 있겠냐며 직 언을 한 것이다. 그는 먼저 강화도의 행궁부터 불태워 버리고 임금 이 직접 나서서 결전의 의지를 보여야 한다고 주장했다. 정온의 주 장은 더 구체적이었다. 그는 도원수를 의주로 보내 압록강을 방어하 고, 결사대를 뽑아 의주를 수비하는 한편 인조는 직접 개성으로 북 상하여 군대를 격려하라고 주장했다. 이뿐이 아니었다. 왕실과 공신 들을 호위하느라 한양에 배치된 정예병들을 최전선에 보내 전쟁을 대비하자는 주장도 나왔다.

"척화파 중에서도 청나라하고의 관계를 끊자고 주장하는 선에서 머무는 사 람이 있는 반면, 정온이나 윤황같은 인물은 청나라하고 맞대결을 하자고 주 장하되 그 과정에서 일정한 방책을 제시합니다. 특히 정온 같은 경우는 말 로만 청나라와 싸우자 주장할 것이 아니라 전국에 정예병을 양성하여 그들 을 전진시키자고 이야기합니다.

그런데 당시 대부분의 조정 신하들은 청군이 쳐들어오면 일단 강화도로 피 신한다는 계획을 기정사실로 여기고 있었습니다. 그래서 강화도에서 장기 간 바다를 방파제 삼아 항전을 하자고 했던 겁니다. 이것이 하나의 방법일 수는 있지만 문제는 강화도가 수용할 수 있는 인원 자체가 대단히 제한된다 는 것입니다. 육지에 남게 되는 절대 다수의 민간인들은 자칫하면 청군의 칼날 앞에 무방비 상태로 노출되게 됩니다.

그에 비해 정온은 군대를 이끌고 압록강변이나 평안도로 진격해 청과 결전을 하자고 했습니다. 그리 되면 설사 패한다 하더라도 그 지점에서 전쟁이 끝나게 되니 병자호란 당시 청군이 서울 깊숙이까지 남하해서 엄청나게 많은 민간인들을 잡아갔던 것과 같은 사태는 피할 수도 있었을 겁니다. 그런 면에서 정온 같은 사람의 주장은 척화파 가운데서도 당시로서는 상당히 의미가 있는 주장이었다고 평가할 수 있습니다."•

생각해 보면 이들의 주장은 너무 당연한 주장이었다. 정말로 싸울 생각이 있다면 다른 길이 없지 않은가? 우리가 앞서 살펴보았던 거란전쟁의 경우를 보더라도 고려의 성종과 현종은 최정예 병력을 전선으로 파견하여 적을 요격하고 자신도 북상하여 군대를 독려했다. 전쟁이 나자마자 강화도로 도망치는 일은 백성의 안위 따위는 관심도 없었던 무신정권에서나 하는 짓이다.

소신을 가진 일부 척화파 대신들이 정면대결을 주장하자 놀랍게도 대표적인 주화파였던 최명길이 이들의 주장을 지지하고 나섰다. 최명길은 그의 이름이 주화파와 거의 동의어로 사용될 정도로 대표적인 협상파 인물이다. 그는 후금 혹은 청과의 관계에서도 일관되게 외교적 해결을 지향하고 있었다. 그런 최명길이 전쟁을 목전에 두고도 인조가 이러지도 저러지도 못하는 태도를 보이자 차라리 적극적으로 싸울 것을 요구하고 나선 것이다.

• 한명기(명지대 사학과 교수) 인터뷰 중에서

"체찰사와 원수가 모두 평안도에 들어가고 병마사도 의주에 들어가 거처하여, 진격만 있고 퇴각은 없다는 것을 모든 장수들과 약속하는 것이, 싸워 우리를 지키는 길일 것입니다. (중략) 이것을 도모하지 않고 한결같이 우물쭈물하여, 나아가 싸우자고 말하고 싶으나 의구심이 없지 않고, 기미할 계책을 말하고 싶으나 비방하는 소리를 들을까 두려워하여 이러지도 못하고 저러지도 못하니 진퇴가 분명치 않은 것입니다. 강물이 얼게 되면 화가 목전에 닥치게 되어 소위 '너의 의논이 결정될 때는 나는 벌써 강을 건넌다'는 말과 불행히도 가깝게 되니, 신은 이를 매우 통탄합니다."•

기어코 싸워야 한다면 적극적으로 싸우는 것이 입으로만 결전을 외친 채 도망갈 궁리만 하는 것보다는 더 낫다는 것이다.

"최명길은 무엇보다도 자신에게 주어진 의무를 다하고, 그 의무를 위해서는 정말 목숨을 아끼지 않는 사람이었습니다. 그런 점에서 소신과 행동이 정확하게 일치한 정말 귀감이 되는 관인이라고 생각을 합니다. 그러니 (협상을 통해 문제를 해결해야 한다는) 자신의 생각과 달리 국가가 맞서 싸운다는 결정을 내릴 수도 있는 것이죠. 그래서 최명길은 만약 국가의 정책이 그런 식으로 확정된다면 국왕이 적극적으로 전선으로 나아가 싸울 준비를 해야된다고 하는 방책을 제시했던 것입니다."••

<hr>

• 『조선왕조실록』 인조 14년 9월 4일자 기사

•• 오수창(서울대 국사학과 교수) 인터뷰 중에서

하지만 인조의 대답은 정온이나 최명길의 주장과는 동떨어진 것이었다. 우선 인조는 자신과 공신들을 호위하고 있는 정예병들을 전선으로 보낼 생각이 전혀 없었다. 전쟁이 다가온다는 것은 정국이 불안정해진다는 뜻이기도 했다. 전쟁이라는 극단적인 상황에 내몰리면 평소에는 억눌려 있던 불만도 폭발할 수 있기 때문이다. 임진왜란 때도 송유진의 난이나 이몽학의 난 같은 반란이 있었다.

따라서 그렇지 않아도 자신의 위치를 불안해하던 인조는 자신이나 공신들의 호위병을 내줄 생각이 전혀 없었다. 오히려 전쟁의 위험이 커지면 커질수록 더욱 자신의 호위에 예민해졌다. 인조의 대답은 결국 "그대들이 지나치게 걱정을 하고 있는 듯하다" 라는 식으로 상황을 호도하거나 "연소한 대간들이 군사에 대해 아는 것도 없으면서 함부로 입을 놀린다"며 화를 내는 것이 전부였다.

홍타이지의 전격전

조선 정부가 이렇게 갈피를 잡지 못하고 허둥대는 동안 청나라의 전쟁 준비는 착착 진행되고 있었다. 지난번 정묘호란과 달리 홍타이지는 이번에 정말 끝장을 볼 생각이었기 때문이다. 하지만 앞에서 설명했듯이 청나라의 사정도 그리 간단한 것은 아니었다. 오랜 경제 봉쇄로 경제는 엉망이었고 산해관에는 강력한 명군이 주둔하고 있었다. 조선과 전쟁을 하는 것이 결코 쉬운 결정은 아니었다. 오히려 일종의 모험이었다. 더군다나 절대 실패해서는 안 되는 모험이었다. 홍타이지는 조선을 완전히 굴복시키되 명나라의 반격에도 대비해야 한다는 어려운 문제에 대한 해결책을 마련해야 했다.

　홍타이지가 생각해 낸 해결책은 일종의 전격전이었다. 전격전 Blitzkrieg이라는 단어는 잘 알려져 있다시피 독일군이 2차 세계대전 때 사용한 전술을 일컫는 말이다. 간단히 설명하고 넘어가자면 요새화된 적의 방어선을 돌파하기 위해 전차부대를 이용하여 돌파구를 만든 후, 이 성과를 확대하여 적을 섬멸한다는 전술이다. 이 전술의 요체는 기동성과 돌파력을 동시에 가진 전차부대를 집단적으로 운용한다는 것이다. 근접지원 항공기나 기계화 보병도 중요한 역할을 하긴 하지만 속도와 힘을 동시에 갖춘 전차부대가 없으면 돌파구를 내고 이를 순식간에 확대하는 것이 불가능하기 때문이다. 이 전술을 앞세운 독일군은 2차 세계대전 초기 프랑스와 영국에 누구도 예상하지 못했던 압도적인 승리를 거두며 유럽대륙 대부분을 손에 넣었다.

　이 전술에서 가장 중요한 것은 강조한 대로 전차부대다. 그렇다면 이것은 20세기에나 가능한 전술이 아닐까? 하지만 꼭 그런 것은 아니다. 전차부대가 중요한 이유는 이들이 가진 기동성과 돌파력 때문인데 고대나 중세에도 그런 능력을 가진 부대가 있었기 때문이다. 바로 기마군단이다. 그리고 기마군단이라면 당연히 북방 유목민족의 장기이다. 그러니 몽골족이나 만주족은 전차가 없던 시절에 전격전을 운용할 수 있는 가장 좋은 조건을 가진 민족인 셈이다. 실제로 일부 군사학자들은 독일의 전격전이 13세기 몽골제국의 전술을 모방한 것이라고 주장하기도 한다. 홍타이지는 바로 이 기마군단의 기동성과 돌파력에 승부를 걸기로 했다. 전쟁을 장기전으로 끌고 갔다가는 언제 명나라에게 역습을 당할지 알 수 없으므로 기마군단의 기동성을 통해 최대한 빨리 전쟁을 끝내기로 한 것이다.

　그런데 잘 생각해 보면 이 전략은 기본적으로 거란이 고려를 공격했을 당시 소배압이 세운 전략과 동일한 것이기도 하다. 거란도 기동성과 돌파력에 자신있는 기마군단이었고 이를 이용해서 최대한 빨리 개경을 점령하려고 했다. 하지만 1019년 거란의 소배압은 실패했다. 고려가 압록강 선에서부터 적극적인 요격에 나섬으로써 전쟁 초반에 거란군의 예봉을 꺾어버렸기 때문이다. 압록강 부근의 홍화진 전투에서 참패한 거란군은 개경을 향해 남하하면서도 계속 고려군의 요격에 시달려야 했고 개경에 도착했을 때는 이미 본격적인 공성전을 벌일 만한 상황이 아니었다. 결국 개경 공략을 포기하고 후퇴하던 거란군은 최종적으로 귀주에서 고려군에게 덜미가 잡혀 몰살에 가까운 참패를 당하고 만다.

청나라도 같은 꼴을 당하지 말라는 보장이 없었다. 아마 홍타이지도 소배압이 실패한 원인에 대해 많은 분석을 했을 것이다. 그런데 홍타이지가 내린 결론은 소배압보다도 더 빠른 속전속결로 승부를 보는 것이었던 듯하다. 이후 벌어진 전쟁에서 청나라는 그야말로 속도에 모든 것을 건 것처럼 행동했기 때문이다.

전쟁을 빨리 끝내려면 기동성과 더불어 압도적인 힘을 보여주는 것 역시 중요했다. 때문에 홍타이지는 최소한의 방어부대만 남겨두고 청나라가 동원할 수 있는 거의 모든 병력을 동원했다. 만주족 외에도 새로 복속된 몽골의 기마군단도 대거 동원했으며 귀순한 공유덕과 경중명을 비롯한 한족 출신들도 참가시켰다. 이로써 만주족 7만, 몽골족 3만, 한족 2만 등 도합 12만의 대군이 동원되었다.

이뿐만이 아니었다. 홍타이지는 전쟁을 빨리 끝낼 수만 있다면 할 수 있는 모든 일을 할 작정이었다. 정예 병력을 따로 선발하여 상인으로 위장시킨 후 전쟁 직전에 조선으로 침투시켰다. 청나라 군대가 한양을 공격할 때 성내에서 호응하기 위해서였다.

이 정도로 철저히 준비를 마친 홍타이지는 압록강 물이 얼자 예고한 대로 군대를 움직였다. 1636년 12월 2일 심양을 출발한 청군은

12월 9일 압록강을 건넜다. 강을 건넌 청군은 그야말로 전광석화처럼 움직였다. 역시 요체는 속도인 것이다. 압도적인 병력을 거느리고 왔음에도 불구하고 임경업이 지키는 백마산성에는 위협구만 한 번 날리고는 곧바로 남하했다. 백마산성만이 아니었다. 최소한의 근거지를 확보하기 위해 곽산과 정주 등만 점령한 후 어떠한 산성이나 요새도 공략하지 않고 오직 남쪽을 향해 달렸다.

결국 강을 건넌 지 5일 만에 청군의 선봉대는 이미 개성을 지나고 있었다. 한반도에서 벌어진 모든 전쟁, 심지어 20세기의 전쟁을 포함해도 가장 빠른 전개였을 것이다. 다만 이 정도로 비정상적인 속도전은 단지 청나라 군대가 강해서만은 아니라는 점을 잊지 말아야한다. 전쟁이 장기화될 경우 청나라가 감당해야 할 수많은 문제점들을 극복하기 위해 모험이라고 할 정도의 속도전을 감행했기 때문이

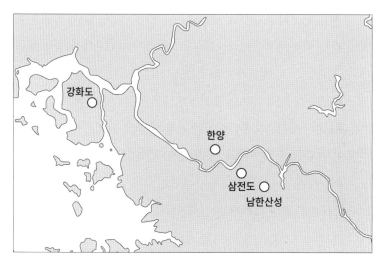

병자호란 당시의 한양 및 외곽 지역

다. 청나라도 조선만큼이나, 아니 조선보다도 더 절박한 상태였다.

이렇게 청나라가 엄청난 속도로 전쟁을 조기에 끝내기 위해 달려오고 있을 때 조선은 무엇을 하고 있었을까? 비록 앞서 서술한 여러 가지의 이유로 조선의 전쟁 준비가 엉망이었던 것은 사실이지만 그렇다 하더라도 5일 만에 적군에게 임진강까지 내준 것은 단지 전쟁 준비의 문제만은 아니었다. 도원수로서 조선군을 지휘하고 있던 김자점의 판단 착오가 상황을 더욱 악화시켰다.

사실 전쟁이 언제 벌어질 것이라는 것은 이미 예고된 일이었다. 압록강이 얼면 청군이 바로 도하할 것이라는 것은 이미 홍타이지가 예고한 일이기도 했다. 따라서 인조는 도원수 김자점에게 2만 병사를 주어 적을 막도록 했다. 이 병력이 그나마 청나라 군대를 요격할 만한 유일한 병력이었다. 하지만 도원수로써 김자점의 대응은 치명적인 실수의 연속이었다.

우선 적의 침공 속도에 대해 그는 완전히 오판하고 있었다. 김자점은 청군이 그렇게까지 빨리 내려오리라고는 상상도 못한 것으로 보인다. 예를 들어 이미 압록강 도하 전인 12월 6일에 대규모 청군의 내습을 알리는 봉화가 의주에서부터 올랐지만 김자점은 이를 무시했다. 도무지 이해하기 어려운 김자점의 대응은 여기서 끝이 아니었다. 혹시나 하는 마음에 보낸 부하 군관이 이미 적병이 평양을 지나고 있다고 보고하자 오히려 화를 내며 군관을 베려고 했다. 거듭해서 동일한 보고가 올라오고서야 부랴부랴 한양에 보고를 올렸다. 이런 굼뜬 대응으로 인해 한양에서 청나라 군대가 쳐들어왔다는 사실을 보고받은 시점은 이미 적군이 황해도를 지나던 12월 13일이었다.

청군의 놀라운 속도에 조정은 경악했다. 영의정 김류는 지금 당장 강화도로 들어가야 한다며 인조를 재촉했다. 하지만 인조는 청나라 군대의 속도를 도저히 믿을 수 없었다. 그는 조금 더 상황을 파악하자며 주저했다. 결국 이 주저가 전쟁의 양상을 또 한 번 결정지었다. 다음날인 12월 14일에 적병이 이미 개성을 지나고 있다는 보고가 올라온 것이다. 인조는 그제야 종묘의 신주를 수습하고 강화도로 향했다. 하지만 청나라의 전격전은 인조의 예상을 훨씬 뛰어넘고 있었다. 김포 방면으로 밀고 내려온 청나라의 선봉대가 강화도로 가는 길을 차단해 버린 것이다. 인조와 조선 정부는 개전 5일 만에 한양에 꼼짝없이 갇혀버리고 말았다.

뒤이어 한양을 향해 내달려오던 청군의 선봉대가 홍제원에 이르렀다는 보고까지 올라왔다. 이제 한양 성안까지는 정말 한걸음이 남았을 뿐이다. 애초부터 한양을 사수한다는 계획 따위는 없었던 만큼 한양 성곽을 두고 청나라 군대와 싸우는 것은 불가능했다. 이 상태에서 하루만 더 지난다면 아마 잘 해야 시가전이 벌어질 것이고 그마저도 여의치 않으면 힘 한번 못쓰고 꼼짝없이 포로가 될 판이었다. 어느 쪽이든 그것으로 전쟁은 끝이었다.

절체절명의 순간에 최명길이 나섰다. 자신이 청군의 진영으로 가서 강화교섭을 명분으로 시간을 끌 터이니 그 사이에 남한산성으로 피하라고 건의한 것이다. 다른 대안이 없었던 인조는 최명길의 건의를 받아들였다. 최명길은 즉시 청나라 진영으로 향했고 이미 무악재를 넘어 서대문으로 향하고 있던 기마부대의 선봉대를 가까스로 저지할 수 있었다. 최명길이 목숨을 걸고 얻어낸 이 하루의 말미 덕에 인조와 조선 정부는 남한산성으로 들어갈 수 있었다.

이후부터 벌어진 일은 아마 모르는 사람이 없을 것이다. 남한산성으로 겨우 피신하긴 했지만 농성 준비는 턱없이 부족했다. 강화도로도 들어가지 못한 채 적군에게 포위당할 줄은 꿈에도 생각지 못했기에 남한산성에는 군량과 무기 등 모든 것이 부족했다. 47일이나마버틴 것이 오히려 기적이었다. 인조에게 강화도로 들어갈 틈조차 주지 않고 속도에 모든 것을 걸었던 홍타이지의 전략이 성공을 거둔것이다. 하지만 인조가 하루 일찍 한양을 떠나 강화도로 들어갔다고할지라도 결과가 크게 바뀌지는 않았을 것이다. 유목민족은 물에 약한 만큼 강화도는 절대 안전할 것이라는 인조의 믿음과 달리, 이미청나라에는 강력한 수군이 있었고 이들의 활약 덕분에 강화도는 남한산성보다도 일찍 함락되었기 때문이다.

남한산성에 들어간 조선군의 저항이 한계에 달할 무렵 드디어 홍타이지도 압록강을 넘어와 탄천*에 진을 차렸다. 1636년 12월 30일이었다. 전쟁이 마무리에 들어간 것이다. 마침내 해가 바뀐 1637년 1월 30일 인조가 성을 나가 홍타이지에게 항복의 예로 삼궤구고두례를 행함으로써 우리가 병자호란이라고 부르는 이 전쟁은 끝이 났다.

항복 의식을 마친 인조는 그날 해질 무렵이 되어서야 궁으로 돌아갈 것을 허락 받았다. 치욕적인 항복 의식을 끝내고 궁으로 돌아가던 인조의 모습은 처참했다. 왕조의 공식 기록인『조선왕조실록』조차도 그 처참한 모습을 다음과 같이 기록하고 있다.

---

* 지금의 성남과 송파구를 흐르는 하천이다.

"임금이 밭 가운데 앉아 칸의 명령을 기다렸는데 해질 무렵이 된 뒤에야 비로소 도성으로 돌아가도록 허락하였다. 왕세자와 빈궁 및 두 대군과 부인은 모두 진중에 머물러 두도록 하였는데, 이는 장차 청나라로 끌고 가려는 목적에서였다. 임금이 물러나 천막에 들어가 빈궁을 보고, 최명길을 머물도록 해서 우선 호위하게 하였다.

임금이 소파진(所波津)을 경유하여 배를 타고 건넜다. 당시 진을 지키는 병사들은 모두 죽고 빈 배 두 척만이 있었는데, 백관들이 다투어 건너려고 어의(御衣)를 잡아당기기까지 하면서 배에 오르기도 하였다. 임금이 건넌 뒤에, 칸이 뒤따라 말을 타고 달려와 얕은 여울로 군사들을 건너게 하고, 근처 뽕밭에 진(陣)을 치게 하였다. 그리고 용골대로 하여금 군병을 이끌고 행차를 호위하게 하였는데, 길의 좌우를 끼고 임금을 인도하여 갔다. 포로로 잡힌 자녀들이 바라보고 울부짖으며 모두 말하기를, '우리 임금이시여, 우리 임금이시여. 우리를 버리고 가십니까' 하였는데, 길을 끼고 울며 부르짖는 자가 만 명을 헤아렸다."•

• 『조선왕조실록』 인조 15년 1월 30일 기사

문제는 중립이 아니다

이렇게 전쟁은 끝났다. 청나라의 목표는 조선을 점령하는 것이 아니었으므로 조선이 청의 제후국이라는 지위를 받아들이는 선에서 양국관계도 정리되었다. 현대적으로 표현하자면 명나라의 하위 동맹국에서 청나라의 하위 동맹국으로 위치가 바뀐 것이다. 더불어 전쟁 후 10년도 지나지 않아 명나라가 자멸*했기 때문에 청나라는 손쉽게 중원을 점령하는 행운도 누렸다. 덕분에 동아시아의 국제질서도 청나라의 패권 아래에서 다시 안정을 찾게 되었고 조선도 그 안에서 안정을 되찾았다.

이렇게 이야기하면 조선이 큰 피해를 입지 않은 것처럼 보이지만 그것은 결코 아니다. 조선을 침공하던 시점에서 청나라는 경제난에 시달리고 있었기 때문에 청나라 군대는 전투뿐 아니라 약탈이라는

• 1644년 명나라는 농민반란군인 이자성에 의해 멸망한다. 이 시점까지도 청나라는 산해관은 커녕 영원성도 넘지 못하고 있었다. 명나라가 망하고 산해관을 지키고 있던 오삼계가 청에 투항함으로써 청나라는 중원으로 진출할 수 있었다.

두 번째 목적에도 충실하게 행동했다. 막대한 물자를 약탈당했고 무려 50만에 이르는 포로가 청나라로 끌려갔다. 천만이 넘지 않았을 것이 분명한 당시 조선의 인구에 비추어 볼 때 이는 엄청난 숫자라 하지 않을 수 없다. 청나라의 패권이 확립된 이후 조선이 얻은 안정은 이 정도의 희생을 치르고 나서야 얻은 안정이었다.

이제 처음의 질문으로 돌아가 보자. 조선은 과연 이런 참혹한 피해를 입지 않고 명청교체기라는 난국을 돌파할 수 있었을까? 결코 쉽지 않았을 것이다. 역사의 교훈을 단순하게 생각하는 사람들은 광해군의 중립외교가 유지되었더라면 이런 비극을 막을 수 있었을 것이라고 생각하고는 하는데 지금까지 살펴본 것처럼 상황이 그렇게 단순하지는 않았기 때문이다.

무엇보다 약소국의 중립을 허용해 줄 정도로 아량이 넓은 강대국이 존재하지 않는다는 것이 가장 큰 문제다. 두 강대국 사이에 평화공존의 분위기가 있을 때만 약소국도 그 사이에서 중립을 운운할 수 있다. 강대국 간의 대결이 치열해지면 치열해질수록 강대국은 약소국에게 당연하다는 듯이 양자택일을 강요한다. 특히 투키디데스의 함정이라 불리는 사생결단의 시기가 오면 양자택일을 강요하지 않을 강대국은 존재하지 않는다.

심지어 이런 강요는 강대국이 민주적이냐 독재적이냐, 혹은 문명국이냐 야만국이냐 하는 것과도 무관하다. 책의 서두에 등장했던 아테네와 멜로스의 비극을 생각해 보자. 고대 민주주의의 산실이자 그리스 철학의 발상지였던 아테네였지만 국가의 이익 앞에서는 누구보다도 잔인하게 행동했다. 멜로스가 중립을 외치고도 멸망을 피할

수 없었던 것처럼 그저 중립을 주장하는 것만으로는 절대로 파국을
면할 수 없다.

  그렇다면 약소국은 스스로의 노력으로 파국을 막거나 전쟁을 회피
할 수는 없는 것일까? 물론 그렇지는 않다. 약소국이라 할지라도 파
국을 막기 위해 할 수 있는 일은 얼마든지 있다. 실제 역사적 경험에
비추어 봐도 스위스처럼 약소국이 분명한데도 불구하고 스스로의 능
력으로 전쟁을 막고 자국민의 생명을 지킨 사례가 얼마든지 있기 때
문이다. 물론 그러기 위해서는 반드시 필요한 조건이 하나 있다. 바
로 자신을 지킬 수 있는 최소한의 '힘' 혹은 '무기'를 갖추는 것이다.

  "선택할 수 있다면 당연히 작은 나라보다 큰 나라가 좋겠죠. 국가의 미래를
  통제하면서 외부로부터 큰 압박을 받지 않는다면 더 좋습니다. 하지만 여러
  가지 측면에서 지리는 운명입니다. 때문에 주변 인접국과 문제를 겪는 국가
  가 많습니다. 만약 인접국에 문제가 많거나 자국을 곤란하게 한다면 국가의
  이익을 도모하기 더 어려워집니다.
  하지만 단순히 작거나 상대적으로 약한 국가라고 힘이 없다는 뜻은 아닙니
  다. 일례로 스위스는 수백 년간 유럽 한가운데서 갈등의 중심에 있었습니
  다. 프로이센 프랑스 전쟁과 두 차례의 세계대전의 시기에도 스위스는 중립
  을 유지하고 자국의 질서를 지킬 수 있었습니다. 또한 독자적으로 자국의
  행동 노선을 이어갈 수 있었습니다. 스위스가 강력한 방어군을 갖춘 부유한
  국가였기 때문입니다."•

───────────

• T.J.펨펠(버클리대학교 정치학 교수) 인터뷰 중에서

"2차 세계대전을 예로 들자면 벨기에, 체코, 헝가리, 폴란드 같은 경우는 독일의 팽창주의 침략 전쟁의 전략적인 루트에 위치하고 있었기 때문에 이들이 설사 중립을 원해도 지켜지기가 어려운 측면들이 있었습니다. 이런 상황에서 약소국의 중립의사는 별로 중요하지 않습니다. 그런데 이에 비해서 스위스의 경우는 중립을 유지할 수 있었습니다. 스위스가 중립을 지킬 수 있었던 데에는 무엇보다 1815년 파리 조약을 통해서 영세 중립국으로서 일찍부터 국제적인 승인을 받았다는 점이 있고 또 일관성 있게 그 전통을 이어 왔다는 것이 일단은 중요한 요소가 되겠습니다.

그런데 그보다 더 중요한 것은 스위스가 국제 조약에 의존하지 않고 자신의 중립을 지켜낼 만한 최소한의 자기 방어 수단을 갖추기 위해 꾸준히 일관성 있게 노력했고, 또 중립이라는 외교적인 대원칙을 지키기 위한 굳건한 사회적 합의를 이끌어 냈다는 것입니다. 스위스는 1차 세계대전이 시작할 무렵에도 22만 명의 군대가 국경을 지키고 있었습니다. 또 2차 세계대전의 침략 주체가 되는 히틀러의 나치스 정권이 등장하는 1993년부터 스위스는 자국의 국경 방어에 더욱 대규모로 투자하기 시작했습니다. 냉철한 현실 인식 위에 자기 방어력을 키운 것입니다.

이런 최소한의 군사적 방어력이라는 기반 위에, 2차 대전 중 나치스 공군뿐 아니라 영국과 미국의 전투기들도 스위스의 영공을 통과하지 못하게 하는 등 일관성 있는 중립 정책을 지켰기 때문에 지금껏 스위스가 중립을 지킬 수 있었다고 말할 수 있을 것입니다."•

• 이삼성(한림대학교 정치행정학과 교수) 인터뷰 중에서

　중요한 것은 중립 그 자체가 아니다. 중립을 선택할 것인가, 동맹을 선택할 것인가는 하나의 옵션일 뿐이다. 상황에 따라 어느 쪽을 선택하든 그것은 정말 '케이스 바이 케이스'다. 중요한 것은 그 선택을 지켜낼 수 있는 '힘'이 있어야 한다는 점이다. 이런 힘의 뒷받침 없이 인조처럼 상황에 밀려서 중립을 선택하는 것은 오히려 상황을 더 악화시킬 수도 있다. 앞서 언급한 마키아벨리의 조언처럼 양쪽 모두에게 미운털이 박힐 수도 있기 때문이다.

　더군다나 강대국에게 맞설 만한 '힘' 혹은 '무기'가 꼭 어마어마한 것일 필요도 없다. 보통 강대국에 대해 자주성을 지킬 만한 자기방어력이 필요하다고 이야기를 하면 강대국과 대결한다는 것이 가능한 발상이냐며 오히려 비현실적인 주장이라고 생각하는 경우도 있다. 그러나 이것은 한반도가 전쟁을 걱정해야 하는 순간이 특정 강대국이 패권을 확립한 이후보다 오히려 두 개의 강대국이 대립하는 패권교체기일 때라는 사실을 고려하지 않은 생각이다.

　이렇게 두 강대국이 서로를 견제하고 있는 상황은 약소국 입장에서는 매우 위험한 순간이기도 하지만 오히려 비교적 적은 전력으로도 얼마든지 국제정세에 영향을 미칠 수 있는 시기이기도 하다. 처신하기에 따라 오히려 운신의 폭이 넓어질 수도 있는 것이다. 거란전쟁 이후의 고려를 보더라도 당시 고려의 군사력은 결코 거란에 대해 공세적인 작전을 할 수 있는 수준은 아니었다. 그러나 거란이 함부로 이길 수 있는 상대가 아니라는 것을 힘으로 증명했기에 거란과 송 사이에서 자주적으로 외교관계를 끌고 갈 수 있었다.

　병자호란이 일어난 1636년의 상황도 마찬가지다. 조선이 광해군 시절 정도의 군사력만 서북면에 배치하고 있었어도 심각한 경제난에 시달리며 명나라의 반격을 두려워 하던 홍타이지가 쉽게 조선 정벌을 결심하지 못했을 것이다. 광해군에 비해 인조가 비난 받아야 할 부분이 있다면 중립을 유지하지 않은 것이 아니라 제 손으로 서북면의 군사력을 약화시켜서 적의 침입을 용이하게 해준 일일 것이다. 조선이 병자호란의 비극을 막지 못한 이유는 결국 '중립의 부재' 때문이 아니다. '무기의 부재' 때문이다. 그런 점에서 병자호란의 비극으로부터 우리가 배워야 할 진정한 교훈 역시 '중립'의 중요성이 아니라 자신을 지킬 수 있는 '무기'의 중요성일 것이다. 그리고 이 교훈은 당연하게도 400년 전 조선에만 유효한 교훈은 아닐 것이다.

글 을 마 치 며

한국인들이 많이 찾는 여행지인 오사카에는 일본을 대표하는 관광지 중 하나가 있다. 바로 오사카 성이다. 주변을 압도하는 느낌으로서 있는 이 웅장한 성을 처음 건설한 사람은 우리에게는 임진왜란의 원흉으로 기억되고 있는 도요토미 히데요시다. 1586년 공사가 거의 마무리될 무렵 분고(豊後)의 다이묘 오토모 요시시게가 오사카 성을 방문한 일이 있었다. 성을 둘러보고 마지막으로 천수각(天守閣)*에 올라 오사카 전경을 바라본 오토모는 감탄을 연발하며 "삼국무쌍(三國無雙)"이라는 소감을 남겼다. 삼국무쌍이란 주변 세 나라를 통틀어 비교할 것이 없을 정도로 훌륭하다는 뜻이다.

처음 이 이야기를 읽으면서 당연히 오토모가 이야기한 삼국이 한국, 중국, 일본일 것이라고 생각했다. 아마 이 글을 읽는 대부분의 독자들도 그렇게 받아들일 것이다. 하지만 오토모의 삼국은 한국, 중

---

* 일본의 전통적인 성 건축물에서 가장 크고 높은 누각. 일종의 군사시설로 전시에 지휘부로 사용되는 곳이다. 가장 높고 외관이 웅장하기 때문에 보통 일본의 성 자체와 동일시 된다.

국, 일본이 아니었다. 인도, 중국, 일본이었다. 이 사실을 알고 나서 잠시 어이가 없었다. 심지어는 살짝 모욕감까지 들었다. 물론 16세기 일본인들의 이러한 사고방식이 현실을 정확하게 반영하고 잇는 것은 아니다. 땅의 규모로 보나 인구로 보나 어떻게 일본 열도를 하나의 대륙 그 자체인 중국이나 인도와 비교할 수 있겠는가? 이런 세계관은 한반도와 달리 대륙의 압도적인 힘과 압력을 겪어본 적이 없는 섬나라이기에 가능한 세계관이다. 노골적으로 이야기하면 우물 안 개구리식의 세계관이다.

하지만 이 에피소드에는 우리가 분명히 알아야 할 어떤 사실이 존재한다. 근대 이전의 일본인들은 이런 식으로 세상을 바라봤다는 것이다. 그리고 이런 세계관이 존재한다는 것을 이해해야만 우리는 왜 도요토미 히데요시가 우리가 생각하기에는 과대망상으로만 보이는 정명가도(征明假道)* 라는 명분으로 전쟁을 일으켰는지를 알 수 있다. 우리에게는 망상이라고 생각되는 일이 그들에게는 현실이었던 것이다.

역사를 공부하다 보면 간혹 이런 경험을 하게 된다. 내가 가지고 있던 상식과 전혀 다른 현실 혹은 사고방식과 만나는 것이다. 이것이 역사를 공부하는 가장 큰 이유이자 즐거움이기도 하지만 이런 경험은 아무리 반복되어도 쉽게 익숙해지지 않는다. 위의 경우와는 조금 다르지만 몽골초원을 처음 방문했을 때의 느낌도 무척 흥미로웠던 것으로 남아 있다.

---

* 명나라를 정벌할 것이니 길을 빌려달라는 뜻으로 도요토미 히데요시가 임진왜란 직전 조선에 보낸 서신에 적혀있는 글귀.

비행기로는 세 시간 거리밖에 안 되는 몽골에 처음 방문한 것은 겨우 5년쯤 전으로 몽골제국에 대한 다큐멘터리를 만들기 위해서였다. 그런데 그때 방문한 초원의 느낌이 내게는 놀랍게 다가왔다. 쾌적하고 아름다웠기 때문이다. 그리고 그곳에 사는 유목민들은 선량하고 친절했다. 이것이 무슨 어이없는 반응이냐고, 당연한 것 아니냐고 묻는 사람도 있을 것이다.

하지만 어쩔 수 없는 농경민족의 후손으로, 농경민족의 시각을 가지고 역사를 공부해 온 내게 유목세계는 매우 거칠고 야만적인 이미지를 가진 공간이었다. 글로만 읽은 역사 공부가 오히려 편견을 만든 셈인데, 유목지역으로 쳐들어갔다가 흔적도 없이 사라진 한나라나 명나라 군대의 이야기들은 내게 실제로는 아름다운 공간인 초원을 공포의 공간으로 각인시켰다. 이 책에서 비판한 문명과 야만의 이분법은 내 안에도 들어있었던 것이다.

그 후 여러 차례 몽골을 방문한 경험은 내게 유목세계에 대한 인식을 완전히 바꾸어 놓는 계기가 되었다. 몽골초원을 직접 보고서야 나는 몽골제국이나 청나라를 명나라나 한나라와 동등한 위치에서 이해할 수 있게 되었다.

결국 '서 있는 자리가 바뀌어야만 풍경도 바뀌는 법'이다. 나와 다른 존재가 서 있던 곳에 어떤 방식으로든 가까이 가야만 상대방의 시선을 경험할 수 있다.

그런데 구태여 나와 다른 상대방의 시선을 경험할 필요가 있을까? 더군다나 이런 시선이나 사고방식들은 매우 이질적이어서 불편하기까지 한데 말이다. 혹 상대방의 입장을 이해하고 배려해야 한다는 도덕적인 이유를 떠올리는 분이 있다면 최소한 나의 경우는 그렇지 않다는 사실을 말해두고 싶다. 어떤 도덕적 기준을 대더라도 우리가 임진왜란을 일으킨 일본인의 세계관을 존중해야 할 이유는 없지 않은가? 그리고 솔직히 이야기해서 그런 도덕적 해석은 나의 관심사가 아니다.

내가 상대방의 시선을 이해하려고 노력하는 이유는 오히려 매우 현실적인 이유에 있다. 상황을 좀 더 객관적으로 보고 싶기 때문에 상대방이 서 있던 자리에 가 보려는 것이다. 그리고 이렇게 상황을 객관적으로 볼 수 있어야만 현실적인 대처가 가능하다. 만약 16세기 일본인의 세계관을 이해하고 있었다면 조선 정부는 정명가도라는 히데요시의 선언이 결코 헛소리가 아니라는 것을 알 수 있었을 것이다. 마찬가지로 유목민족에 대한 일방적인 편견을 가지고 있지 않았다면 몽골제국이나 청나라에 대해 우리는 훨씬 유연한 대응을 할 수 있었을 것이다.

생각해 보면 서희가 소손녕과의 담판을 성공적으로 이끌 수 있었던 이유도 상대방인 소손녕의 입장에서 당시 상황을 바라보는 능력을 가지고 있었기 때문이다. 거란의 입장과 이해관계를 정확하게 파악했기 때문에 성공적인 협상이 가능했던 것이다. 결국 상대방, 특히 '적'의 시선으로 상황을 볼 수 있어야만 좀 더 정확한 상황 판단이 가능해진다. 카이사르 식으로 표현하자면 '보고 싶지 않은 현실도 볼 수 있는 능력'이 생기는 것이다.

때문에 이 책에서는 가능하면 한반도에 쳐들어왔던 강대국들의 입장에서 당시 상황이 어떠했는지를 이해하기 위해 노력했다. 신라

를 둘러싼 국제정세뿐 아니라 당나라를 둘러싼 국제정세를 설명하
려고 했고, 몽골제국과 고려의 관계뿐 아니라 몽골제국의 세계 전략
이라는 시점을 보여주려고 했다. 병자호란의 경우에도 우리 내부의
문제보다는 오히려 청나라의 입장에 더 많은 설명을 할애했다. 그래
야만 당시 상황이 제대로 보인다고 믿었기 때문이다.

　이런 시도가 혹시 효과가 있었다면 아마 한국사를 바라보는 조금
다른 시각을 가지게 되었을 것이다. 우리의 입장뿐 아니라 상대방의
입장까지를 포괄하는 종합적이고 객관적인 시각을 말하는 것이다.
그리고 그런 시각이야말로 약자가 살아남는 데 가장 필수적인 덕목
인 '정확한 눈'을 가지게 해 줄 것이다.

약자를 위한 현실주의

초판 1쇄 인쇄 2019년 4월 2일
초판 1쇄 발행 2019년 4월 9일

지은이 이주희

펴낸곳 MID (엠아이디)
펴낸이 최성훈

기획 김동출
편집 이휘주
교정 김한나 · 최종현
디자인 어나더페이퍼

주소 서울특별시 마포구 토정로 222 한국출판콘텐츠센터 303호
전화 (02) 704-3448 **팩스** (02) 6351-3448
이메일 mid@bookmid.com **홈페이지** www.bookmid.com
등록 제2011-000250호

ISBN 979-11-87601-46-3 (03910)

* 책값은 표지 뒤쪽에 있습니다. 파본은 구매처에서 바꾸어 드립니다.

이 도서의 국립중앙도서관 출판예정도서목록(CIP)은 서지정보유통지원시스템 홈페이지(http://
seoji.nl.go.kr)와 국가자료공동목록시스템(http://www.nl.go.kr/kolisnet)에서 이용하실 수 있습니다.
(CIP2019011714)